开明教育书系

蔡达峰◎主编

U0726671

教学是最渊博最复杂的艺术

傅任敢教育文选

傅任敢◎著

李燕◎选编

开明出版社

"开明教育书系"丛书编委会

"开明教育书系"
总　序

中国民主促进会（以下简称民进）是以从事教育、文化、出版工作的高、中级知识分子为主的参政党。民进创立以后，在中国共产党的指引和帮助下，积极投身爱国民主运动，在这个过程中，发挥自身优势，举办难民补习培训，创办中学招收群众，参加妇女教育活动，在解放区开展扫盲教育，培养青年教师。

新中国成立以后，民进以推进国家教育事业发展为己任，贯彻党的教育方针，倡导呼吁尊师重教。

一方面，坚持不懈地为教育发展建言献策。从马叙伦先生在任教育部长时向毛泽东主席反映学生健康问题，得到了毛主席关于"健康第一"的重要批示，到建议设立教师节、建立健全《教师法》《职业技术教育法》《民办教育促进法》等法律法规、深化教育改革、促进学前教育发展、义务教育均等化、加强教师队伍建设、中小学教材建设、减轻学生课业负担等等，提出了一系列高质量的意见建议。

另一方面，坚持不懈地开展教育服务。改革开放以来，围绕"四化"建设的需要，持续举办了大量讲座和培训，帮助群众学习，为民工子女、下岗职工、贫困家庭子女、军地两用人才、贫困地区教师等提供教育服务，创办了文化补习学校、业余职业大学、专科学校、业余中学等大批学校，出现了当时全国第一所民办高中、规模最大的民办高校、成人教育学院、民办幼儿教育集团等；不断开展"尊师重教"的慰问、宣传和捐赠等活动，拍摄了电视片《托着太阳升起的人》；举办了一系列教育服务的研讨会和交流会。

在为教育事业长期服务的过程中，民进集聚了越来越多的教育界会员，现有的近 19 万会员中，约 60% 来自教育界，其中大部分是中小学教师。广大会员怀着崇高的使命感和责任感，爱岗敬业、默默奉献、积极作为，在教育事业和党派工作中取得了卓越的成就，涌现出无数感人的事迹，赢得了无数的赞誉，涌现出大量优秀教师、校长和著名教育家、专家学者、教育管理者等，他们共同写就了民进的光荣历史，铸就了民进的宝贵财富，是民进的自豪和骄傲。

系统地收集和整理民进会员的教育论著和教育贡献，是民进会史研究和教育的重要任务，对于民进发扬优良传统、加强自身建设、激励履职尽责具有积极的意义，对于我们深入学习多党合作历史、深入开展我国现当代教育历史研究，也具有重要的理论和现实意义。民进中央对此高度重视，组织编辑"开明教育书系"，朱永新副主席和民进中央研究室的同志们辛勤工作，邀请会内外专家学者共同参与，历时数年完成了编写工作。谨此，向各位作者和编辑同志，向开明出版社，向所有关心和支持本书编撰工作的同志，表示诚挚的感谢。

全国人大常委会副委员长
民进中央主席　　蔡达峰

2022 年 12 月

博采中西、知行合一的教育家——傅任敢先生

李 燕

教育家小传

傅任敢（1905—1982），汉族，民进会员，中国现代教育家、翻译家、作家。他祖籍湖南湘乡县，1905 年出生于浙江湖州。傅任敢原名傅举丰，字苕年。1925 年就读于清华大学时自改名为"任敢"，取"任劳任怨、敢作敢为"之意。

傅任敢先生是一位伟大的教育理论家和实践者。他学贯中西、著述等身。自清华求学时期，他即有志于推介国内外教育名家的思想。他所翻译的夸美纽斯的《大教学论》、洛克的《教育漫话》等五种西方教育典籍，均为商务印书馆列为"汉译世界名著"。他的名作《〈学记〉译述》，以及晚年对孔子教育思想的研究，都体现了他术通古今的杰出之处。

他把教育理论与实践完美结合的巅峰时期是在 1939 年至 1949 年间。1939 年，傅任敢创办重庆清华中学并任校长。1946 年又担任长沙

清华中学的校长。在此办学期间，他本着爱国救国的教育宗旨、民主进步的办学方针，提倡"五育并举"的教育理念，在民族危机关头的艰难抗战时期，仍把清华中学办成为一所进步的、有优良校风的、教学质量高的名校，为国家和民族培养了一大批人才。

新中国成立后，他参与筹建北京师范学院（首都师范大学前身），任教育研究室主任、副教授，是首都师范大学教育学科建设的奠基人，对师范教育的发展做出了卓越贡献。1956年，傅任敢加入中国民主促进会，先后担任民进北京市委员会常务委员、民进中央文教委员会委员。

1982年1月24日，傅任敢先生病逝于北京。

一生辛苦为教育

（一）清华才子，风华正茂

傅任敢（1905—1982），祖籍湖南湘乡县，1905年出生于浙江湖州。汉族，中国现代教育家。他原名傅举丰，字苕年，出身于书香门第。其父定祥先生研读经史又留学日本，参加了孙中山的同盟会。傅任敢为人沉毅有识，遇事能独抒己见，不畏强力，不喜阿附，故在就读于清华大学之时自改名为"任敢"，取"任劳任怨、敢作敢为"之意。

7岁时傅跟随父母由浙江返回祖籍湖南。14岁考入长沙明德中学学习。曾任长沙市学生联合会代表，受到会长夏曦等人影响，常看新书新报，曾参加过几次抵制日货的学生游行。

1925年，他考取清华大学第一级本科教育心理系。他在校刻苦学习，成绩优异，深受校长和系主任器重。大学三年级时，他担任第一级学生会主席兼学术委员；他经常为《清华周刊》撰写论文，并翻译了有关欧美教育心理学论文多篇，在《教育杂志》和天津《大公报》上发表。当时学校师生称他为"著译等身"的青年学者，并公举他为全校学生自治会主席。1928年他与同学创办《认识周报》，任总编辑。该报虽出版仅半年，但在读者中反应良好，也得到当时清华大学教授翁文灏、吴宓及北京大学教授陶孟和等的好评。

1926年3月12日孙中山先生逝世周年纪念，北京群众发起了一次广泛的纪念活动。清华大学也在13日下午举行纪念会，请李大钊同志和陈毅同志来校演讲，傅任敢受到很大的鼓舞。从此，他不仅专心研究学术，而且积极参加学生的进步活动。1926年3月18日，北京人民在天安门前举行"反对八国最后通牒国民大会"。清华学生也整队进城参加。傅任敢与袁翰青等在头一天积极地发动组织，并赶写标语。大会后举行游行示威，向执政府请愿。清华同学走在游行队伍最后。在段祺瑞政府的屠杀预谋下，发生了震惊全国的"三一八"惨案，清华有二十多位同学受伤，大一同学韦杰三壮烈牺牲，傅任敢当时走在韦烈士之后，是亲历险境的幸免者。从此，他对军阀政府更增痛恨！

傅任敢在清华大学学习时，热心于学校的改革，受到同学们的拥护。1929年秋他毕业留校，担任清华大学校长办公室秘书，随时向学校提出兴革意见，帮助学生解决困难，受到全校师生的尊敬。他待人诚恳和蔼，办事精明干练，治学严谨，写作明畅通达，文采斐然。

半年后，他回到母校长沙明德中学执教，任教务主任，兼英文、国文教员。傅任敢在明德中学任教务主任四年，明德中学教学成绩突飞猛进。1933年湖南全省中学毕业会考，明德中学平均成绩名列第一。高中毕业生考取清华、北平、中央、武汉、交通各大学的，占80%，当时享有"北有南开，南有明德"之盛誉。

1933年，他又回到清华任校长办公室秘书，同时兼任校园附近清华教职员公会所办的成府小学校长，把他所学得的教育理论，初步用于实践。

1934 年 5 月，在长沙与周南女中教员杨仁喜结伉俪，后生三女（傅平生、傅渝生、傅乐生）一男（傅湘生，于 1950 年因病去世）。

1937 年七七事变后，日本侵略军轰炸了西苑二十九军兵营，清华被迫南迁。在南迁前，由校务会议成员法学院院长陈总（岱孙）、理学院院长叶企荪等在梅贻琦校长住宅会商，决定派毕正宣、傅任敢等五人留守，组成"清华大学保管委员会"，任务是保护校产。在敌人占领下，担负这个任务，无疑是非常困难和危险的。傅先生没有推辞，而是勇敢沉着地和几位同事担负起来。1939 年 1 月 1 日，《清华校友通讯》于重庆复刊，任敢在复刊后第一期上发表《痛苦的经验》一文，历数清华园在日寇蹂躏下的种种遭遇，极大地激发了校友们的抗战激情。他还写过一篇《沦陷时期的清华园》，于他逝世后，发表于《清华校友通讯》复六期。尤其值得赞佩的是，抗日战争第一年，任敢曾利用兼成府小学校长的机会，将一万六千元基金，通过叶企荪教授支援了在冀中抗战的吕正操将军。

此时期，傅任敢的译著《教育漫话》和《贤伉俪》初次出版，后被商务印书馆列入"汉译世界学术名著"。

（二）渝清、长清，人生巅峰

1938 年日军侵入清华园，傅任敢被迫离开，先到昆明西南联大校长办公室任秘书。1939 年他到重庆，创办重庆清华中学并任校长。1939—1940 年，先后发表《看报和演说——重庆清华中学设计待验之一》《中学生的伙食问题——重庆清华中学设计待验之二》等六篇文章，从各个方面叙述了战时中学的实际情况，并独创性地提出了解决之道，提倡德、智、体、美、劳五育并重的办学方针。因办学成绩优异，重庆清华中学和傅任敢本人多次受到当时国民政府、教育部、四川省教育厅和重庆市教育局的嘉奖。

1946 年，傅又创办长沙清华中学，兼任校长。

1939 年，傅的译著《大教授学》(今译《大教学论》) 初次出版，后被商务印书馆列为"汉译世界学术名著"之一。

(三) 加入民进，致力师范教育

中华人民共和国成立后，他带领师生刨坟垦荒，1950 年在北京贫民聚居区龙须沟创办北京市第十一中学，并经吴晗举荐任该校校长。发表《二二一制中学》《再谈二二一制中学》，建议"把目前的三三制改为二二一制，就是把中学分为初级、中级、高级三段"，以适应新中国成立初期建设人才之急需。

1954 年后参与筹建北京师范学院 (首都师范大学前身)，任教育研究室主任、副教授，是首都师范大学教育学科建设的奠基人。主讲《教育学》大课，并自编《教育学》讲义。兼任北京师范学院教育工会主席。

1956 年经雷洁琼介绍加入中国民主促进会，先后担任民进北京市委员会常务委员、民进中央文教委员会委员。1956 年 8 月参加民进第二次全国代表大会，与中共中央书记处周恩来、朱德书记和全体代表合影。

1980 年，傅任敢应邀参加了民进中央举行的"对教育计划、教育体制献计献策"座谈会，两次参加民进中央举行的"师范教育座谈会"，并应民进中央之约，写作了《师范教育私议》《关于办好高师院校的一些设想》等文章，强调师范教育保持独立建制和师范性，力主师范教育要更好地为基础教育服务等，对于正确认识并解决当时高师教育面临的一系列问题，起到了积极的推动作用。这两篇文章先后被刊登在民进中央文教委员会编的《对教育计划、教育体制献计献策的情况简报》上，后来还被选报给党中央，其重要性可见一斑。

（四）历经磨难，笔耕不辍

1958 年，傅任敢先生被错划为右派，受到不公正的待遇：不仅被降职降薪，还被剥夺了从事教育学教学的资格。但傅先生在此境遇下仍保持从容镇定的心态，白天挨批，晚上回家照常读书、写作。此后的八九年中，他先给生物系开过英语课，为教育教研室编过《毛主席教育言论辑》等三册资料。

1961 年傅先生被摘掉右派分子的帽子，调到历史系资料室。之后参与《西方的没落》《世界通史资料选辑·现代史部分》等书籍的翻译，又抱病独自译出了意大利著名哲学家、历史学家克罗齐的代表作《史学史》（后改名为《历史学的理论和实际》，30 万~40 字，1982 年被商务印书馆列为"汉译世界学术名著"之一）。

当时，他已是五十多岁的人，因患脑血栓和心脏病不止一次住院治疗，却需天天坐班，从家里到学校早出晚归，路上两头走路，中间挤车。五口之家居住在夫人所在中学提供的一间房。熬到女儿单位协助调房，才增为两间，但每逢假日，老少三代十余人，纷纷扰扰，他只能躲到厨房，坐在小板凳上读书写作。

就是在如此窘迫的环境中，在完成公家任务的同时，傅任敢又应商务印书馆之邀，翻译了美国桑代克的《教育心理学》一书（原著三大卷，1100 页），并且撰写了《夸美纽斯传及其〈大教学论〉注释》。只可惜"文革"中此两稿被红卫兵抄去，从此不见踪影。可悲可叹！

"文革"中，傅先生被当作"老右派""牛鬼蛇神"一再被打倒批斗，备受凌辱。但他仍抽暇潜心研究学术问题，做了大量有关教育内容的笔记。

（五）鞠躬尽瘁，死而后已

1978 年拨乱反正，傅先生被错划为右派的问题得到彻底改正，恢复原级别与待遇。他欣然提笔写下："我从事教育事业已四十九年，现在虽已达七十四岁，还有些病，但我觉得如同我编的顺口溜所说的，'莫道人生七十古来稀，于今干到八十不出奇。天翻地覆万事新，七十少年数不清'。要做数不清的七十少年中的一人，誓以余生献给教育事业。"

他是这样说也是这样做的。1979年他被调回教育科学研究所任研究员、教授，指导该所教育教研室教师的学习、进修。教科所同仁回忆说：他恢复工作走进教研室的第一天，便关心询问每个同志开课的情况，并建议让中青年多挑重担，促使他们迅速成长。为提高一些教师的外语水平，他不顾自己年老多病，亲自辅导专业英语，从不耽误一节课。

傅先生在生前最后的两三年里，争分夺秒地做了许多工作，如重新修订《教育漫话》《大教学论》《〈学记〉译述》等图书，致力于孔子的教育思想研究和中国师范教育史研究，为联合国教科文组织翻译资料，撰写了多篇论文，为《大百科全书》起草词条，等等。

1982年1月初，他病情危重，连笔也握不住了，仍盼望病情好转，计划出院回家后继续进行《中国师范教育史》《〈学记〉译述普及本》《孔子教育思想管窥》的编写。无奈上苍无情，1982年1月24日，傅任敢先生病逝于北京，走完了77年平凡又伟大的人生里程。

在为他举行的追悼会上，他的朋友、同事、学生四百多人到会或赠送花圈，其中包括蒋南翔、李锐、周培源、雷洁琼、王淦昌等中央、北京市有关部门的负责同志和民进组织代表。北京师范学院（今首都师大）党委书记兼院长崔耀先在所致悼词中对傅先生的一生和业绩给予了公正的、高度的评价：傅任敢先生是一位有影响的爱国、民主、进步的教育家，半个多世纪以来，为发展我们的教育事业做出了宝贵的贡献。他的逝世是我们教育事业的损失。

2020年10月11日是傅先生创办的北京市第十一中学建校70周年。学校开设了"任敢班"和"任敢学子"活动；并在两个校区均塑了傅校长半身铜像。在校庆当天，北京十一中举办了"人民教育家傅任敢教育思想传承、实践、创新主题论坛"，同时宣布成立"傅任敢教育思想实践联盟"。该联盟包括两所高校和六所基础教育学校，分别为首都师范大学、清华大学、长沙第一中学、长沙市明德中学、重庆清华中学、清华大学附属中学、北京市第十一中学以及清华大学附属小学，联盟办公室设在北京市第十一中学。这八所学校都是傅任敢先生学习和工作过的地方，长期受益于傅任敢教育思想和价值理念。此联盟的设立，旨在相互学习借鉴、实现教育教学资源的优化共享。

脚踏实地、开拓创新的人民教育家

傅任敢是把毕生精力献给祖国教育事业的人民教育家，也是把教育理论研究和教育实践完美结合在一起的不可多得的人才。

（一）著译等身、博采众长的教育思想家

傅任敢先生自清华求学始即有志于中外教育理论及实践的研究，撰写或翻译了相关论文百余篇。其中著名的有1933—1938年间翻译出版的夸美纽斯的《大教学论》、洛克的《教育漫话》等五种西方教育典籍，均为商务印书馆列入"汉译世界学术名著"。他在《自传》中曾提到翻译这些教育名著的初心："1933—1938年共译了五本书……我译这些书，自知销路是不会好的，但觉西洋教育思想史上的名著译出可能有点比较永久的价值。"足见其欲借鉴国外先进教育理念以推动现代教育理念在中国的传播的决心和意愿。

他不止于借鉴国外的先进教育理念，也深入挖掘中国古代的教育智慧为今所用。他在北京师院期间，曾讲过："现在一提到教育学，往往只是凯洛夫，这是不全面的，作为学习和研究，要广识百家，不能只停

留在某一个人的身上，要学习和了解古今中外有关这方面的论著和学说，特别是本民族古人今人的学说，如孔夫子的教育思想、教学原理……我们也应有自己的教育学。"1957 年他的专著《〈学记〉译述》出版。《学记》成文约在战国末年与汉初之间，傅先生将其从文言文翻译为白话，并加以解说。他赞道："它（《学记》）不只是中国的一篇很全面的教育文献，也是世界上一篇很早很全面的教育文献。这是人类的宝贵财富，是我国的骄傲。"傅任敢也深入研究孔子的教育思想，对孔子教育思想中的因材施教、启发诱导、尊师重道、教学相长等深为推崇，并把它们创造性地应用于自己的办学实践中。

他强调教育科研的目的应是解决教育中的实际问题："理论研究是为了指导实践，学习古代外国的论著，也是借以为鉴，指导我们现实的工作，如果离开了这一点，那么从事理论研究，学习前人经验又有什么意义呢！"他的《重庆清华中学设计待验（一至六）》便是最好的理论联系实际的例证。他在《花钱与记账——重庆清华中学设计待验之四》中就说过："我写《重庆清华中学设计待验》，动机非常简单，我觉得写教育论文的人，往往并无实际的印证，以至闭户造车，隔靴搔不着痒处，文章尽管漂亮，其实并无用处。……我们应当少发空论，多谈实际，少提幻想，多述办法才是道理。"

在他的追悼会上，全国教育学研究会秘书长陈侠先生的挽联曾写道："学贯中西，移译教育名篇，几代学人思厚泽；术通古今，注释论学巨著，千年遗产畅流传。"非常准确地概括了傅先生博采众家所长、融会古今中外教育精华的本色。

（二）伟大的教育实践家

傅先生作为教育家，不仅在理论方面做出了突出贡献，在实践方面也留下了宝贵的财富。他的教育实践生涯以新中国成立为界，分为前、后两期。前期为他的办学时期，主要集中在 20 世纪三四十年代的中等教育方面，其中特别是在重庆清华中学担任校长这一期间（1939—1950年），业绩最为突出。

重庆清华中学（现在是重庆市第九中学）是在董必武同志的倡导下，在十分困难的环境中创办起来的。校址在重庆江北花滩溪畔，原是一片荒丘。傅任敢受命担任校长，倡导劳动建校，自己事事带头，用师生们的双手从无到有，从小到大，边上课边建校，短短几年工夫，就把一片荒丘改造成为层峦叠翠、飞阁流丹的优美校园。对于我们贫弱的祖国来说，这种艰苦创业的精神是多么可贵！

1. 爱国救国的办学宗旨

傅任敢先生成长的 20 世纪 20 年代至 40 年代期间，正值中华民族积贫积弱之时，尤其是创办重庆清华中学期间，正逢抗战这一民族危机时期。所以傅先生有着强烈的教育救国的观念。首都师大高教所原常务副主任马啸风说过：

> 傅先生投身于教育事业的出发点是爱国。他认为教育对于振兴中华、陶冶民众有巨大作用："教育是立国之本"，"国家的繁荣，靠一国的文化程度"，"办学是一种最好的社会服务"。具体到抗日时期，他明确主张教育为救亡图存服务："教育是立国的大事，是实现国家政策、凝固民族精神的主要工具"；"重庆清华中学……要分负抗战建国的重任，使命是很重大的"；"我们的教育理想是：学生要养成有健壮的体魄、高尚的道德和丰富的知识与才能，以服务人群、贡献社会"。

例如，在《中学生的伙食问题：重庆清华中学设计待验之二》一文中，他对学生在校伙食问题的重要性就从提高民族体魄的国之大义方面加以条陈缕析："在营养问题方面，我们必须坦白地承认两桩无可争辩的事实。第一是：我们的民族有许多亟待改进的缺点，在这许多缺点之中，我们的体魄不如别人是最严重，最可怕的。第二是：我们的青年在学校所用的膳食实在是太坏，坏到了吃不饱的程度，这是我们任何当过学生的人偶一回想就可以替我作证的。本来，改进我们的民族的体魄只有两条康庄大道，就是优生与优境，前者是治本的，可是收效较缓，做来较难，后者是治标的，可是收效较快，做来也较容易。在优境方面，我们所采用的方法不外消极的，可也是基础的保育，和积极的，却需先有保育做基础的锻炼。我们要求民族体魄的改进，这治本的优生，与夫治标的优境中的保育与锻炼是应同时并举，不可偏废的！可是事实上我们只听见提倡体育，注重军训之声，却少有人注意到治本的优生和锻炼的基础的保育：这岂不是一件天大的矛盾，一个天大的疏忽吗？"

傅任敢先生正是抱着教育救国的思想，兢兢业业，把清华中学办成为一个进步的、有优良校风的、教学质量高的名校，为国家和民族培养了一大批人才。

2. 民主、进步的办学方针

清华中学（包括重庆、长沙两个清华中学）把"民主"列入办学指导方针。民主既是手段也是目的，既是形式也是内容。

管理民主化。学校提倡学生自治，设有学生自治会、膳食委员会和其他多个学生团体，均由学生自行选举产生并按民主程序管理相关事务。傅先生充分相信通过自治机构，学生经过亲身实践，才会懂得怎样行使民主，从而具备自治能力。他把学生自治会等视作培养人才的另一所课堂。在渝清，除了每学期开学典礼和期终的结业典礼由校长或教导主任主持外，平日活动多由学生自治会举行。伙食也由学生自己管理。平时鼓励学生投意见书，批评学校的工作，对学生提出的问题，经常予以解答。每学期末印发全校工作检讨表，表上印有"善意批评，积极建议，知无不言，言无不尽"十六个字。此表由学生填写，概不署名，作为改进校务的资料。因此，整个学校民主气氛浓郁，学生们的民主素质由是增强。

重庆清华中学还设"名人演讲"，经常聘请各界名流如梅贻琦、闻一多、吴晗、潘光旦、曹禺、冰心等来校作报告，演讲者思想倾向不一，各自畅谈天下大事。另外，学校订购了各种思想倾向的报刊书籍，让同学们自由阅读。而且为了督促学生们读报，傅校长在每天晚饭前集合时，都会让同学抽签上台演讲时事。在这种环境熏陶下，学生们逐渐养成了思想活跃、独立思考、兼收并蓄的精神。

特别值得记述的是，当时的重庆是国民党政府的统治中心，由于蒋介石实行"消极抗战，积极反共"的方针，重庆白色恐怖极为严重。但傅先生凭借自己在社会上的威望，用各种方法抵制国民党、"三青团"进入学校；坚决不同意设童子军课、军训课和公民课，因为这些课都是国民党为了维持其一党专制所实行的"党化教育"。在学校图书馆，却订有《新华日报》让同学们阅读，在当时的重庆，很少有学校能做到这点。同时，他对学生参加"反饥饿、反内战"的罢课、游行示威等运动，并不加以干涉。一方面，在校内的地下党组织得以发展；另一方面，参加爱国运动的学生和地下党员没有一人遭到过逮捕。

3. 爱的教育——学校家庭化

傅任敢教育思想的核心是教育者对学生的情同骨肉的爱。在重庆清华中学创立初期，傅校长即提出"学校家庭化"的口号，把学生视同自己的子弟，但不搞家长制。我们只要读一读傅校长的《重庆清华中学设计待验（一至六）》，就可以知道他为实现学校家庭化花费了多少苦心。

其中，最吸引我的是设计之二的《中学生的伙食问题》。作为一位中学生的母亲，我对关系到孩子身体健康的学校饮食问题深为关注。傅校长对中学生的饮食问题研究之深入细致，安排之周到，比之父母对子女，有过之而无不及。例如，在抗战的困难情况下，他要坚持保证学生每天二两肉，一斤菜，两次豆浆；在普遍加强营养的基础上还特设"营养桌"，对经校医检定认为有此需要的学生进行"格外调养"。

为了使学生、家长、学校三者之间及时沟通，他建立了"家信督导"等制度，有效地促成了学校、教师同家长的合作，共同促进学生心理的健康成长。

傅校长对学生的关爱还表现在学校生活的方方面面：为除治臭虫，学校在炉灶旁砌起水泥框，蒸煮宿舍的木床；特辟一间疗养室，安排患肺结核的学生边学习边养病；看到女同学们住房拥挤，他就把自己住房的楼上腾出来给她们居住；除减免贫困生学费外，又协助给占总数五分之一的贫困学生安排勤工俭学，使他们免于辍学，等等。

重庆新华中学的教室旁边都有导师室，每班导师只教该班一门主课。导师与学生朝夕相处，言传身教，师生之间亲如一家。同学之间也是亲密无间，如同兄弟姐妹。很多清华中学的学生在毕业以后大多数仍同母校、老师和老同学长期保持和发展这种深厚感情。

4."德智体美劳"五育并举的教育理念

德育：清华中学特别重视德育。德育内容有四：1.以爱国主义为核心的理想教育；2.以抗战救国、争取民主为核心的时事教育；3.以民主、法制、自由、平等、自治等为内容的价值观教育；4.以仁义礼智信为主的品德教育。傅校长进行德育的主要方法是两个，一是校长、教师以身作则，切实负责，不求名利，做学生的表率；二是着重养成学生的服务和重视实践之精神。比如救护抗日受伤飞行员与士兵，协助过境部队，为难民与保育院幼儿募捐，共同救济贫苦同学，开办平民小学等。还有就是把德育渗透到各科教学和各种活动中去。学生无论贫富，都统一穿着朴素的校服，不吸烟，不喝酒，不蓄发，不许早恋，要遵守学校作息制度和课堂纪律等。清华中学的德育潜移默化，影响深远。毕业后多数学生终生保持了刻苦好学、勤恳工作、生活俭朴的作风。

智育：清华中学以智育为主体。其措施有：1. 非常重视师资建设。他尽力为学生们延聘最优秀的各科教师，老师们几乎都来自国内最好的大学，德才兼备。有好的师资，才能教出优秀的学生。2. 改革课程，删繁去重，每周限开二十几课时。注重三门基础课：语文、数学和英语，分量特别重，占了整个课时的三分之二。语文教学以语法为主，文学为辅，古汉语与现代汉语并重。英语采取直接法教学，课堂上一般不用汉语讲解，以训练学生的理解和使用英语的能力。傅校长常向学生强调一句话：A foreign language learning is a habit transformation. （外国语学习是一种习惯的转变）。为了培养学生阅读英语书刊的能力，从高中二年级以后，就给学生选用一些英语的课本，如《范氏大代数》和霍尔乃特的《解析几何》原文本等，三年级理科用英文的物理学课本。这是针对清华大学一般新生入学头一年看不懂英文科技课本的问题而采取的措施。在清华中学的阅览室里，还订了几种英文报刊。傅校长是无神论者，但却常常请教会的外籍传教士在星期六下午或星期日来校用英语作演讲，目的是让学生有听外国人说英语的机会，并鼓励学生同这些传教士用英语交谈。因为采取了这些措施，所以清华中学的毕业生的英语基础都比较好。增加"现代知识"一科，"暗中提示新知识"。3. 讲究教法，重视学生的自学能力。4. 强化课外作业，帮助学生真正掌握知识，并训练其思维。5. 考试频繁多样化。有随堂考、周考、月考、期中考、期末考、学年考、毕业会考。考题力求重基础，不赞成出怪题。考试时实行"荣誉考"，无人监考。不合格生留级。这一切目的在于促进学生的学习和改进教学。因此，清华中学的学生们的学业成绩一直处于各兄弟学校的前列，历年升入北大、清华、南开、交大等全国有名大学的毕业生人数，在西南地区的中学中名列前茅。清华大学每年会从重庆清华中学直接接受保送的优秀毕业生若干名。

　　体育：清华中学很重视体育。学校采取"彻底强迫的课外运动"，即硬性规定，每天下午四至六时锁教室门，全体学生都必须到外面参加适合自身的运动项目或体能活动。学生毕业前到校园外花滩溪检测游泳成绩，必须游完 100 米才能毕业。学校每学期都举行运动会，依照学生身高、体重、年龄分三组运作，每人至少参加两项比赛。

美育：清华中学办学初期，由于缺少音美师资，傅校长独创性地选出擅长音乐美术的高年级学生担任"教生"，教授其他学生。后来聘到了水平很高的教师。清华中学非常重视音乐教育，学校里歌咏活动非常活跃，还常在课余举办音乐欣赏会。

劳动：无论家境贫富，每个学生都得参加同等的劳动，搬砖、搬瓦、运沙建校舍，改田、平地修操场。每天吃的大米，也是全校同学们一盆一盆地从江边传送到学校。利用每个周末那天的课外活动时间，全校同学用各自的脸盆，从山脚下的河边，来回往山上端运沙土，最后在校内两山之间，修建了一个人工湖坝"愚公堤"。学生们就是在这样的劳动教育下，养成了终身热爱劳动、热爱工作的习惯。

总之，傅先生早在 20 世纪 40 年代初就主张德、智、体、美、劳并重，引导学生追求真理，掌握知识，为社会造福。他的理想是造就体魄健全，具有高尚的道德、情操和高度的文化素养，能够献身于社会和祖国的人才。

斯人已逝，精神长存！在编辑此文集过程中，我时时深为感动，为先生崇高的人格及深刻的教育思想所感动。愿今日的你我能传承先生精神，做一名爱国爱生、脚踏实地、认真负责的教育工作者，为祖国的教育事业添砖加瓦！

目录

第一辑　博采众长、著作等身的清华学子

第二辑 "五育并重"的重庆清华中学校长

第三辑　师范教育的先驱学人

第四辑　中国传统教育的倡导者

博采众长、著作等身的清华学子

人格教育与国民道德

　　居今日而言人格教育，谓之不识时务；居今日而言国民道德，谓之不通世故。不观乎国内之大学中学乃至小学乎！？几无不以英语流利，体育优长，为尽教育之能事者：上焉者，以办学为植党之私；下焉者，视学舍为进身之阶；而学子之既嫖且赌无论矣。又不观乎国民之行事心理，乃至父期其子，兄望其弟之为何事乎！？曰：某也工媚而军长矣，某也善贿而总长矣，某也任事匝岁而千万矣，某也略弄枪花而百万矣。居此而言人格教育，居此而言国民道德，亦徒见其不识时务不通世故之甚也；虽然，唯其如此也，故吾欲有所论；唯其如此也，故吾欲有所痛论。

　　教育之目的，以造就完人为宗旨。工英语者，不必完人也；工国文者，不必完人也；体气坚实者，亦不必完人也。唯身体康健，学识丰富，德行无疵者，方足以当完人而无愧。故教育之目标在此，而教育亦即为达此目标而设。若教育而不以此为目标，则教育之价值已无足多；若教育而不能达此目标，则教育谓之失败。何以言之？夫体气坚实而足以语完人者，则澳非蛮人，力足以搏猛虎；古昔初民，赖杀兽以为生；何以未足以齿于文明民族之列也？更何以吾人不愿返而之彼也？且彼等之体质坚实，固绝非设立学校而后然者；乡野农民，尽多筋强肌满之徒，正亦不必牺牲千万金钱，练此力不如蛮民，健不及农樵之臭皮囊也。若夫智慧高强而足以语于完人者，则有史以来，大憝类多大智：曹操之所以为曹操，其智使之非其愚使之也；秦桧之所以为秦桧，其智害之非其愚害之也。至若英语流利，则尽量不过一最类似之赝品英国人已耳；国文通顺，则尽量不过一善弄柔翰之书生已耳；更何足论。吾人试一静思，教育之目的在使国民野蛮化乎？英国化乎？曹操秦桧化乎？吾知无贤不肖皆必曰：否，否，教育之目的，所以造就完人而造福社会者也。若然，则吾愿敬进一解曰：吾固非谓体育不必讲求也，智育之仅足以赞成曹操秦桧之流也；吾意仅有坚实之体气，则无以别于蛮人初民；仅有超越之智识，则易沦为巨奸大憝；唯具有康健之体格，丰富之学识，而辅之以纯善之德操者，始足以云完人，而造福社会也。然则何缘而得达此，曰：人格教育而已矣。人格教育云者，锻炼体格，研求学识之中，兼之以人格修养人格感化耳。

判国之盛衰者，于其军旅，此尽人而知者也；判国之盛衰者，于其政治，此尽人而知者也；不知判国之盛衰者，亦于其国民之道德。吾国改元以降，国事蜩螗，民生憔悴；忧时之士，莫不疾首而叹曰：此政客之丧心病狂也，此军阀之全无心肝也。然而军阀政客，中国之军阀政客也，即中国国民之一分也。谓为军阀政客之丧心病狂也可，谓为中国国民之丧心病狂也亦无不可。此军阀政客之罪恶滔天，而亦中国国民之羞惭无地者也！按常情而论，中国固不能骤臻隆盛之象；亦不应衰败颓委，一至此极。以言军旅，虽欠训练，数量却居世界第一，御侮不足，剿匪应有余裕。以言政治，则民主矣，代议矣；总统制内阁制既先后试行于北，委员制又继试于南；顷刻改善，纵使难能，较之专制，应少逊色；即云程序所必经，而所以必经之为骤失重心，民德坠落，固无可为讳。舍其远者间接者姑置勿论，议员贿选，是谁之咎！放弃票权，与夫贪图小利，虽有消极积极之分，其有亏于道德则一也。自古有民德高而练军励政以兴之国，未闻有民德低而能练军励政以兴之国；罗马之奢侈败亡，可为殷鉴。譬如资财，有德者用之，可以济贫纾困；无德者用之，可以激致革命。譬如智慧，有德者用之，可以造福人群；无德者用之，可以作奸犯科。故强国之道，首重增进民德。民德进，则凡事俱可显其正当之功用，且有其坚固之根基；民德退，则制度虽好，反为奸人利用，资财虽充，仅供巨猾作恶，国富民强云乎哉！

然则何以求人格教育之实现，促国民道德之增高？是当首明其相互之关系，因果之构成。夫学生者，非社会之中坚，将来之领袖乎？学生之人格而高尚也，则国民道德随之而增进；学生之人格而卑污也，则国民道德随之而减逊。然而学生人格之高尚卑污，又系于所受教育之不同。故教育而能施以人格之训练感化，则学生之人格高尚，而国民道德亦随之以高尚；教育而不能施以人格之训练感化，则学生之人格卑污，而国民道德亦随之以卑污。反之，设国民道德而高尚也，则学生耳濡目染者，俱为高尚之事实，而人格教育易于实施，易于收效。设国民道德而卑污也，则学生耳濡目染者，俱为卑污之事实，而人格教育难于实施，难于收效。是故人格教育与国民道德二者，实互为因果，互相影响者也。欲求实现增进，非同时着力不为功。然而直接增进国民道德，以求人格教育之易施，其事难；努力人格教育，以求国民道德之增进，其事易。吾国改元以来，凡百现象，俱趋颓败，推厥原始，归斯二端。然耶，否耶，非所敢知也。

（原载于《清华周刊》1925 年第 24 卷第 7 号，署名茗年）

免除靡费与发展大学

一般人的误解

清华学校，全国国民膏血结晶的清华学校，论理，全国的国民，至少北京城圈子里的国民，应该对于它有相当的了解；自己对于自己膏血的结晶都不了解，还有什么值得了解的？还有谁来了解？可是在事实上，了解清华的究有几人？记得刚来清华的时候，不是这个朋友问清华是不是教会学堂，便是那个朋友问清华是公立抑是私立，而问我的这些人又都是所谓大学生者！关于清华用费的问题，自然也不能独然例外。假如大多数人的意见便叫作舆论的话，那么，社会上的舆论是："清华是贵族学校"，"清华太阔"。他们有什么事实的根据和正确的观念吗？不！据我所知道的，他们绝对没有！他们只以为清华学生都可以留洋，都是政客军阀的子弟，吃的是西餐，穿的是洋服；他们何尝知道清华里面有多少缴不起学费，缴不起伙食的贫苦子弟！他们只以为清华有高楼大厦，大理石的厕所，纯铜的大门；他们何尝知道清华现在是大学，图书既不够用，仪器、设备，种种都不完全！舆论！"舆论是盲目的"，这句话从今以后我是不敢怀疑的了！

舆论是否盲目，本来没什么关系，可惜那盲目的舆论却足以使你生，使你死，可以使明白人变糊涂，可以使聪敏人变呆愚！

什么叫作靡费？

舆论说清华贵族，清华太阔，我说舆论是盲目的，这意思只是说清华并不是贵族，并不阔而已。我以为清华虽不贵族，虽不太阔，而其一切用项实太靡费了。靡费是一桩坏事，教育事业上的靡费更是一桩坏事，在今日如此贫苦的中国，如此寂落的教育事业上的靡费尤其是一桩坏事，我们有去改正的责任，清华的坏事，我们尤其有去改正的义务。

不过，刚才说过，清华的图书不够，设备不全，够不上完全的大学的资格；同时又说清华用款的有靡费的地方，这是不是自相矛盾，自己打自己的耳光？

我的回答是：不，绝对不！

我以为所谓靡费者，有两个客观的标准，而并不是徒看外表，胡说八道。这两个客观的标准是：

一、学校每年所耗于每个学生的款数（Annual Cost Per Capita）

清华每年校内用款约六十万元，学生数约四百余人，平均每人每年约耗一千余元。欧美各国大学，尽有每年经费极多，较清华多上几十倍者，然而以每人每年平均耗费计算，从没有清华这样多的；就国内而论，从前北京大学每年预算约六十余万，然其学生总数则约二千余人，每人每年约计不过二三百元，从实际上所领经费计算，那便更少了，在今日的中国，贫穷到了极点，教育之不发达，冠于世界，我们正宜以最少的经费造就最多的人才，而清华却以最多的经费造就最少的人才，实在是不经济，这是浪费。

二、用途的正当与否

我们要明白款项用途的正当与否，首当明白什么是大学的目的。据孟禄说，大学有四个目的：（一）保存知识；（二）传播知识；（三）应用知识；（四）增加知识。大学的主要目的既在知识的保存、传授、应用、增加，则大学的主体当然是教授、学生、书籍和设备，如果这四样不很完全，请问知识如何保存、传授、应用、增加？如果一个大学蔑视这四样要素，如同经费之最大部分不用在这四样上面，请问我们要一个大学干吗？关于清华已往经费的支配，因为学校经济未曾公开的缘故，我当然不敢瞎说，不过就一般同学的观察，仿佛大体上虽不很错，然而间或也未免有用得不很有效的地方。如同音乐一门，专任教员，多至三四人，每年所费，据说不下万余，又如大学第一次招生时偶不小心，没有预先说明将来办哪几系，以致系数太多，财力分散，便是众人皆知的例子。

怎样去免除

根据上面两个客观的标准，我们知道清华的用款，的确未免有些不很经济，而不经济的最大部分，在于学生数目太少，次之，在于用途不甚适当。由此，我们便可以得到两个补救的方法：

一、添招学生，以减少 Annual Cost Per Capita 而便多造人才

既然社会亟于须用人才，既然每年每生费上千元是不经济，那么，论理的结果，自然是多招学生便可免于靡费。而且，清华是中国的一个最高学府，虽则是设立只有三年，然而一个最高学府只有三四百学生，却也未免有些滑稽，我们不想发展清华则已，如其还想，那么，添招学生实是一个必然的，毋容怀疑的步骤，关于此点，去年周刊已有详细的

讨论，此地可不多说。

二、免去不正当的用途

哪一项可省，应如何省法，省去多少，此是学校行政问题，而且非当局无不易明白，我也不想多说，我所要说者，只是应省的反面，不应省的几项中的最明显，最不容怀疑的。换句话说，就是为保存、传授、应用、增加知识而不可或缺的四个要素：教授、学生、书籍、设备。

关于教授，量的方面，有些学科是比较多一点，有的学科，看去虽则太多，实际无可减少，因为当可开系太多，因之，学科也就较多，因之，教授也就不得不多，如其要勉强一个教哲学的来教数学，哪里可能？质的方面，我们早就盼望学校破除情面，整顿一番，因为清华教授，学高望重者本多，才学平庸者实亦不免，与其大把薪水溶化在彼辈身上，何不重币厚礼地去聘请几位博学鸿儒？不过对于好的教授，学校即不较前更加优待，至少也不可忽略了下面两件事：（一）功课不可太重。年来北方有名教授之离此他就者，几乎更仆难计，清华一校独能留住几位，未尝不是功课稍轻，教授自己有研究机会的缘故，如因省费而加重他们功课，那么，直不啻是迫他们走开。而且大学教授本是研究性质，大学目的，不仅在知识的传授，实亦在知识的增加，美国有名教如杜威、桑戴克，每周上课不过三四小时，可见一斑。如若反此而行，不徒是学校的不幸，实亦违反教育原理。（二）教授薪水不可减低。理由与上面大体相同。综之，我们所应注意者在教授之质的改善而不在教授待遇之降低。

图书和设备，因清华原是一个留美预备学校，改大以后，添置极少，以供大学之用，的的确确有些不够。近来园子里颇有不少的流言，说校长因为节省经费，一切购书购仪器等正当用途，概被停止；我对于这种流言绝不敢信，因为校长是来发展清华大学的，发展清华大学而不准购书购仪器，请问一个大学离了书籍仪器还能存在吗？

免除靡费决非节省经费

免除靡费，是发展清华大学的消极方面，增加经费，是发展清华大学的积极方面；要扫除已往的积弊，便不能不免除靡费，要图将来的发展，便不能不增加经费，图发展而不除积弊，则发展为不可能；除积弊而不图发展，则积弊之除为无大益，所以，免除靡费，增加经费，才是正当的办法；如果因免除靡费而减及经费，那是自杀的行为！听说校长奉有部命，预定减少清华经常经费的一半，这虽是学校的行政，我们不应当干预，可是校长既面嘱我们贡献意见，我们便不能不唐突地、冒昧地请校长考虑两点：

一、靡费只是用得不正当的经费，只可移为正用，不当连经费也给减除。

二、清华大学应向发展的道上走去，减掉经费，即不啻断绝其发展的希望。

一点诚挚的希望

校长未来清华以前，我不知校长的性情、学问、历史，以及一切；校长将来清华的时候，《大公报》告诉我们说"严校长是一个忠厚的学者"；校长既来清华以后，我的观察告诉我"严校长的爽直性情，负责态度，真不愧教育家的风度，真不愧几百学生的师表"。严校长既负有整顿清华的使命，既抱有发展清华的抱负，我们应当各尽所知，建议校长以示我们与校长合作的真心，敬佩校长的热忱。适逢清华大弊在于靡费，社会上又群认清华为太阔，贵族，同时经费一层又与清华前途有密切之生死关系，故敢贡其一得之愚，希望校长在不妨清华大学发展，不妨学校正当开支之前提之下，免除靡费，一扫积弊；同时希望校长：不必预定应减之限度，不妨正当之开支，则来日清华发展而与牛津、哈佛匹敌时，严校长抱病整顿之苦心，不难留为千古美谈也。

（原载于《清华周刊》1928 年第 29 卷第 2 号）

革命青年的失学问题

年来国内政局，好比一道洪涛骇浪，奔腾冲击，使得一般青年不是发奋图强，努力革命工作，便是下趋坠落，葬送一生。其能按照故常，在学修习的，恐怕只是少数中之少数罢了。这本是变态社会中的常事，原也无可如何。现在革命告一段落，训政业已开始，社会秩序渐渐要恢复常态了，一方面国家急于需要建设的人才，一方面青年突然失了以前努力的对象，于是一个"青年失学问题"便为大家所注意到了。

青年失学问题本是一切根本问题中的最根本问题，理由只是：国家的将来属于现在的青年，而国家的繁荣又靠一国的文化程度。不过这个问题虽然这般重要，可惜国家力量一时有限，我们只好缩小再缩小，先来对于革命青年的失学问题求个解决。这种缩法，其实也有几层理由：

第一个理由是为保证革命的成功起见。革命有两方面的意义，一是消极的廓清摧陷，一是积极的发展设施，这是人人知道的了。从来各国革命，每有一个毛病，破坏的人有纯洁的动机，却没有设施的本领，建设的事务人员有设施的技术，却又没有远大的眼光。结果，顾全了廓清摧陷的彻底则忽略了建设的本意，顾全了设施发展的效率则又糟蹋了革命的精神。"党军北伐，官僚南伐"，原也是这个公式中的一例。自今以后，我们的理想革命家应该人人有革命党员的进取勇气，同时又有事务人员的办事效率。要有远大的眼光，要有专门的技能。这样，才能保证革命的成功，才能在革命史上开一个新纪元。

第二个理由是为安定社会的秩序起见。果然能够舍去性命，为革命而奋斗的青年，总可当得起"有志气"三个字。不过志气只是创功立业的动力，却不是创功立业的工具。现在是在走向建设的时期了，所需要的有"志气"，也要"技能"。建设本是为建设而建设的，合不上它的两个条件的只好请便。那时万一一般有志气的青年还没有趁着这个机会习得一些专门的技能，则建设的事业为腐败分子所包办，革命青年离了负责任的地位，"技能"离了"志气"，相激相荡，社会秩序恐怕也就不容乐观，再革命何从避免？

第三个理由是为顾全各人的将来起见。革命青年的备尝艰难苦楚，是现代的中国人所应该知道的。不必说了。他们在立志从事革命工作的时候，本已立下一个牺牲一切的决心！现成的性命且已置之度外，哪还计及未来虚幻不可捉摸的酬庸？可是事情成功以后，享受成功的民众当然忘不了创造成功的勇士。古往今来，多少兴亡大事，一旦功成圆满，总是离不了创立功业的人，便是此理。平心而论，革命成功而后，我们坐享成功，对于那些创功立业的人总得有所答谢才对。从来答谢的方法很多，放官委差，都非得当。要知此番革命，出力者以青年为最多。他们学业尚未成就，便来担起这副担子，原也出于万不得已。现在到了他们可以歇歇的时候，若还不让他们歇歇，预备将来的担当，国家的将来，他们的前程，岂不白丢掉了？社会若是连他们的失学问题都还不能代为想法解决，岂是对于他们的正当酬庸？

这种简明的道理，见到的人也不算少。即如最近中央党部之制拟失学革命青年救济办法（见十一月三十日《申报》），和冯玉祥，广东建设厂之派遣学生出洋求学，可见一斑。

如果前面所说，尚非荒谬，则我们应该进一步地问：怎样使他们愿意续学？怎样使他们能够续学？使他们学些什么？

怎样使他们愿意续学？这个问题也可以说是不成问题。因为一大部分的有远识的革命青年，自己都有强烈的求知欲。现在只是环境没有这种便利，不是他们自己没有这种心愿。他们在"要"，用不着"使"。要外力促进的只是极少的一部分。政府对于这极少部分的人所能做的似乎有两点：第一是从早严格执行考试制度，第二是保障事务人员。严格执行考试制度则没有幸进的机会，保障事务人员则服务政府不致横受摧残。那时大家知道要为政府服务只有这条门路，为政府服了务也不致白费精力，自然乐于从学问上用功了。

怎样使他们能够求学？这是极大的问题，也是极不成问题的问题。这个问题有两方面，一是程度，一是用费。以言条文上的解决，则中央党部的规定总算够详备了。至于实行如何，那是关于国家财力人力，不是逻辑的推论所能解决的。

使他们学些什么？这我有点意见。就个人兴趣而论，当然各人不同，亦不必强同。可是现在所讨论的是全国最有生气最有希望的革命青年，对于他们，我们不能不有较奢的希望。他们学习的标准似乎应该站在"国家的需要"和"革命的成功"上面来定。国家需要的是自然科学，凡有相当根底的都该向这条路上努力，理由极明，有话不必多说。就革命的真正成功而论，则革命青年最该努力的是师范，而最适宜于师范的也是革命青年。这次革命不是谁打倒谁，是为主义而革命的。革命的目的不仅在政权的取得，而在主义的实现。主义能否实现，全靠国人信仰如何。要使国人对于主义有最坚固的信仰，最好是亲自跑进后辈青年里面，实地做去。这就是师范。唯有自己亲自到中学、小学里努力才能保证革命的胜利。反过来说，师范教育本是清苦的事业，这种事业也只有富于革命性的青年才配干！

（原载于《认识周报》1929 年第 1 卷第 1 期）

中国新教育行政制度研究

各人有各好的专业，可是各人对于国家一切实际问题和他人专门学业里的大势，也应多少有些注意才好。这本书是想根据三民主义的原则建设一个新的教育行政制度，而且书内对于世界教育态势也有简明扼要的叙述，不愧是近来值得注意的一本东西。

书分前后两篇。前篇论行政系统之改组。其重要的贡献在提出改组的三个原则：中央集权与地方分权的调和，专家意见与民众利益的调和，委员制与领袖制的调和。其余论各国行政系统之比较、批评，很可供一般人的参考；作者所拟的改革系统，不愧一种陈义颇高的理想。后篇为教育宗旨之商榷。其最扼要之处为提出世界三大潮流而加以历史的说明：他们指出美法革命代表民权主义，德意建国代表民族主义，苏俄革命代表民生主义。作者依据三民主义所提出的具体教育政策也很切实妥当。

书中可以商榷的有一点：作者主张大学区之下再分中学区、小学区。这种以学制等级将就行政区域的分法是否适宜，似乎难以随便主张。大学区制度的利弊如何，现在在学理上还是一种争论，在事实上还没有正反的证明。作者虽说"不妨自我作古"，可惜作者没有把他们所以要"作古"的理由说出！

书中还有一件最大的缺憾：作者先有了一个拟好了的宗旨，而又想找历史背景、欧美经验、专家学经来增高声价，以致勉强牵拉的地方实在不少。他们一定要把旁人心思硬拉做在向着三民主义的目标走去而又认定他人未能完全做到，证明他俩的建设便不啻是"做他人之未能做到"！比如他们说："非英得来所主张的艺术、言语、知识、道德等，即民权主义。"似乎太勉强了些吧！

（原载于《认识周报》1929 年第 1 卷第 1 期）

克伯屈[①]：文化与教育

(W.H. Kilpatrick：Education for a Changing Civilization.

1927. PP.143. MacMillan Com. N.Y.)

  文化是人类心血的结晶；教育便是延续、光大、保持这种人类心血的结晶的中介。文化和教育中间的关系之密切，之复杂，不难想象而得。

  克伯屈的这本书便是从这许多复杂的关系中抽出教育对于文化的态度，或是文化对于教育的影响一层来加以系统的、详明的讨论。

  他的这本小书虽则是"一本以变动不居的世界作观点的教育哲学"（P.134）。可是："为求一般人对于学校所以改变的原因得到了解起见，写的时候完全不是用的专门家的态度。"（P.135）所以虽则具有专精的内容，却用的是通俗的形式。

  若是简单说来，他有三个论点：第一，"我们的时代是从来没有有过的变动不居的时代"；第二，"这种新的变动在教育上有一种新的要

---

  ① 威廉·赫德·克伯屈（William Heard Kilpatrick，1871—1965年）是美国著名的进步主义教育家。——编者注

求"；第三，"我们现有的教育应该大大改变以期适应这种新的需要"。（P.4）

我们现在便可跟着他的这种极合逻辑的次序看看他的意见：

我们的时代是变了！你瞧：从前老死不相往来的聚族而居，现在是晨发伦敦夕抵纽约了；从前胼手胝足的生产工作，现在是机器化、电气化的世界了。人类生活的各方面没有一点一滴和我们的祖父祖母的时候相同了！这种情形所给我们的印象不独是这个世界变了而已，而且这种变化之大而且快是历史上任何时期中所没有见过的。变化的原因是"经过试验的思维"（Tested Thought）。中古时代以前的人只会玄想，盲从权威。自从加利里阿以后，大家方才觉悟过来，知道凡事不可盲从，应该去求事实上的证明。这样一来，人类的知识便比较的可靠多了；科学的发达便是这种经过试验的思维的自然结果。因为科学发展，我们的时代便变成了"从来没有过的变动不居的时代"。

在我们这个最变动不居的时代，生活方面有了三种趋向。一是心理的：从前人类是不信任自己的能力的，是听天由命的，现在却是知道信任自己了，知道人力可以胜天了。二是产业的：因为产业发达，社会生活一天复杂一天，整个社会成为一体，人与人之间，息息相关，个人再也不能闭关自守独立营生而与世界无缘了，因之个人的价值也就跟着缩小多多。三是民治的：这是伦理方面的一种新观点。

结果所届，于是形成两大趋势。一方面政治上、学术上、宗教上以及一切人生方面，传统的思想、权威的压迫，全都渐渐失势，趋于没落；合理的、内发的思维一天得势一天。一方面经过试验的思维继续增高，于是科学发明也就日出无穷，其自然的结果便是社会生活的改变较前更加厉害：变得更快，变得更大；文化落后，赶不上物质的进步。

这是他所指出的社会变化和所以变化的原因以及变化的趋势，我们大概可以完全同意。

教育之起源本是传授前人的经验的，最初并无形式的教育制度，所以教授方法、内容也就随时势之需要而俱变；后来教育事业形式化了，因受惰性律、治者阶级的野心等的支配，一天一天的趋向固定死板，不能适应实际的需要。到了现在，学校又已达到形式化的极点，同时环境的变化又最大：家庭渐渐解体，社会生活愈加复杂；教育自身改变以求适应新的环境的时候已经到了！

现代的文化是一种改变了的新文化，现代的教育应该根据这种新的文化对于教育上的要求而改变，才能适于现在的时代。

我们最当明白的一点是：文化永远是变的。一方面现在的文化已经不是以前的文化了，所以我们的教育也就不能再以适应以前的文化的内容形式来适应现在的新的文化；一方面现在的文化更不便是将来的文化，所以我们更不能完全根据我们现在的经验来固定儿童的未来的思想行为。"文化是变的"这个现象所给我们的第一个最根本的教训是：让儿童养成自己能够思想、自己能够解决新的问题的习惯。这是最根本的一个要求。等而下之，现在的文化所要求的有：科学的教授，批评态度的养成，多方兴趣和合作能力的训练，世界眼光和民治习惯的鼓励。

这是克伯屈所见到的变的文化对于教育上的要求和关系。

最后，我们的教育究竟应该怎样变法呢？

第一，我们要知道："数十年来，教育老是随着社会的需要而改变的，最近二十年来更加厉害。"（P.91）不过我们不自觉得罢了。我们现在要根据变的文化而改变我们的教育，并不是一桩"自我作古"的事，乃是以自觉的行为去代替以前那种半自觉的适应罢了。

抽象些说，我们的教育应该有三方面的改变；这三方面的适应便是对着现代生活的三种趋势而来的。第一，要使学生的心理态度不独具有一种遇事问个"是什么"（What）的习惯，而且要使他们知道遇事问个"为什么"（Why）。第二，在技术方面，不独授以前人已有的经验，供其解决新的问题的参考，而且最应该训练他们，使他们自己思想，自己具有给自己对付新的问题的能力。第三，在品格方面，要使他们具有远大的眼光，正当的态度。

至于怎样方才能够达到这些目的呢，克伯屈的主张仍然根据他的老调：教学应该注重现在的经验，过去的经验只有参考的价值；经验应该是积极的、社会的；学生自动的活动应该充分利用；课程应该改造，添加应用的活知识，减去些陈腐的死材料。

这便是克伯屈对于教育演进所应走的道路的大体主张。

现在我想说点我个人的感想：

记得1927年克伯屈趁休假之便来华讲学，有一次在清华讲演"中国目前之教育问题"，说到中小学课程问题，说道"一个人到了四十岁以后，他的习惯、态度，已经养成；不容易吸收新的思想。所以我们应该在他们年轻的时候，教导他们新的观念，将来他们才能够吸收新的方法"。（字面据邬振甫、王政记录）我当时不知怎样受了一种极深的感动。克氏在华讲演多次，多半没有什么创见，引不起我的趣味；这次却令我深深地回味了一场。

我觉得社会上多少惨事都是教育家所造成的。社会生活本是跟着时代而改变的。每个时代都显然地分出三个团体：一些年青的、富于理想的人主张急进，主张追过时代；一些年老的、认识事实势力的人主张保守，主张挽住时代；其余还有一些无所谓的，或是确实富于理智的人，都采一种旁观的或是批评的态度。这急进和保守两方面，永远是在争斗，永远是在惨杀。这方面认为是罪恶的，那方面认为是真理。他们牺牲一切，生命、财产、享乐，以求发扬他们自己所自认为很对的真理，毁灭他们自己所认为罪大恶极的对方。一切战争、屠杀，除了物质上的原因以外，这种心理方面的动力是最大的了！

在现在的时代，尤其是现在的中国，这种争斗的惨剧，尤其显然。

一方面是顽固的恋常，一方面是盲目的求变。恋旧的人不懂时代是变的，文化是变的，他们追不上这个变的时代，适应不了这种新的文化。求新的人也只知道文化是变的，却不明白去考查变的方向究竟对不对，那适应的方法行不行，尤其是完全消极的适应，不求积极的创造和领导是不是一个正当的办法。他们都不管，他们只在顽固地、盲目地争斗。

其实，如果你去问问他们为什么要这样？他们决定回答不了。他们自己何常存心去顽固地恋旧？去盲目地求新？在他们背后作祟的乃是他们所受的教育。

近代的心理学者，尤其是行为主义者告诉我们：人生的习惯、行为、态度，大体是教育决定的。J. B. Watson 则简直认为人的全部行为可以用"习惯的行为"来解释。他以为人到五六岁的时候，其一生的态度行为便已被这几年之中所受的教育决定了大半。这话即便太过，而教育之影响于人生之大，总是万万否认不了的。

一般人之顽固地恋旧便是这个道理：他们受教育的时候，教的人已经很确定地告诉了他们那是对的，那是不对的，却没有告诉他们一个是非的标准和一个测量是非的方法。也许在他们受教育的时候，他们所学的是非技术全都是对的，是够用的。可是文化究竟是变的，社会生活绝对不是永远固定不进的；一旦到了他们自己的时代，他们自己的时代已经变了，已经不是他们父母师长的时代了；他们的时代需要新的技术，才能解决新的问题，而他们的习惯却只能对付旧的文化和旧的社会生活。那时，他们除了一些只能的茫然不知所措外，除反抗时代以外还有什么方法？

时代是变的，我们所教给我们的下代的却是死的、不变的，仅仅适用于现在的时代不能应用于将来变了以后的时代的习惯。结果，每个时代都有顽固的，其实是不能适应环境的人。对于他们自己，固有牺牲，对于全部文化，也就受了他们的牵掣而停滞了。

这种损失的责任归谁？归教育家！

盲目的求新也是由于同样的道理：他们所受的害比较的小，他们知道文化是变的，可是他们没有受到合适的训练，所以只知一味盲目地追求。

世界文化已经比我们进步得远多了，可怜我们自己一方面是顽固地常着过去，一方面盲目地追求未来；这罪过应该由我们的教育负担，将来的补救也只有靠我们的教育！

克伯屈指示了我们一条道路："合理的适应"（Rational-adaptation）。达到这合理的适应的方法是：叫学生自己给自己思想。

"适应"这个东西是可好可坏的。只知道消极地适应叫作"随风转舵""没骨气""无创造力"，结果流于油滑无用；只知道一味地不适应，叫作"顽固不化""阻碍进步"，结果终归淘汰。

人对社会生活的正当态度，应该是"合理的适应"；教育对于文化的正当态度，应该是"合理的适应"！

愿大家记住这"合理的适应"！

愿我们的教育家把未来的一代炼成能实行"合理的适应"的动物。希望那时四十岁以后的老头还能吸收正当的新思想，二十岁的青年也能合理地思想！

（原载于《认识周报》1929 年第 1 卷第 7 期）

优生与教育

一、两条大道

　　如果我们不甘自侪于禽兽之列而要找出我们人类的特色来的话，我个人的意见便以为"人之所以异于禽兽者"是在能够运用其思想定出比较现实更为完美的理想而努力以趋赴之。我这个并非定义的定义里有三个元素。第一是运用思想。我们暂且闭着眼睛想想，假如我们这些"万物之灵"的两足动物，自有历史以来便是冥然罔觉，只如机器一般的从这头送进原料那头制出出品，那么莫说我们不配自命为"万物之灵"，实际上就连禽兽也赶不上，尽其量也不过和美国最近制造的机器人一样罢了！所以"运用思想"一事要算是人类进步的基本。不过，这仅仅是人类赶上禽兽的一个基本而已，并不能算作人类优于禽兽的证明，因为近来好些心理学家都主张高等动物也有思想的了。人类的长处是在"运用思想定出比较现实更为完美的理想"。我们知道进步的原因一方面是由对于现实的不满，一方面是由造成新的理想做我们趋赴的目标。禽兽虽有思想，可是没有理想，所以永远没有进步，它们的文化永在原来的水平线上，鸟的文化还是织巢而居，兽的文化还是穴居野处。

我们呢，可就大足自负了，由穴居野处而茅舍，而瓦屋，而三栋两进的八字墙门，而别墅花园，而洋楼大厦，洋楼大厦之中还得装上电梯，说是上楼费力，还得安上电扇汽管，说是夏天怕热冬天太凉。回头看看从前的兄弟姊妹，仍是老无进步，虎豹豺狼还是过的野外生活，猪狗羊牛虽然托我们的福，住住屋子，可是以生命劳力做代价也就并不"写意"。这个差异的原因便在我们有理想，所以有进步的可能，现在住洋楼，将来说不定还要住上月宫里去。不过，有理想仅是有进步的可能而已，真正能够进步与否还得看我们的努力如何。坐在安乐椅上妄想极乐世界是无济于事的！如果只是想进步，那和根本不想有什么分别？换句话说，禽兽有思想而无理想和我们有理想而不努力是没有什么区别的，我们决不能拿着空的理想傲然自负曰"吾为万物之灵也"！所以，只说"运用思想定出比较现实更为完美的理想"是不够的，还得加上半句"而努力以趋赴之"。这是我的并非定义的定义。

那么，努力的方法如何呢？

我以为人类的进步既是由于理想，达到理想的方法，一方面是从"物"着手，一方面是从"我"着手。从"我"着手有两条大道可遵，一条是前人所不知的，便是优生；一条是前人所已知而且已行的，便是教育。所谓从"我"着手的意思是说把自己去适合那自己定下的比较现实更为完美的理想，换句话，就是"我"的有目的的改变。人是由先天的遗传和后天的环境造成功的，自古至今，无论是玄想的教育家，是科学的教育家，虽则老在打着"遗传与环境孰重"的官司，而于遗传与环境之系造成一个人格的两方面是谁也不能否认的。从逻辑的推论看来，人既是由遗传与环境造成功的，则"我"的有目的的改变可由三种方法而得实现。一为全从环境着手，这是教育的方法；一为全从遗传着手，这是优生的方法；一为同时从环境遗传两方面着手，这是教育与优生并用的方法。教育的方法是顾及遗传而不能支配遗传的。性善说的教育家说，人性是善的，教育的目的是在供给儿童以自然发展的机会，他们以为教育是和栽树一样的，栽树只能加上肥料而不应"揠苗助长"，所以教育也只能领导儿童而不应压迫儿童；性恶说的教育家说，人性本来是坏的，教育的目的应该在压抑人的坏性，规矩准绳是教育所不可缺的工具。其余那些性无善恶说的教育家，性亦善亦恶说的教育家等等也各有其教育的学说。他们的学说都是根据他们对于遗传的见解，可是他们的方法却绝对不能支配遗传。他们都是对于已有的材料想补救的方法，而不知道从材料的本身想方法，他们只知事后的就事救济而不知事先的预行设法。这是完全从环境方面着手的教育的方法的最大缺憾。优生的方法与教育的方法恰恰相反，只顾材料的本身而忽视人工的努力。无论从科学的证明说，从普通的常识说，优生的方法比教育的方法是彻底些，效力大些，这都是无可怀疑的事实。比如我们的民族有了百分之十的低能儿，那么，无论我们的教育理想怎样高，无论我们的教育方法怎样好，我们民族的平均能力是绝赶不上人家的了，如就个人而论，低能的儿童是不能用教育补救的，正和一块腐败的木头凭便怎样好的匠人用了怎样好的工具也雕不出一件好东西来是一样的道理。而且就实验的结果看，如在同等教育机会之下，智力低的儿童与智力高的儿童间的差异是和受教育的年限而俱增的。可见教育的效用极有限度。至于精神财力的浪费，尚不计焉。优生的方法却就能补救这个缺点。比如低能儿均不令其生育，交配的时候一以遗传特性为准则，经过几代之后，人民全都身体健全，智力优秀。效力之伟大，方法之彻底，较之教育，哪止胜过万倍？不过我们应该注意："我"的有目的的改变并不仅是优生所能达到的。优生的结果不过给我们一块好材料而已，至于这块材料的雕成我们理想中的花样，那还是教育的责任。教育固然不能把腐木雕成我们理想中的花样，可是好的木头的本身也并不便是我们的理想。而且，我们的理想是时刻改进的，因为不满于现实而定出比较现实更为完美的理想，一旦那个理想一经达到便又成了现实，便又成了不满的对象。新的理想便又发生，新的努力便又需要。所以我们的有目的的改进是经验界中的事，不是靠着机体本身的改进所可达到的。

由此可知我们教育要有好的成就便不能不靠优生给我们以好的材料，而要使优生所得的好材料不致虚费又不能不靠教育来利用那些材料。社会的改进，理想的实现，不是单靠教育，也不是单靠优生，乃是靠着教育与优生的同时并行。

所以，人类自身真正努力的方法只有两条大道：一是优生，以根本改良遗传的材料；一是教育，以实现我们时刻改变的理想。

二、民族复生

以上说的似乎太空洞了，太不着边际了。我们现在要问一问此时此地的中国最急切地需要的是什么。我以为如果你问此时此地的中国根本需要什么，那我一定回答你是教育和优生，可是如果你要追问哪个是"最急切"的需要，那么，我将不假思索地告诉你：那是教育。

中国的根本需要为什么是优生和教育？

我们谁都知道中国现在是只剩得奄奄一息了。外有帝国主义者的压迫，至今已是八十年的历史，内因连年战争，自从辛亥至今，全国二十二行省有几省空过几日没受军阀的蹂躏？弄得民不聊生，国将不国，现在若再不趁此国民政府统一全国的时机，赶急休养生息，四千年古国的中国是没救了的，就是侥幸不即灭亡，也是有躯壳无精神，有国家之名而无国家之实！现在国内人士对于国事的看法，各因其自身的经验、成见、职业、地位等等而各异其观点，因而其所看重的方面和其所给予国人的警告也就各各不同。有人从政治方面看，说我们应该赶紧打倒帝国主义，训练国民实行五权宪法。他们看清了中国的根本问题一方面是帝国主义者的侵略，一方面是国有共和之名，民无推行共和之力，所以不救中国则已，如果要救中国，我们唯一的出路便在向外打倒帝国主义，以求解除八十年来的束缚；在内实施训政，以养成人民推行共和的真正能力，免得空有共和的招牌，反给野心家一个利用的机会。有些人从经济方面着眼。从他们看来，问题的根本是民生，是怎样使民富民足，怎样使四万万中华大百姓都有饭可吃，有屋可住，有衣可穿，有路可走。他们认为高唱"打倒帝国主义"的口号是没有什么效力的，是毫无意义的，外来束缚的解放是靠着国力为转移的，所谓国力指的大半是国民的经济力，所以，只有从速发展产业，提高人民的生活，国富民足，然后才有打倒帝国主义的资格。他们对内也持着一贯的主张，认定训政期内的重要工作是在发展产业，道路的建造，工厂的保护，成了他们顶大的希望，对于其余的工作，他们便有心地或无心地认为无足轻重了。其他人士也各自有其看法，各自有其着重之点，而且各自有其相当的理由。我决不能证明他们的理由不对，我也不能武断他们谁的理由比较充分，比较重要，不过，我却愿意大家明白：他们都看清了病状的一面，所以他们中间尽有好些相同的理由，却都不是"根本的"办法。我绝对相信帝国主义应该打倒，我绝对相信训政可以试行，我绝对相信产业应该提倡；而且我很相信这些方法都可以救中国，使中国富强，使中国的人民有好饭可吃，有好衣可穿，有好屋可住，有好路可走。不过且慢，我要问问假如帝国主义者的民族比我们强，他们的身体比我们好，他们的智力比我们高，他们的知识技能比我们充分，请问我们有什么方法把他们打倒？我很失望地找到一件事实，我觉得压迫我们最厉害的英日两国，除了智力一项暂时存疑以外，他们没有一件不比我们强，请问我们这种衰老的民族有什么方法可想？这个世界是个自由竞争的世界，并没有什么扶弱抑强的上帝存在。如果自己的民族赶不上人家，那只有灭亡；打倒帝国主义是我们的一种挣扎，这种挣扎的能否真正成功，其关键还是在我们民族自己身上。其余实施训政、发展产业也只有在这个先决问题解决之后才有意义。比如训政的重要意义是在训练国民的政治能力，换句话说，就是教育，所以训政的成绩一方面是在其教育国民的成绩如何，一方面也得看看国民的受教育的可能如何。我们现在的问题不是枝叶的打倒某某，建设某条铁路，提倡某种事业，固然这些都是正当的步骤，应做的功夫。我们现在是有一个根本问题："民族的复生"。我觉得我们的民族实在是衰老了！你虽然在极无聊赖的时候可以设法自慰，说什么我们的留美学生的成绩和智力都比美国学生好呀，我们的兵士能够吃苦呀，不过假如你平心静气去看，看看中国一般人的情形，再看看外国一般的情形，如果你没有成见，你一定可以觉得两件伤心的事实：第一便是我们体格的退步，第二便是我们知识的贫乏。我们的体格不用和欧美人比较，那种差异太大了，用不着比较！我们姑且和那些素为我们所轻视，所骂为"小鬼"的日本矮子比比看，你看日本人一个个都是何等的精悍，黑色的皮肤、突兀的筋肉和我国青年的细腰皓齿、白白面孔一较，你不会和威廉二世一样口吻说一声日本是男性的民族，我们是女性的民族吗？我们骂日本人矮，可是现在日本的青年差不多要比我们高了，是他们长了呢？是我们缩了呢？怕都是吧！好，我们再和我们自己的祖先比比吧。我的印象是从前人的寿命长，老而健，现在是四五十岁的人便老态龙钟了。我想可以用随机取样的方法收集多少族谱作个统计的研究，大概也不难证明我的印象的。至于知识的贫乏，那是不必说了的，只看英美各国受大学教育的占全民百分之几十，我们识了"之无"的有个百分之几；再看看各国出版界学术界的热闹情形，回头把我们贵国的情形凑上去比一比，便可不用我在此多花篇幅了。刚这体格退步、知识贫乏两件事已经很足证明我们的民族现在是在衰老的途中了。挽救我们民族的根本方法只有再给他以新鲜的血液、滋养的食物，使他再生起来。唯有待他再生以后，精神恢复以后，一切打倒帝国主义等等功夫才可实现，才有意义。

　　什么方法可以使我们的民族再生起来？毫无疑问的，优生与教育。优生好比给他新鲜的血液，教育好比给他滋养的食物。对于现在尚未出世的候补国民，我们应该根据优生的原理加以控制，使他们都是优秀的分子，没有低能儿，没有身体缺陷者，那样，中国民族的将来方有日趋繁荣的一日。对于现在已经戴上国民荣衔的分子，我们也当采用治标的教育方法教育他们，在现在的世界，没有知识的国民等于死了的细胞，中国民族之弱便是由于身上的死细胞太多了，一切工作都靠着少数的细胞去做，打起架来，哪里敌得过强健的民族？所以我们现在要用教育的方法使他们复活起来。这样两面着手，中国民族方有复生的希望。

　　那么，为什么教育在现在的中国是"顶急需"的而优生倒在其次呢？

　　我的第一个理由是时效的问题。上面说过，中国现在是只剩得奄奄一息了。大凡医治奄奄一息的病人的方法是先把他的命救活再说。中国的病也是一样。我们现在最着急的是怎样建设真正的共和政治，以使国家的政治日趋巩固，怎样发展产业，以使人民得着衣食住行的安定，而决不能丢掉目前这些生命攸关的紧急问题不管，专去研究谁应和谁结婚，或是实现体外生育的方法；因求下代健全国民的产生反把这代的人生完全置之脑后，那是大大的笑话。依据事实的需要，我们应该最先把最大部分的精神灌注在教育国民一件事上面，等到一般国民都有了相当的知识，国内学术界也有了一些领袖人物的时候，那时病人的精神复了原，我们便可把大部分时力移在优生方面，以求中国民族的真正再生。否则目前救死救亡之不暇，谈到教育，人家已觉其迂阔，已觉其缓不济事，再想等到下代再说，岂不急煞人也。

　　我的第二个理由是实行的问题。优生是纯粹根据于科学方法的，是纯粹以种族的福利为前提的。如果实行，必有两个先决问题必能办到：第一是要使一般人都明白优生的价值，这是非受过相当的教育不行的；

第二是要一般人能够牺牲个人的福利以谋种族的福利，这也是非受教育不行的。虽则国家可以定出法令，强迫执行，可是法令的效力是万万不及各人良心的自觉的。

所以，一方面中国的情形需要教育比需要优生更为急切，一方面优生的实行也得靠着教育为之先导。我说此时此地的中国"顶急需"的是教育是不会大错的。不过不要误会了，中国民族的真正复生，是靠着优生与教育两路并进的，不过目前因为事实所限，我们应该先注重教育罢了。

三、大家努力

末了，我愿意另立一段，再来总结说明：

我们为求人类的进步起见，我们应该遵着两条大道努力：优生与教育。

我们为求中国民族的复生起见，我们应该遵着两条大道努力：优生与教育。

努力，努力，大家努力！

（原载于《民铎》1929 年第 10 卷第 2 号）

蜗逊[①]心理保育论

（J. B. Watson：Psychological Care of Infant and Child，1928，PP.195，W.W.Norton & Com.Inc.NY）

世界上一切学科，都是互相关联的，互相影响的。五十年前，心理学尚未发达，对于教育影响最大的是哲学；最近五十年来，心理学脱离哲学而独立，一天发达一天，于是教育和心理学的关系较之和哲学的关系更为密切。从前哲学影响教育，多在理论方面，如人性善恶的讨论，人生究竟的意义，教育目的的终极等是；近来心理学之影响教育，多在方法方面，教育心理学之发达应用正是明证。我想将来的趋势是不能完全弃掉哪一面的；至于应不应该以谈心说性的玄幻理论来讨论教育，自是另一问题。

行为主义是心理学上的一大革命，也是科学方法的一大胜利。与其关系最为密切的教育，当然免不了它的影响。不过自来行为主义者，没有在教育上有过具体切实的主张，其对于教育的意见只能从其心理著作

---

① 蜗逊（J. B. Watson），现译作华生，美国著名行为主义心理学家。——编者注

中推论一些。

我以为行为主义如果应用到教育上来，是自有其一贯的系统的。它一方面有一全套的教育哲学，一方面又有一全套的具体方法。它的教育哲学的第一点是：人有无限的可教性。换句话说，行为主义者对于教育自始即有充分的信仰。自来一般学者都以为人生是由两方面构成的，一是遗传，二是环境；遗传与环境之争，优生与教育之争，已有长久的历史了。他们相信人的智力不同，能量不同，智力能量等等都是先天决定了的，教育只能在这不同的遗传的心理特质以内，尽量努力以求成就的绝对增加而不能求其相对增加。行为主义者不然，他们从发生的研究法知道人是没有什么本能的。他们的领袖蜗逊更加大胆地说：人生来只是一堆原生质，一堆肉，生来就有的行为，只是手足等处的颤动，以后的一切行为全是由于习惯的形成。我们可以用教育的力量使那堆原生质变成一个贼，一个君子，或是十个不世之才。人是没有什么遗传的心理特性的，人的将来，人的行为，全靠习惯；遗传不能受教育的支配，习惯的形成却是可以受教育的支配的；所以教育自然是万能了。他的教育哲学的第二点是：教育的目的是在养成解决问题的能力。他们知道文化是时时刻刻在改变的，我们不应该把小孩的习惯太固定化了，以致不能适应他们自己将来的环境。

他们在教育方法上也自有了其一套主张。第一点是：利用制约作用。他们从发生的研究法知道人的本来反应是很少很少的；他们解释复杂行为的法宝是制约作用。比如人的情绪行为，生来只有惧、怒、爱三种，而能引起这三种反应的刺激又只有大的声音和失去支持、阻碍身体的动作、触看皮肤四种。不过小孩一到生后，环境的刺激何止千万？在那本来可以引起某种固有反应的刺激发生的时候，如果同时另有其他刺激同时发生，经过几次之后，其他那个刺激便可引起某种固定反应了。如此继续制约，乃有我们成人的复杂的情绪行为。假如教育能够利用制约作用，由成人给儿童选择刺激，选择反应，而儿童生时本就只是一堆原生质，无智力的分别，无能量的不同，则社会中无论愿意形成怎样一种人才，教育都可设法使其如愿以偿。他们教育方法的第二点是：注重早期家庭教育。蜗逊以为环境中的刺激万分复杂，制约作用进行得非常之快。儿童生后一两岁便已受了千千万万的制约，其行为的习惯便已大体形成。所以，如果想要真正的教育儿童，要使教育能有真正的效力，我们便非注意婴孩期的教育不可。我们对于婴孩的一举一动，应该十分留心。

这虽然是从他们的心理著作中的推论，其实大体是不会很差的。

现在好了，行为主义者的代表蜗逊对于教育有了一本代表的著作了。《心理保育论》一书主要的是提出早期家庭教育的要点，一一说明；是注意新思想的人所应看的一部书。

他首先指明育儿不是一件容易的事情，育儿是一种非常精巧的艺术，当母亲较当律师、医士还不容易。可是实际上真够资格的母亲就没有几个。随即说明他在霍布金斯大学实验的情形，并以照片说明几个重要的结果。以后跟着说明惧、爱、怒三种情绪反应的真义及控制这三种情绪反应的方法。他说由实验的结果知道惧是生来就有的反应，可是引起惧的反应的刺激，只有大而尖锐的声音和身体失去支持或平衡。普通以为人性怕有毛的动物和滑的动物，其实完全不然。对于有毛的动物、滑的动物的恐惧反应全是由制约作用习得的。人生有许多避免的动作也是由于同一的道理。本来能够引起避免的反应的只有痛的刺激。许多成人之所以怕不必怕的东西，避不必避的事情，全是由于小时在家庭受了不良的制约作用。如要预防多惧的习惯，最好留心家庭环境，不要多有大而尖锐的声音，不要无故禁止儿童的动作。万一已经形成了不必需的惧的反应，还可利用解约的方法免去那种习惯。所谓解约的方法便是把那应该免去的刺激的不引起反应的范围边界逐渐缩小，终而消灭其引起反应的能力。比如儿童因闻大声时同时看见一只兔子，几次之后见了兔子及其他有毛的动物就怕，便可在他吃饭的时候将兔子远远放在桌上，以使他害怕为度，以后逐渐移近，数次之后自然不再怕了。说到爱的反应一层，他很感慨于一般家庭之溺爱过甚。他说本来可以引起爱的反应的刺激只有触着皮肤。本无所谓母爱性爱，不过因为一般母亲过爱子女，每每无缘无故抱着亲嘴抚摩，以致形成许多爱的反应，层层制约的结果，连"母亲"两个字都可引起爱的反应。许多成人时时无故伤感，没有独立独行的性格，全是母亲过甚所致。以后做母亲的应该不和子女亲嘴，应该"以成人对待小孩"。怒的反应也是一样，也是只有阻碍身体动作一个刺激才可以引起的。只因儿童幼时所受家庭保养太不得法，弄得自小好哭，大了也易发怒，不能有个快乐的人生观。家庭制约作用最坏、最厉害的是穿衣洗脸洗澡，穿洗的时候一味强迫，以使儿童视穿衣洗脸为畏途。补救的正当方法应该是轻手轻脚一点，不要妨碍他们的身体动作。到了两岁多的时候便可让其自己着衣，多多练习手足动作，不必老是代办一切。

第五章讨论保育儿童的具体方法，说得非常详细，连几时起床几时吃饭都有规定，最有趣的主张每一小孩应有一个单独的房间，不应和父母乳妈一起，也不应和兄弟姊妹一起。应多多任其自动，万万不可代办一切，以免弄成依赖的习惯。

他对于性教育的见解和一般开明的教育家差不多，主张由父母公开坦白的示以合理的知识，不可视若神秘，反使其妄听一般胡说，损伤身体。据他的研究，六个月的小孩便有手淫的事。由此可见性教育之重要，至迟在十一岁以前便应把性的道理告诉小孩才是。他认为一般家庭不准男女小孩一同游玩是最要不得的，那种结果，势必养成同性爱。他说女子差不多都有同性爱的现象。Moss 教授曾经做过一个实验，他把一只雄鼠放在箱子的一端，一只雌鼠放在箱子的那端，箱子中间铺以铁网，通以电流。电力可以增减，增减的分量可以测量。雄鼠要到雌鼠那端必得通过铁网，即是必得触电。雌鼠要至雄鼠那端，也是一样。第一个实验所用的雄鼠是和其他雄鼠雌鼠一同养大的，它在颇大的电力上也愿过到雌鼠那边，雌鼠则更在较大的电力上也愿到雄鼠那边。第二个实验所用的雄鼠是只和其他雄鼠一同养大的，实验结果，即是网上全不通电，它也不肯去到雌鼠那边。由此可见，第一，女性之爱男性较之男性之爱女性为尤甚；第二，男女是不该分开养育的，分开则性的正当关系失而同性爱易起。

这是全书的大意。

读完以后，觉得专就本书而论，似有两种好处。第一是他所提出的方法是有客观的实验作根据的。自来关于教育方法的主张有根据的说法很少。大都是根据一己的观察发为议论。有时碰巧合乎学理，有时竟和真理大相违反。自从教育心理学发达以来，方法方面比较多有实验的根据，蜗逊此书也有此种好处。第二是他的方法说得非常具体，不难试行，虽然试行的结果是否良好尚未可知。比如他干脆定下每日六时半起，喝果汁，在床上玩至七时半，然后正式起床。他又定下两岁半即应自己学着衣服。诸如此类，固然未免失之死板难行，然其切实详明之处，却是不可埋没的。

然而也有两点值得讨论。第一是，若是依他的说法，行为全是习惯，习惯全恃制约，而制约一经固定又不容易消减，甚至除了恐惧一层在事后尚有解约一法可资补救以外，其余行为可否恃解约以为救济尚未可知；如要有好的行为，全恃事先的慎重制约作用，换言之，即慎选刺激。但是人生环境变化万千，家庭生活也就未可一一顾及一切，即如大声一事，家庭之中何时能免，又安知何时有某种不应有之刺激同时发生而特别免除此种大声免使儿童受到不良制约。此在事实上实在困难万分，恐怕除了专供实验用的心理实验室外万难做到。

第二是他的"人生本是一堆肉，一切行为全出习惯"之说，未免也有毛病。Issac 在英国医学心理杂志批评得好，他说，假如果如蜗逊所言行为一经制约即难破除，又如蜗逊自己又说小孩关于性的良善习惯自小养成，以后万万不可使其有年长的不良伴侣，否则"一个四岁的小孩和一个六岁或八岁的有不良习惯的伴侣一起，不久便会前功尽弃的"。岂不自相矛盾？蜗逊反对杜威一派的教育即生长说，我是赞成的，那些唯心派式的说法本来太神秘了。但是一定说人生来只是一堆能动的肉，万事委之制约及习惯，而又以能养成善良习惯为己尽教育之能事，却不敢毫不怀疑地接收了。

（原载于《认识周报》1929 年第 1 卷第 11 期）

法国中等教育之演变

——法国中等教育的历史背景改组经过和现状大
要之一个系统的叙述

一、历史的背景

法国中等教育的起源，较之欧陆各国，都早一些，1180 年的 Collége d'Harcourt的设立，便已具有中等学校的雏形，不过那只是雏形而已，正式国立的中等学校，实始于 1808 年法兰西大学的设立。其后几经演化，才有现在的制度。其演化的经过，约略可以分作制度和课程两方面来说：

（一）制度方面——教会与国家的争执

中古时代，欧洲的教育权完全握在教会手里。法国的情形，自然也不能独逃例外。大革命以前，实施中等教育的机关为教会所立的大学里的文科。十七、十八两世纪，耶稣会大权在握，一切教育完全被其垄断，中等教育，更不用说。后来到了 1750 年左右，法国的一般思想家渐渐对于教会之垄断教育权感觉不满，他们以为教育应由国家负责，教会没有权力干涉。到了 1764 年，耶稣会人被逐于法国以外，本是国家收回教育权的一个很好的机会，可惜虽则耶稣会人全被逐放，而另有一派教徒名叫 Orato-rians 的又取而代之，而且也曾盛极一时。一直到了 1789 年大革命起，教会学校方才受到真正的压迫。到 1795 年，便有了正式的国家中等教育制度，即是许多中央学校的设立。但是不幸得很，那些中央学校的内部组织太不完备，甚至学生住宿的宿舍都没有，以致成绩很不好。所以到了 1802 年，拿破仑便下令取消中央学校，而另设两种中等学校，国立中学（lycée）和市立中学（collége）。这便是现在法国中等学校的根基。到 1808 年，法兰西大学成立，举凡小学教育、中学教育、大学教育，完全归其掌握；同时国家对于 350 个私立学校的补助和承认也予撤销；于是教育权便完全由教会的手里移到了国家的掌握，国家得到了最后的胜利，国家教育制度终以形成，中等教育终以确立。直到现在，中间虽然经过 1902 年和 1923 年的两度大改革，而中等教育制度之大纲终未大变。

（二）课程方面——人文主义与实在主义的相持

中古时代的大学文科所授的科目仅是七艺；拿破仑时代的中学所授的主科，只是古典文学的希腊文、拉丁文，另外加上一点数学。一直到 19 世纪的中叶，科学和近代语还没有打进法国中等学校的课程表里。人文主义的势力，由此可见一斑。不过时代的潮流究有不可抵抗的势力，实在主义自有其不可蔑视的重要，所以法国的中等教育的课程终于 1872 年改组一次，容纳近代语的加入；又于 1880 年改组一次，予科学以相当的地位。最后且于 1902 年大加刷新，认科学、现代语和古典文学有相等的重要。人文主义总算大让步而特让步了。可是最近 1923 年的改组，又有了复归旧状的现象，拉丁成了必修，古典文学成了考取学士（baccalaureat）的基本科目。重视古典文学，本是法国的传统思想，且无怪其始终离不了人文主义的羁绊！

法国人对于中等教育最为关心，特别自 19 世纪下半叶以来，举国上下，莫不移其前此注意初等教育的目光来注意中等教育。有人算过，法国中等教育，除了 1902 年至 1923 年因为欧洲大战的缘故未曾改组以外，其余时代，平均每十年必得改革一次。不过，在制度上改革很少，一切大纲与 1808 年拿破仑定下的没有很大的不同，改革的中心全在课程方面。一方面，法国有重视古典文学的传统，中古时代教会大学的文科科目在现在的中学校里，仍有其根深蒂固的影响。一方面，时代的势力究竟太大，时代的需要究竟无可避免，科学和近代语天天想要打进中等学校的课程里去。两方相斗，结果只有逐渐改革之一途，因此，改革的次数也就自然而然地多了。

二、1902 年的改组

科学和近代语的逐步打进古典文学的课程，使得整个的中等教育陷于不安的状态，致成非加根本改组不可的局面。所以 1898 年，法国国会组织一个委员会，由利波（M. Alexander Ribot）领导，去调查当时中等教育不安的实况。委员会征集各方意见的结果，著成六巨册的报告书，根据这六巨册的报告书，遂有 1902 年由教育总长莱格（M. Georges Leygues）下令中等教育改组的事实。

现在且把 1902 年改组后的法国中等教育说说：

（一）男子中等教育

男子中学仍分国立中学和州立中学两种。年限七年。七年中分作两期。前期四年，自 11 岁起至 15 岁止。里面分为两组：一组注重拉丁文，一组注重近代语和科学，到第三年有希腊文，凡想专习古典文学的可以选修。第二期三年，自 15 岁起到 18 岁止。自 15 岁到 17 岁的前二年，分为四组：（1）A 组，亦名古典文学组，注重拉丁、希腊；（2）B 组，亦名拉丁近代文组，注重拉丁和近代文；（3）C 组，亦名拉丁科学组，注重拉丁和科学；（4）D 组，亦名科学近代文组，注重近代外国文和科学而无拉丁。四组之中，学生可以任选一组。自 17 岁到 18 岁的最后一年，又分哲学组和数学组。读完第二期的前二年，可考学士第一试，读完第二期的最后一年，可考学士第二试。现在列表。

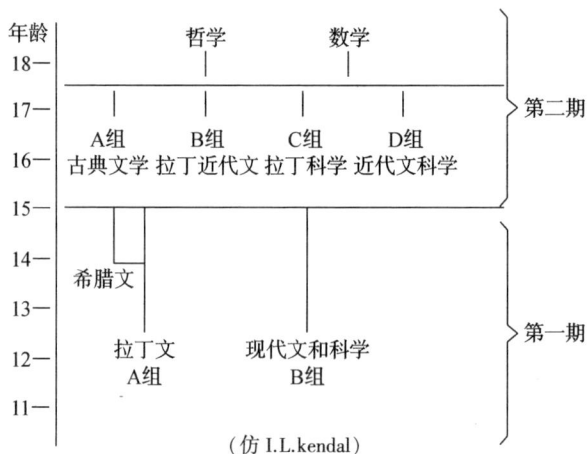

法国男子中学组织表（1902—1923 年）

这个改革有两个重要的意义：

第一，把近代文、科学与古典文学放在一根水平线上，同等地看待。无论 A 组卒业的，或者 D 组卒业的，都给一样的学位。这是这次改革的根本精神，几十年来想要打进中等教育课程而难如愿的近代语和科学，至此已得如愿以偿；几百年来把持中等教育课程的古典文学，至此已仅与近代文和科学处在相等的地位了。

第二，把中等教育制度弄成富有伸缩性，在第一期，学生可以选古典文组或选近代文科学组，在第二期，学生更有四组性质不同的组别可供选择。

所以，以前的法国中等教育只顾及智理的训练，1902 年的法国中等教育更顾及了职业的预备；以前的法国中等教育只能教出一般法国文化的辅翼者，1902 年的法国中等教育更能教出一般职业的领袖。

（二）女子中等教育

1902 年的改革全未及于女子中等学校。女子中等学校的一切制度，仍然是 1880 年 CamilleSee 所定下的。女子中等教育的机关共有三种：一是国立中学，一是市立中学，一是中学班。严格说来，第三种的中等教育并不能算作正式的中等学校，因为并不是一种固定的机关。

女子中学和男子中学不同的有两点：第一，男子中学的年限是七年，而女子中学的年限却只有五年，第一期不是四年而是三年，第二期不是三年而是二年，入学不在 11 岁而在 12 岁，卒业不在 18 岁而在 17 岁。第二，男子中学极受古典文学的缚束，女子中学的课程里完全没有古典文学的影子。这是一方面出于女子中学成立较迟，到 1879 年至 1882 年之间，国家才用公款设立女子中学，所以古典的束缚轻，近代的影响大！一方面也由法国女子中学的目的只在造成贤妻良母，能考学士以求深造于大学者极少，那少数要求深造的女子可以在特别班里预备，所以古典文学也就不甚需要了。

除此以外，还有两种特性，为 1902 年改革后的法国男子中学所特有的。第一，中学分为前后二期，前期的课程自成段落，半途退学的学生不致一无所得，这是一大特色；第二，前后都采用选科制，很有近代教育的精神。

总之，1902 年的改革，仅及于男子中学，而女子中学则一仍 1880 年的旧贯。改革的精髓大半在课程方面——古典的传统让步，而近代的色彩加浓。

三、1923 年的改组

法国人对于自己的中等教育极有兴趣，平均每隔十年必有一次的革新。可是自从 1902 年改组以后，到 1914 年欧战爆发，所以一直维持到了欧战终结。欧战结束以后，战败的德国固然亟亟改组教育，以图报复，即是战胜的法国，也觉环境起了很大的变动，现存的中等教育很有可以批评的地方，而批评的焦点则仍集中于课程方面。一派人说，现在是经济竞争的世界，应该多多注重职业教育，古典文学在中学校里根本无存在的价值；一派人说，古典文学是法国文化的基础，没有了古典文学便没有了法国文化，而且中等学校所授的应该是普通教育，职业的科目自有别的学校负责设立，鼎鼎大名的柏格森便是这派的健将。

两派主要的理由，可以归纳如下：

近代派人说：第一，我们不能重视古典文学而轻视了法国国语，法国国语里自有值得特别研究的古典主义在。第二，现代的时代已不是从前的时代了，所以现代的课程也不能仍是从前的课程。古典主义者一味株守教育上的传统思想，未免忽视了时代的需要。第三，近代语也有很大的陶冶的价值，可以训练辨别的能力、正确的推理、精微的观察；1902 年改革后的中等教育所训练出来的战士，其在疆场上所著的功绩便可作证。第四，仅仅教出一般理智上的领袖是不够的，工商各界的领袖也是同样的重要。第五，国立中学一律强迫修习古典文学，不啻宣告国立中学的死刑，因为好些学生都将转入注重功利的私立学校。第六，中学前期四年一律必修希腊、拉丁文，势必荒废那些对于希腊、拉丁文没有兴趣的学生的光阴，间接也就妨碍他人的学习。而且学习四年以后，刚有门径，他们必因不再强迫而尽弃其前功。第七，法国制度，不经中学，即不能入大学，如不习希腊、拉丁文，即不能卒业中学，那么，对于高等职业、科学职业之求得，岂不大是妨碍？第八，强中等学生以修习四年的希腊、拉丁文，简直不是一种德谟克拉西的制度，这么一来，势必使一般平民和中产阶级之间更多一层鸿沟。

不过人文主义者的古典文学者也有话说：第一，以前的制度，古典文学与科学之间，没有一种平衡，没有一种调和，所以应该另立新的课程，使古典文学和科学能够调和，能够平衡。第二，中等教育应当是一种普通教育，不应当有职业教育和功利主义的色彩，而且文化教育决不可受物质进步的影响。第三，按照人的智理的发展，我们应该先教古典文学，后教科学。第四，旧制在 11 岁时就可分科选习，未免太早，太危险，一则学生年龄尚小，二则没有公共必修科目，选科时毫无所准。如改为前四年作公共必修，则分科太早的危险可以免除。第五，法国文化就是希腊、罗马的文化，研究希腊、罗马的文化，即所以增进法国的文化。第六，一切近代文都起源于古典文学，不了解其所源出的古典文学，则近代文也不能彻底了解，所以习古典文学即是习近代文的预备。第七，研究古典文可以训练思想、分析、推埋等好习惯。

其实，理由的全体为两方面所瓜分了。1902 年的制度确有其可以批评的地方，最大的毛病便在分科太早和选科制的滥用。11 岁时便分为文、实二组，不待详论即知其大有毛病。至于选科制的好处当然在顾及学生的兴趣，而其坏处则在把各种学科的价值看作一样，放在同一水平线上，以致当时一般年龄幼稚、自治力薄弱的学生都喜选习近代语而不愿习古典文学，于是一些人文主义者便得所借口，说法国的中等学校简直成了一个学士文凭的制造所。不过 1923 年的改革，人文主义者竟把古典文学定为前期四年的公共必修科目，自也难怪反对派人赐以反动的称呼。

两方争执的结果，遂有 1923 年的改组。改组中的主要角色为当时的教育总长伯纳（M. Léon Bérard）氏。伯氏自 1919 年即任教育总长，直到 1924 年，对于此次的改组最为出力，所以此次改革又叫作伯纳的改革。伯氏就职不久，即于 1921 年在最高教育会（Higher Council of

Public Instruction）发表攻击旧有制度的言论。到 1922 年正式提出国会，1923 年正式下令改组，即于是年十月所招新班实行。

现在且把 1923 年改革的要点条列于后：

（一）男子中等学校方面

1. 课程的改革

男子中学仍分前后二期，修业年限仍与从前一样，前期四年，自 11 岁至 15 岁；后期三年，自 15 岁至 18 岁。所改革者在前期不再分为拉丁组及近代文科学组，而一切科目均为公共必修。第一年起，即有拉丁文直至第四年；第三年起即有希腊文直至第四年，均为必修。第二年及第三年另设拉丁特别班，以为半途升入者补习之用。其余公共必修的课程有：法文、历史、地理、近代外国语、数学、自然科学和图画。读完这四年，如不继续修习希腊、拉丁文，必得经过一种考试，及格后给以修毕古典文学证书，凡想在中学卒业后考学士的学生都得有相当的古典文学程度，所以高级小学（higher elementary）或工艺学校（technical school）卒业转入中学后期的学生，必于入学时或考学士时先考得古典文学证书。中学后期前二年不像从前那样分为 A、B、C、D 四组，而只分为（1）拉丁近代文组，（2）古典文组，（3）近代文科学组。功课有拉丁及希腊（古典文学组必修）、拉丁（拉丁近代文组必修）、法文、历史、地理、近代外国语、数学、物理、化学，图画则改为选修。后期最后一年，仍分哲学组和数学组。哲学组的科目有哲学、历史与地理、文学、近代外国语、物理、化学、自然科学、数学（此为选修）！数学组的科目有哲学、史地、近代外国语、数学及几何画、物理及化学、自然科学。七年修毕以后，可考学士。兹将以上所说列表于下。

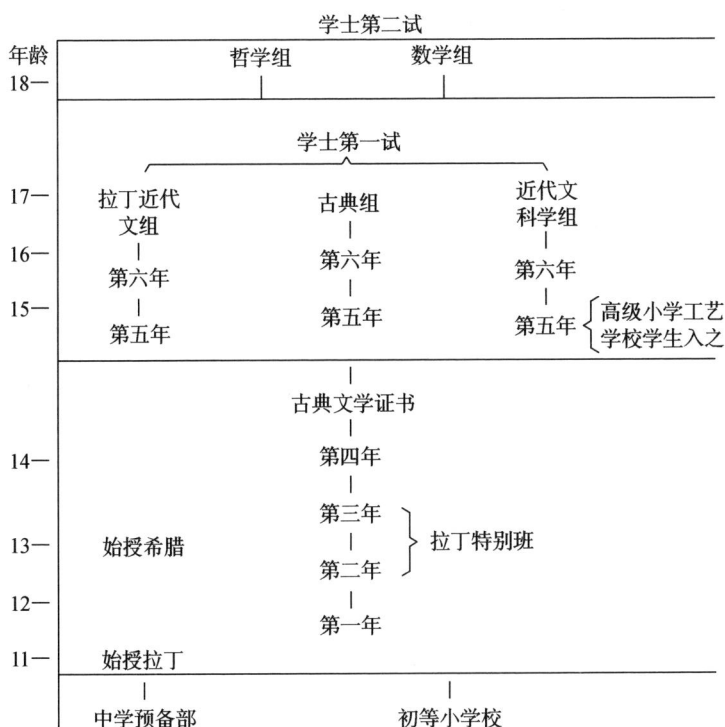

学士第二试

年龄	哲学组	数学组
18—		

学士第一试

	拉丁近代文组	古典组	近代文科学组
17—			
16—	第六年	第六年	第六年
15—	第五年	第五年	第五年 高级小学工艺学校学生入之

古典文学证书

第四年

第三年 拉丁特别班

第二年

第一年

14—		第四年	
13—	始授希腊	第三年 第二年	
12—		第一年	
11—	始授拉丁		
	中学预备部	初等小学校	

（仿 I.L.kendal）

法国男子中学组织表（1923—1925年）

2. 与低级学校的衔接

第一，从前预备中等学校前期学生的机关有两种：一是初等小学校，免费，贫民的子弟入之；一是中等学校的预备部，收费，中产阶级以上的子弟入之。这两种学校不同的地方，除收费与不收费外，尚有课程方面。前三年的课程全是一样，到第三年后则中学预备部加授第二外国语和其他具有中等教育性质的科目。因此，中学预备部的学生升入中学较之初小学生升入中学，便宜得多。1923年的改革，则取消中学预备部的特殊课程，规定两方面的课程完全一样。这样一来，不平等的情形算是连根拔去了！第二，中学前期的第二、第三年另外设有拉丁特别班，以为初小、高级小学及工艺学校的学生而入校较迟的补习之所，其顾虑诚颇周到。第三，从前的制度，高级小学分为工业、商业、普通等科，其自普通科卒业者可以转入中学后期，1923 年的规定则高级小学和工艺学校的学生都可转入中学后期的近代文科学组，近代文科学组之设也是专为此辈设法。

3. 与高级学校的衔接

以前和现在的学制都是规定读完后期前二年考学士第一试，读完最后一年考学士第二试，两试都及格者才授以学士学位，有了学士学位，方能进大学。中学的学士考试便是大学的入学考试。关于考试的详情，1902 年至 1923 年时，本每次仅考三刻钟者，已加以中学证书作为参考；本全由大学教授组织考试委员会者，已改为加以中学教师之得有 agregé 者加入。至于 1923 年的办法则当时并未详定，不过学士第二试时有两个条件，颇可借以窥见当事者的精神：第一，与考的学生都得持有中学前期读毕后考得的古典文学证书；第二，与考的学生都得及格于近代外国文的笔试和口试。

4. 奖学金额的扩充

法国的学制本是双轨并行的制度，法国虽则是个民主国家，可是教育上甚欠民主精神。孟禄说得好，他说，"法国的中等教育并非可以看作中间教育"（intermediate education）；进大学之先，固得入中学，可是出小学以后，就不一定能够进中学。中学是收费的，是中产阶级以上的子弟进的。中产阶级的子弟不独可以进中学、大学，而且可以不进小学而进中学预备部。所以法国的中等教育是启上而不承下的，不是中间教育。1923 年以前，也曾设有奖学金额，以吸收初等小学里的聪秀贫穷子弟。1923 年的改革，颇想向平民化的一方面走去，所以有划一中学预备部和初等小学课程的举动，同时又把奖学金额增加。据说 1924 年度的奖学金可有一千万法郎，1925 年更要增至一千七百万法郎。给予奖金的标准由教育部制定，而于全国各大都会举行竞争性质的考试，考取者不独授予奖学金额，而且可免中学入学考试。

5. 课程时间的重新支配

1923 年的改组颇想把上课的钟点极力减少，规定中学前六年内每日上课时数不得超过五小时。不过就课程的全体而论，绝对的时数并未十分减少。这是因为新添了好些钟点的讨论会和辅导学习。凡超过三十人以上的班次，另有特加钟点，修习法文、外国文和数学之类。至于减去的时间，则大抵用于体育方面，因为法国自大战以后，更加感觉得体育之重要了。

6. 古典学科与近代学科的调和

伯纳反对 1902 年的中等教育制度的理由之一是古典文学和近代学科之间没有适当的调和、平衡。他的补救的方法是恢复已往的主任教师（principal teacher）制。法文、拉丁文、希腊文都由主任教师负责，如此，则三者间的关系便可增进。至于中学前期四年之中，虽则加上必修的拉丁文和希腊文，可是他以为只要把以前教材重复的毛病去掉，特别是在数学和历史，则近代语和科学的分量不致减少。这便是伯纳自以为调和古典学科和近代学科的两个方法。然而 1923 年的改革终属古典的人文主义占了优胜，实在主义在课程上所得的一点地位又被减削了许多。

（二）女子中等学校方面

女子中学在 1923 年没有什么改革，到 1924 年 3 月 25 日方有改组的命令。由五年加为六年，分古典、近代二组；入前组者预备考学士以入大学，入后者预备回家去当贤妻良母。因不属于 1923 年伯纳改革的范围，故不详论。

四、1925 年的再改组

1923 的伯纳改革，虽则借着法律的力量，压倒了反对的理由，建立了古典的势力，可是社会的批评终不稍息，特别是对于强迫一切中学儿童修习拉丁文表示不满。他们认为这种办法不啻阻绝初小学生升入中学的道路，即设好些奖学金额也是无济于事，这样必至增加中产阶级与一般平民间的鸿沟；他们认为这种办法简直等于禁止不喜古典文学的学生有升入大学的机会；他们以为文雅教育固属重要，而训练工商业界的领袖人才也是一件不可忽视的工作。不独社会一般舆论如此，甚至最高教育会和视学咨询委员会（Consultative Committee of General Inspectors）对于伯纳的改革案也不完全同意。所以到了 1924 年，新任教育总长阿尔伯氏（M. Francois Albert）于 8 月 9 日颁布一个命令，8 月 11 日制定一种规程，规定从同年 10 月起，中学前期的第一年和第二年恢复 1920 年的近代语科学组，功课暂时与习古典文学的学生一样，不过取消古典文学组的六小时拉丁文，而代以四小时的法文、一小时的自然科学和一小时的近代外国语。详细计划则留待 1925 年的最高教育会会议中讨论后再定。

到了 1925 年 6 月 3 日，果然对于男子中学的课程又有了一个新的计划。计划的内容约略与 1925 年的相同，不过自此以后，正式适用于中学的前六年，而且从 1925 年 10 月起，中学的前四年都应照着这个计划实施。

中学前期的四年和后期的头两年，共计系为前六年，都分为 A、B 二组，A 组的性质近于古典，B 组的性质近于近代文和科学，两组公共的必修科占全时间的三分之二，各组的分修科目只占全时间的三分之一。公共科目计有法文及法文文学、史地、近代外国语一种，数学、物理、自然科学；两组学生在同一教室上课，全由同一教师教授。除公共科目以外，A 组从第一年起直到第六年都有拉丁文，第一、二年每周六时，第三年每周五小时，第四、五、六年每周各四小时。第三年起又有希腊文，学到第五年如不愿继续学习，可以改习一种近代外国文。B 组除公共科目以外，对于历史、地理、近代外国语、科学等门多加实地的工作；又从第三年起加习一种第二外国文，从第五年起加习外国文学及外国文化。

中学后期的最后一年，仍分哲学组和数学组。两组也有共修科目，计为史地、近代外国语、自然科学、图画，甚至伦理与论理。在哲学组，心理、论理、伦理、玄学约占全时间之半；另外每周有两小时的文学研究（法文、拉丁文、希腊文），而研究科学的时间则较前为少，每周只有三小时的理化，二小时的自然科学为必修，另外二小时的数学系选修。在数学组每周有九时半的数学及几何画，四时半的理化，二小时的自然科学。为清楚起见，可以列表二于后：

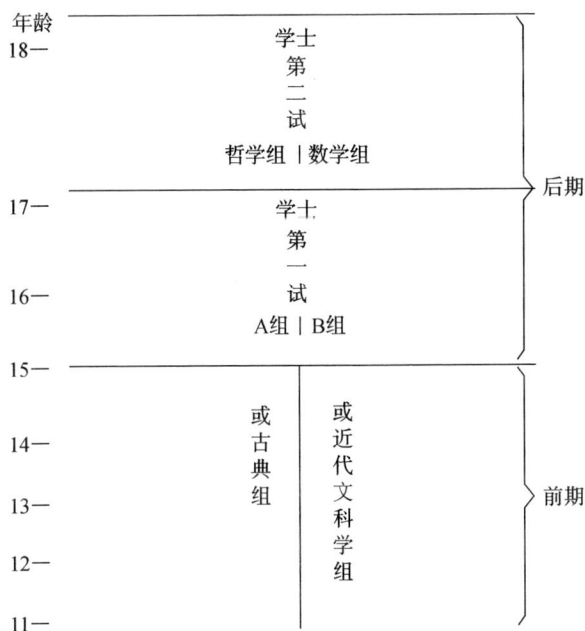

年龄

18—

学士
第
二
试

哲学组 | 数学组

17—

学士
第
一
试

A组 | B组

16—

后期

15—

或
古
典
组

或
近
代
文
科
学
组

14—

13—

12—

前期

11—

法国男子中学组织表（1925 年—   ）（自制）

一、前六年

<pre>
        公共科目   专修科目
       ┌ 法文学   拉丁（第一年至第六年）
  古典组│ 史地   希腊（第三年起至第五年改为选修）
       │ 近代外国语   ─────────────────
  近代文│ 数学   第二外国文（第三年起）
  科学组│ 物理   外国文学及文化（第五年起）
       └ 自然科学
</pre>

二、后一年

<pre>
        公共科目   专修科目
       ┌ 史地   心理   伦理
  哲学组│ 外国语   论理   玄学
       │ 自然科学   文学   理化
       │ 图画   自然科学
  数学组│ 伦理   ─────────────────
       └ 论理   数学及几何画
                           理   化
                           自然科学
</pre>

法国男子中学课程表（1925 年— ）（自制）

1925 年的改组，可说有下面几点值得注意：

（一）文雅教育与实利教育的兼顾。前六年的课程虽则分为两组，可是两组的功课有三分之二为共修，而且在同一个教室上课，由同一个教师讲授。在科学和近代语方面，两组的学生都得修习六年的第一外国文和理化、自然科学；在古典文学方面，A 组的希腊文至第五年可以改为第二外国文，而 B 组第五年起的外国文学和文化的研究又是一种深澈的研究，其方法与性质和古典文学相类似，所谓近代外国文过于肤浅的诸难可以打消，而两组之间得了一种调和。文雅教育和实利教育都已兼顾。

（二）学生兴趣与迟缓分科的调和。1902 年的改组只顾及了学生的兴趣而忘记了分科过早的流弊，1923 年的改组则又只补救了分科太早的毛病而忽视了学生的兴趣和社会的需要。这次的改组呢，主要的普通科目定为共修，而且多至全科目的三分之二，学生在中学卒业以后，年龄多半到了 18 岁左右方才正式考入分科的大学，断断不是 1920 年时的从 11 岁起即严格的分科可比了。同时 B 组可以省去古典文学而不习，A 组也可以少习史地。第二外国语，则学生不喜习或不能习古典文学者尽可考入 B 组而仍无碍其升学，学生不喜习或不能习史地、近代外国语者尽可考入 A 组而仍无碍其升学。总算对于学生的兴趣、能力和社会的需要，分科的延迟，都能相当的顾到了。

本文起始即经指明，法国的中等教育的背景，在制度上，是教会与国家的争执，在课程上，是人文主义与实在主义的相持。教会势力，本来无可与抗者，自经大革命以后政府的压迫，势力日衰，国家的教育乃日长日盛。国家从教会取得教育权后的第一件大事便是国家的中等教育制度的形成。到了 1808 年法兰西大学成立，国家取得了最后的胜利，中等教育制度也就完全确立，直到今日，变异极少。

在课程方面，变异较多，人文主义和实在主义的势力之一起一落，弄得课程组织时时在动摇不定之中。法国的传统本重人文主义，所以中等学校的课程也充满了人文主义的色彩，中世纪大学文科之仅授七艺，可见一斑。可是因为时代的需要，实在主义的势力一天一天地向传统的人文主义进攻，近代的科目，一天一天向传统的课程打去。经过 1872 年、1880 年两次的改革，实在主义在中学课程里已占有相当的地位，到了 1902 年的改革，实在主义竟已得与根深蒂固的人文主义并驾齐驱，分庭抗礼。这是人文主义防守失败、实在主义进攻胜利的时期。到了欧战以后，因为 1902 年的组织的本身有欠完善的地方，如同分科太早，近代外国文全用直接教授法教授以致研究外国文与外国文化的欣赏全然分道扬镳，于是发生改组的呼声。改组的呼声本身是从两方面来的，一方面主张更加近代化，一方面主张回到古典文学。结果后派得胜，遂有 1923 年的改革。这是人文主义反攻，逐出实在主义的势力的时期。可是时代的需要终非法令所可违抗，反动的改革，行之不及一年，即有

1924 年的部分改革，终之卒有 1925 年的调和方案。这是现在所在的调和时期。

以上为法国中等教育的历史的背景和改组的经过，以下略谈法国中等教育各方面的近况。

五、法国中等教育的现状

（一）国立中学（lycée）与市立中学（collége）的分别

把 lycée 翻译为国立中学，把 collége 翻译为市立中学，本身是十分勉强，因为 lycée 和 collége 的分别有两方面：1. lycée 是国款设立的，collége 是市（commune）款设立的；2. lycée 的地位较高，教师的资格较严，collége 的地位较低，教师的资格较松，至于课程内容则完全是一样的。所以译 lycée 为国立中学，译 collége 为市立中学，只译出了学款来源一方面的意义，而没有译出程度高下那方面的意义。而且学款来源一层，近来也有改革。因为市款有限，所以市立中学的设备多欠完善，因之程度也就降低。国家的补助日见需要。据 1926 年财政年度已经预备自 1926 年 10 月 1 日起，对于市立男子中学，自 1927 年 1 月 1 日起，对于市立女子中学的教师薪水，全由国库支给，至于学校设备费用则仍由地方担负。因此，市立中学的董事会的权力削去了最重要的制造预算权，董事会的人数，据 1925 年 11 月 3 日的命令，也当扩充，容纳当地各界的代表，如同商会、工会、农会等的代表。这样一来，不独二者间款项的来源已少分别，即是市立中学的程度方面，也必因款项充裕的缘故而得与国立中学并列。

（二）两种中学校数、学生数的统计材料

1924 年的学校、学生数

	校数	学生数
国立男子中学	122	73 000
市立男子中学	245	38 000
共计	367	111 000
国立女子中学	69	
市立女子中学	96	
女子中学班	39	
共计	204	51 000

以上系据 1925 年教育年鉴编成。

1923 至 1924 年的学校、学生数

	校数	学生数
国立男子中学	130	77 702
市立男子中学	244	40 550
国立女子中学	60	33 250
市立女子中学	91	14 837
女子中学班	43	4 658
共计	568	170 997

以上系据 1926 年教育年鉴原表。

比较二表，颇有差异，不知何故？（同一年度的统计）

（三）中学教师的成分和资格

中学附设预备部的教师，必须得有小学教师的证书：certificat

d'aptitude pédagogique;国立中学预备部的最后二年的教师，必须持有一种经过严格考试的证书：certificat d'aptitude a'l'enseignement des classes elementaires。

市立中学的教师，必得有硕士（licénes）学位的。他们的专门知识固属很好，因为至少必在大学文科读过两年方能考试考上，可是专业的预备未免欠缺，硕士学位所代表的只是学校知识的成绩，而不是公开考试后所得的可任教师的证明。如 agregés 之可比。

至于国立中学的常任教师，则大多得到了 agregés 的称呼，所以程度较之市立中学的为高。考 agrégation 的可于下列各种专门科目任考一门，哲学、文学、文法、史地、外国语（英文、德文、西班牙文、意大利文或阿拉伯文）、数学、理化及自然科学。分笔试口试二次，考试的标准极高，非多年的预备不能及格。与考者必已得有 licénee d'enseignement 和 diplome d'etude superieures。

1926 年 4 月 4 日命令，对于市立中学教师的规则有所更改。规定自此以后，只有得了 certificat d'aptitude 的方能正式任命为中学教师，其仅有硕士等学位的至少应先有二年的试教期，至期如有大学总长（rector）或总视学的保举，方可正式任教。如果及期无人保举，可以再试一年，再不得人保举，即当取消其试教资格。

（四）教师薪水的增加

自大战以后，法国的生活程度，日长月增，1927 年时的生活程度较之 1914 年时业已增六倍之多。虽则法国教师的薪水本颇丰富，可是哪经得起这大的变化？战后法国政府对于一切官吏的薪水都有增加，教师的薪水自也不能例外。所以 1925 年的财政法规定了各级教师的新的薪水标准，定自 1925 年 1 月 1 日起实行。至于详细的规定，则至 1926 年方才公布。兹录中学教职员的薪水标准数目于后：

1. 市立男子中学

得有硕士或证书的校长及教师　　　11 000 至 16 500 法郎

校长及教师(第一级高等组)　　　　11 500 至 17 000 法郎

得有学士的校长及第二级的教师　　9 000 至 14 5000 法郎

预备部教师和图画教师　　　　　　8 500 至 14 000 法郎

体育教师　　　　　　　　　　　　7 500 至 12 000 法郎

2. 国立男子中学

得有 agrégation① 的校长及教师　　巴黎 18 000 至 26 000 法郎

又　　　　　　　　　　　　　　　外省 15 000 至 21 000 法郎

得有硕士的校长　　　　　　　　　巴黎 15 000 至 23 000 法郎

又　　　　　　　　　　　　　　　外省 12 000 至 19 000 法郎

得有 agrégation 的监学　　　　　　巴黎 19 000 至 27 000 法郎

又　　　　　　　　　　　　　　　外省 15 600 至 21 600 法郎

得有学士的监学　　　　　　　　　巴黎 16 200 至 23 000 法郎

又　　　　　　　　　　　　　　　外省 13 000 至 18 500 法郎

没得 agrégation 的常任教师　　　　巴黎—

又　　　　　　　　　　　　　　　外省 12 000 至 18 000 法郎

得有硕士的讲师　　　　　　　　　巴黎 13 000 至 20 000 法郎

又　　　　　　　　　　　　　　　外省 11 500 至 17 000 法郎

没得硕士的讲师　　　　　　　　　巴黎 9 000 至 15 000 法郎

又　　　　　　　　　　　　　　　外省 9 000 至 14 500 法郎

预备部的教师　　　　　　　　　　巴黎 12 500 至 18 500 法郎

又　　　　　　　　　　　　　　　外省 11 000 至 16 500 法郎

图画教师(高级)　　　　　　　　　巴黎 12 500 至 18 500 法郎

---

① 法语,指高中或大学教师职位选拔考试。此处意为该考试合格并获有现在资格者。——编者注

又	外省 11 000 至 16 500 法郎
图画讲师	巴黎 12 500 至 18 500 法郎
又	外省 9 000 至 14 500 法郎
体育教师	巴黎 8 500 至 13 000 法郎
又	外省 8 000 至 12 500 法郎

3. 女子中学

国立中学得有 agrégation 的校长和讲师	巴黎 15 300 至 22 300 法郎
又	外省 14 000 至 20 000 法郎
得有证书或硕士的校长和讲师	巴黎 15 300 至 22 300 法郎
又	外省 11 000 至 16 500 法郎
没得 agrégation 和硕士的校长	巴黎 15 300 至 22 300 法郎
又	外省 9 000 至 12 500 法郎
国立中学和市立中学的教师	巴黎 15 300 至 22 300 法郎
又	外省 11 500 至 17 000 法郎
市立中学和中等班的	巴黎 15 300 至 22 300 法郎
又	外省 9 000 至 14 000 法郎
国立中学的图画教师	巴黎 11 000 至 16 500 法郎
又	外省 10 500 至 14 500 法郎
图画讲师	巴黎 11 000 至 16 500 法郎
又	外省 9 000 至 13 500 法郎
国立中学的缝纫教师	巴黎 9 000 至 14 500 法郎
又	外省 8 500 至 13 500 法郎
市立中学及中学班的缝纫教师	巴黎 9 000 至 14 500 法郎
又	外省 8 000 至 13 000 法郎
体育教师	巴黎 8 500 至 13 000 法郎
又	外省 7 500 至 12 000 法郎

不过法国的生活程度，十二年之间长了六倍，而教师的薪水的增加不及一半，自未能令人满意。所以有些要求采用比利时的 sliding scale① 制的，但是政府以款无所出，终未允许。不过允自 1926 年 8 月 1 日起，一切政府官吏再就现薪加之百分之十二，中学教师自然也是一例办理。教师薪水问题实是现在法国教育界的一个重大问题，很值得我们的注意，因为法国教师的资格很高，而现今的薪水标准又与生活程度相去太远，一般青年几皆望望然去之，对于整个教育界的程度，都有大的影响，不独中学已耳。

（五）学费的增加

法国的中等学校本是收费的。欧战以来，一般生活程度一天一天地增高，于是学校的收费，也就跟着增加。现今收费的标准是 1926 年 6 月 13 日的命令规定的。普通学生的费用平均增加了 27%。至于学费一项，随学校和班次而分，在 Seine 和 Seine et-Oxise② 的国立中学，自 432 法郎至 1 350 法郎不等，别省的国立中学自 216 法郎至 919 法郎不等。寄宿的费用随各地的情形而定所增的数目。同时有几兄弟在国立学校求学的，可以仍照向例，部分免费。

市立中学校的费用普通较之国立中学节省得多。按照同年 9 月 15 日的部令，这等学校依其所在地及重要程度分作四级收费，表列于后：

级 别	学 费	指导费
第一级	180 至 378 法郎	90 至 126 法郎
第二级	162 至 324 法郎	90 至 108 法郎
第三级	153 至 252 法郎	72 至 108 法郎
第四级	108 至 180 法郎	72 至 90 法郎

---

① 指工资等按物价水平而调整的浮动计算法。——编者注
② 指赛纳省。——编者注

（六）奖学金额的扩充

因为中学收费，所以有钱的子弟无论好坏都有机会入学，没钱的初小卒业学生虽有过人的聪敏，特出的成绩，也难进去。为得补救这种缺点，以前即有许多奖学金额的设立，1923年又曾扩充一次，详细办法，已如前述。但是受惠者仍复有限，中学教师每每诉苦，说学生太懒，殊不知贵族子弟本系如此，唯一的方法，只有取消学费，严加选择。不过财政方面，万做不到；于是求其次焉者，扩充奖学金额。1924年，已有1 000万法郎之钜；1925年，闻当有1 700万元。加入考试以求获选的，1922年只有1 702人，1923年即有3 401人。

1925年2月27日教令，关于给予奖学金的办法，又有一番改革。凡入中等学校、高级小学、工艺学校的学生，都受同一考试。考试分两种，不依欲入学校的种类及已往学历为标准，而系按照年龄分配。凡13岁以下的属第一组，13岁以上的属第二组。每组分笔试口试二项。第一组所考的科目为小学中间各级及中学预备部的科目；第二组所考的科目为小学高年级、高级小学预备科及中学第一年的科目。考试及格以后，由一个省委员会按照他们考的分数、一般学业、家庭状况等等把他们分成等级。省委员会由省长或其代表，大学区的视学，大、中、小三等学校的代表，雇主及劳工团体所举的两个家庭代表等组织而成。分好以后，即将关系文件呈至国家奖学高等委员会。高等委员会对于省委员会的分配如认有不妥的地方，可以修改。教育部再按省委员会和高等委员会的分配，分别给以奖学金。奖学金计分四种：1.寄宿奖学金，为家庭不在学校附近的学生而设；2.维持费奖金或名半宿奖金，为家庭与学校同在一城的学生而设；3.补助维持费奖金，为已得上列二项奖金中之一全项或半项者而设；4.走读奖金，为中等学校的学生而设，得此者还可加得补助维持费奖金。一年以后，如得教师之许可，父母之要求，学生可以转学，可以从某种学校转入他种学校，奖金数目也可随之修改。

这种制度之为法国教育的一大改良，自不待论，不过其所规定的办法上还有可以批评的地方，即是考试的分组全以年龄为根据之一事。我们知道中学里有些较年轻的学生，小学里也有较年长的学生，叫他们经过同样的考试，自然年轻的中学生得利而年长的小学生吃亏。关于此层，大概在最近的将来必有一番修改。

（七）升级的加严

为得趁早淘汰能力不够的学生起见，据 1925 年 10 月 3 日的规定，由中学第一年升入第二年级应有一个严格的考试，借以淘汰劣等的学生。只有及格于奖学金考试的学生，或者法文、拉丁、数学、近代语等科至少均得十点以上的成绩的学生可以免考，其余都得由第一年级和第二年级的教师合组的委员会考试及合格之后，方能升级。成绩以二十点为最高数，凡半均得十点以上者方算及格；凡任何学科未得一点或法文仅得五点者均在淘汰之列。这种严格的淘汰，对于教学的便利有极大的帮助。特别是在近代文组方面，因为此制实施以前，大凡劣等的学生都把近代文组看作一个逃逋薮。

（八）男女同学的条件

法国的中等学校本是男女分校的，不过近来一般女子的父母多以离城太远，未能把女儿送入女子中学，因而要求附读于男子中学。政府以其求不便却，已经允许人数在一百以下的市立男子中学可以招收女生，除此一个情形以外，中学一概不许男女同学。

（九）女子中学的近况

1882 年所定下的女子中学的年限只有五年，卒业以后，经过学校考试，可以得一张文凭，可是那张文凭不像男子中学卒业经政府考试后所给的学士文凭，不能作为入大学的证书，要入大学的还得另外补习古典文学，另考学士。因此，社会上时时有改组女子中学，使与男子中学完全相同的呼声。到了1924年3月25日的改组命令，果然把三种女子中学的年限由五年加为六年，虽较男子的仍少一年，较之以前总算加多了一年。六年之中，分为古典文及近代语二组。想得学士以升大学的可入古典文组，想仅得卒业文凭回家为贤妻良母的可入近代语组。两组相同的功课有法文、近代外国文、科学、史地及图画。古典文组另外加习一些古典文学，习完六年即可与考学士第一试，不过功课表与男子中学的古典组的仍旧稍有出入，即拉丁文的钟点较男子为少，而以其余时为缝纫、家事、音乐之用。近代文组读完前期四年，照旧得考 certificat d'etudes secondaires①，读完后期二年照旧得考 certificat de fin d'etudes secondaires②。

但是还有人不满意，他们觉得：第一，女子中学终少一年，没有最后一年的哲学组和数学组，不能即考学士第二试；第二，女子中学的课程终与男子中学的不是完全一样，拉丁文的钟点为什么要较少一些？

同时，因为1925年把男子中学重新改组一次，加上了纯粹近代文组，于是又有1925年6月10日的女中课程改组令。规定：古典文组的拉丁时数与男子中学的一样；30人以下的班次，第一年、第二年每周五小时，其他各年级每周三小时半；1924年3月25日所定的时间表以后仅适用于20人以下的班次。规定：预备考学士的近代外国语钟点数目也与男子中学一样。规定：近代文组要得中学卒业文凭的学生的功课表，除了仅习一种外国文一点与男子中学不同外，其余与男子中学的全同，直至第四年后为止。

---

① 法语,意为中等教育修业证书。——编者注
② 法语,意为中等教育修业证书。——编者注

所以现在法国女子中学除了：1. 没有最后一年的哲学组和数学组；

2. 近代语组只习一种外国语之两点外；与男子中学几已全同。

兹作表以完此篇：

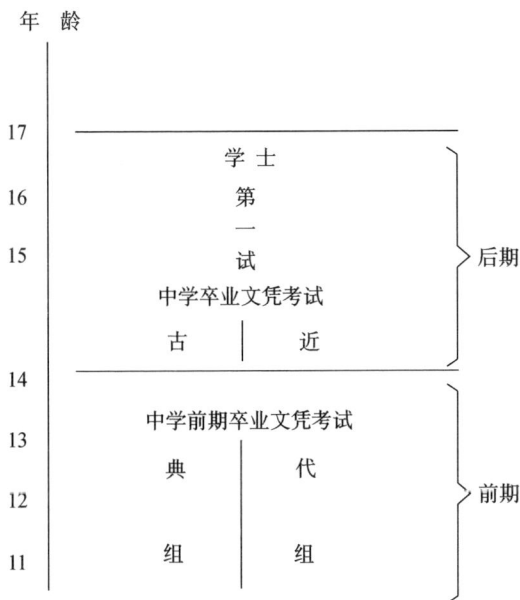

年　龄

17	学　士	
16	第	后期
15	一 试	
	中学卒业文凭考试	
14	古 ｜ 近	
	中学前期卒业文凭考试	
13	典 ｜ 代	前期
12	组 ｜ 组	
11		

法国女子中学组织表（1924 年—　）

（原载于《教育杂志》1930 年第 22 卷第 6 号）

明德中学高中部教学规程

1. 本部学生以本校初中毕业生学科最优之前五名升入。不足额时招考补充。

2. 本部学生约以三十名为一班。

3. 本部暂设普通科。

4. 本部学生须修满百五十学分方准毕业。修业期限定为六学期。但高才生除修满规定学分外，得酌选修其他学分。

5. 本部必修科为百三十学分。选修科为二十学分。

6. 学生选修科于上学期休业前二周举行选修。科目及学分必得教务主任及本部主任之同意。

7. 本部各科教授均采自学辅导法。外国语纯用直接教法。理科注重实验。

8. 本部英、数、国三科按学分分为若干段。学生必须通过最后一段，该科方准毕业。

9. 学生一学期终不能得满所修学分三分之二，经校务会议认为不堪造就者辞退。

10. 必修科如有一科连续两次仍不能及格者辞退。

11. 必修科学期成绩不满三十分者，无补考权利，必须重读。

12. 选修学分之多少以上期成绩为标准。

13. 选科须满十五人方开班。

14. 各科以一周上课一小时，须自修一小时，满一学期者为一学分。但理科实验、军事运动及艺术等科，每周上课二小时满一学期者为一学分。

15. 本规程如有未尽事宜之处，得随时由校务会议修改之。

（原载于《明德旬刊》第 6 卷第 10 期）

不 如 归

物质文明愈进步，则乡村的人民愈往都市奔注。结果，乡村的人口，一天天地减少；都市的住民，一天天地增加。流弊所及，方面极多。例如：（一）与人争利的人，日见减少；与人争利的事，日见增多。（二）人民体质，民族健康，因而退步。（关于这点，我想我国一般人寿的日见缩短，除了兵灾饥馑种种淘汰作用以外，都市生活必是一个重要原因。假如有人能够利用族谱做个中国人寿研究，也许可以证明这种假设。）这种现象，本来不独中国是如此。不过中国的乡村，分外凋敝，人民体格，分外衰弱，对于这种流弊的补救或预防，分外急要罢了！

此外，中国又有两件特殊的事情，使得人口和人才的分布，成了变态的发展。一是政治的扰乱，一是教育的作祟。政治的扰乱，显而易见，不必说了。中国的教育，除了近来一般人都觉到了的学生程度不佳，文科畸形发展，没有生产能力，不合国情种种弊病以外，还有很重要的一点，便是学校的环境和社会的情况相隔太远了。中国本是个一贫如洗的国家，中国的学校，尤其是大学校，却是一座一座的皇宫。学生的家庭，学生出校后所应该去到的地方，本是乡村里最贫苦的地方。可是他们读书的时候，过惯了都市中最奢侈的学校生活。于是毕业以后，大家不愿再去吃苦，宁可挤在城市里和人家去争几十块钱的饭碗。有时明知乡村重要，甚至为本身打算，到乡村去的前途更要光明，可是吃不了苦，宁可自打耳光，放过机会！这又是一个何等凄惨可悲的现象！

所以，年来大家颇愿提倡"归农"和"回到民间去"。但是提倡尽管提倡，真正实行的却没有几个，这里的原因，自然很复杂。政局不安，富人跑到城市去避难，农村凋敝，穷人跑到城市去找工作，姑且不论。至于一般知识青年，有的明知乡村重要，却是老守在城里，那又是什么道理呢？我想：这除了不能吃苦和极想升官发财之外，还有两个原因。第一，是他们不能了解乡村；第二，是乡村也不需要他们。他们不能了解乡村，又有两方面的看法。一是他们没有了解乡村的繁荣对于国家的重要关系，这在前面已经略为提到过了；一是他们没有了解乡村是他们自己的一条最好的出路。关于这一点我且举出一个例子。这是我的朋友沈君。他在北平一个法政大学读过书，现在长沙乡村经营小规模的农业。他说："没出息（他是自谦，实际是挖苦我），一个人在乡下养点蜂，栽点树。蜂养了十群，每群要二十元本钱。一年之后，便可采蜜；春秋两次，每次每群可以出蜜约四十元。另外栽了五千株桐树。树苗不费多钱，乡里山地也极不值钱，只要一点人工去开垦。三年之后，便可结实。五株桐树，可打得一担桐油，时价约值二十元。在这三年以内，那些地上可以栽些棉花，一方面枯了的枝叶可做桐树的肥料，一方面棉花的卖价可赔补植桐的工钱，这三年之内，便不必另外花钱了。乡下很好玩的，用钱也极省。不过不可用城里的派头，那样乡下人便不会和你来往，办事掣肘，也没有趣味。"后来他去了，我一计算，蜜蜂每年出产八百元，桐油每年产二千元，一共二千八百元，不是等于每月领二三百元薪金的教授科长吗？教授科长有限，也非人人可当，乡下养蜂栽树，只要自己看看书，问问人，不是人人可做，处处可行吗？而且教授科长，全是被人供养，与人争利，在个人与家庭看来是生利，在国家与社会看来，却是只有消费了；养蜂栽树，那才是真正的生利呢！至于营谋之苦，生活之糟，更是养蜂栽树者做梦都不至于受的罪了！何况教书办事，全是一种苦闷的工作，工作以后，必求愉快；而在乡村养蜂栽树，工作的本身便是一种愉快，健康长寿，不是自然的结果吗？有这样有百利而无一害的事情丢着不去干，却大家挤到城里来倾轧，来争夺，这不是由于大家没有了解乡村的好处，或是由于大家愚蠢至于此极了吗?

知识青年回到乡村去，对于国家与个人的好处，那是没有疑问的了。知识青年回到乡村去，知识可以够用，资本也不需要，都是不必顾虑的了。但是，在回乡以前，观念上却有些必须改正的地方；否则乡村是不需要他们的！第一，"回乡"的目的，是自己去生产，不是对别人去剥削。所以，无论你回去办学也好，办党也好，必得自己有种"与天争利"的职业，再去"为社会服务"。否则"学务老爷""党部委员"，在乡民徒增负担，压得出气不来，在老爷委员看来，还嫌正薪不够，油水太少，仍住不下的。第二，不要口里唱平等，心目中却不平等。读书人在符号的知识方面，也许比乡下老太婆好；可是乡下老太婆纺棉花放鸭子的本领，有知识青年便赶不上。职业与知识，都只有种类之别，并无贵贱之分的。乡下人诚然老实，可是同类意识却是很强的。看人不起，是终会被人看不起而至于影响到事业的。第三，入境要问俗，"俗"有不好的，也只可投身其中，设法使他们心悦诚服地更变，不能站在圈子外面说风凉话，或者强人从己的。我常觉得我们自己的知识分子与自己的本国人在习惯上、态度上格格不入，以致彼此自外，一切事业都难进行；而外国的传教士到了中国，反而能得一般人的合作，是件很可羞耻的事。第四，"行有余力"，便去帮助别人，不要帮助别人增加消费的力量，而要帮助别人怎样去写信，去养猪，换句话说，怎样去求知，去生利。

朋友们：举世滔滔，不如归去啊！

[原载于《华年》(周刊) 1933 年第 2 卷第 30 期]

湖南教育一瞥（节录）

　　我想就我所知道的和所见到的湖南教育，提出来谈谈。我之所以想谈这个题目，是有几个原因的。第一，我在湖南整整四年了，做过"苏维埃"治下的百姓；做过"模范省"治下的百姓；即以这两重资格来谈点异乡异土的消息，大概是大家所不会反对的。第二，我为什么不谈政治，不谈经济，却捏着这么一个枯燥无味的题目呢？这并不全是为得守着明哲保身之道的缘故，而是一方面因为我与政治无缘，不敢乱说，一方面我自己学的是教育，这四年来办的也是教育，舍了教育不谈，未免忘本；何况教育还是"立国之本"呢！第三，我常自思自想。我们的作者，假如多谈点中国的土货，少搬点洋书；多谈点实事，少发些空论；多注意下内地，眼光别专射在京津沪汉；不讲利害，不讲别人，至少我个人在茶余酒后是愿多翻翻书本的。记得三年以前曾以此意函告《教育杂志》的编者周予同先生，希望他多登点中国教育界的实况。现在我自己提笔了，虽然见闻不够，能力不够，也还是宁愿做个通讯的访员，不敢望做社论的主笔。

　　此外，还得申明两点。一、我打算写的只是稗官野史，不是正传，不是官书；只是印象，不是定论；这里只有短篇小说中的一点一滴，不像本纪世家的必详必备。想看正传官书的，我可以介绍二十一卷二期的《中华教育界》上朱经农先生的《近年来之湖南教育》。二、我这四年来局处长沙，而且局处在长沙的一个学校；虽则有时"以耳代目"，得着不少的消息，但是"耳闻不如目见"，终恐不详不周；所以我得申明，我的消息来源多半限于长沙，虽则言质言量，长沙都可代表整个的湖南。

我所要谈的只有三宗"事实"。

第一，湖南的私立学校一般的比公立学校"好"。这个"好"字包括了两方面。一方面是学生的成绩好，一方面是办学者的精神好。学生的成绩好是有客观的证据的。四年来湖南举办了三届高中毕业会考，第一、二届平均成绩最好的是明德，明德便是一个私立学校；第三届平均成绩最好的是周南，周南又是一个私立学校；这是就学科而言。湖南举办过三次军训检阅，第一次最好的是明德，第二、三次最好是岳云、雅礼；明德也，岳云也，雅礼也，皆私立学校也。湖南每届的全省运动会，总锦标也差不多不出私立学校之手。这是就体育军训而言。至于德育，政府没有举办过比赛，客观标准也不易定，而且湖南学生的风气一般的本都不错，自很难说。不过据大家的意见，私立学校的学生，精神上也似乎更要现得整饬一些。我相信我说的"学生的成绩"并不算胆大，也并不是特别恭维私立学校。说到私立学校"办学者的精神好"，我拿不出数目字，拿不出统计。可是我能拿出几宗事实。第一宗事实是职员方面的。明德的胡子靖先生，30岁办学，到现在三十多年了。他如果弃了明德，他有无数次做大官发大财的机会；他因为要办明德，好几次几乎"以身殉学"。可是他宁做几乎"以身殉学"的"磨血工夫"，不去求升官发财的个人快乐。现在他的学生做中委部长的不知多少，可是他仍住着三间破屋，做他的"磨血"工作。此外楚怡的陈夙荒先生，修业的彭国钧先生，妙中的方克刚先生，周南的李士元先生，都很有这种精神。公立学校却没有机会容你干上二三十年了！第二宗事实是教员方面的。老于教课的朋友都和我说，公立学校比私立学校好教。公立高中每小时一元六，私立高中多则一元，少则数角；经济上的算盘是如此。公立学校，下课以后多半可以不必多负课外的责任，私立学校花样既多，责任又分外重；工作的情形是如此。然而我有许多朋友，却宁愿受少许报酬，尽多许责任，在私立学校一直教上一二十年课！

依常识而论，私人的力量决赶不上国家的力量，私立学校应该是赶不上公立学校的；而且听说别的省份，一般地说来，公立学校也较私立学校好；为什么独独湖南是例外呢？其中原因，我想有两方面。一方面是制度的关系，一方面是人的关系。在制度方面，公立学校的最大缺点在办学人员没有保障。我可以说个最大的笑话给大家听。湖南公立学校的校长，月薪只有一百余元，可是今日不保明日，地位是够危险的，听说从前有位初出学校的青年当了校长，他的竞争者竟诬告他，提了去，坐了几月的牢，几次要提出行刑，几乎丧了性命！现在却又证明了他无罪，在中央党部当委员！校长换了，前任校长的聘约照例无效，新校长不加聘书便算辞退了！好像校长之聘教员是以私人资格，不是以法人资格似的！最奇怪的是，教员也视此为当然，从不抗议。私立学校的教职员，虽则也少有法律的保障，只因事情苦，校长不常换，这种怪事便"少"多了。所以有人说，扬州中学之办理得好，其校长不多调人是个大原因；这话是不为无因的。至于人的方面，办私立学校是只有亏吃没有便宜占的，所以愿去的人，无形中已经经过了一番选择。公立学校呢，调皮者可作为进身之阶，守分者可求衣食之较免冻馁；而政府当局又不慎重人选，以致不是任非其人，便是好的校长不安于位。上下均存五日京兆之心，于是笑话百出，学生吃苦。去年会考以后，有某校学生投函某报，说读了三年高中，换了六个英文教员，只做几次练习。又有人说，某省立学校共十一班，却有九个国文教员！诸位，人的关系原是很重要的啊！

第二，湖南教育界的思想"变"了。我只能用一个"变"字来代表。我不能说"进步"或"退步"，因为这一"变"之是进是退，我并无把握。大家如果嫌我用的"变"字太含混，我可以申明一句，这个"变"字是有几种含义的。头一宗，他们对于社会国家的态度变了。"马日事变"以前，湖南教育界是最爱与闻国家大事的，驱逐张敬尧，响应五四运动，引起"六一惨案"等等，是他们行动方面的成绩。现在不然了，湖南教育界里，无论教员学校，极少信仰共产主义的，也极少"衷心"信仰三民主义的，其他一切主义政党，他们简直都视为一丘之貉，不生信仰，甚至不生兴趣。一部分人对于社会国家，有时候心血来潮。固然也不免长吁几口，短叹数声；然而积极方面，他们很少能有什么主张，更难生出什么行动。这是湖南的民气消沉了呢？还是湖南的人民稳重了呢？结论我不敢下，事实确是如此。第二宗是他们对于功课的兴趣变了。这也不独湖南如此，恐怕别处亦复相同。从前没有几个人学数理，现在却大家争着学数理去了。长沙有个高中，取录八十多个新生，只有十多个人自愿进文科，因为不好上课，学校便勒令一部分去学文科。听说清华今年的新生愿进法学院的也只有十多个，愿进工学院的占最多数。这种现象之是好是坏，姑不计论，但是连带有一宗事却是大可注意的。一般学生因为太偏重理科了，别方面的知识之贫乏却很值得惊异。我知道有一班初三的学生，学业很好，人都聪明活泼，我极喜欢他们。有一次我向他们介绍四本杂志：《独立评论》、《华年》（周刊）、《生活》、《论语》。他们都瞠目结舌，认为闻所未闻，不管钱多，争着要订。他们的好学之心是很可嘉许的，然而他们的知识之不是多方面的发展，也就够可注意了。第三宗是他们对于人生的观念似乎也不见得和从前一样了。如果从前可用"牺牲""奋斗""乐观"种种积极的形容词来形容的话，现在再用这些形容词就似乎不顶适当了。本来中国的局面是如此其纷乱，把个人压迫得吐不出气来，从前大家心中存下一线希望，曾作一度临危的挣扎，挣扎不得结果之后，精疲力竭，安静地躺一下，也是人情之常。所以全国的同胞，近来似乎都有"做一日和尚撞一日钟"的消极态度，我们一面固然应该互相鼓励，提提精神，同时也是不能专怪个人的。湖南教育界都是圆颅方趾的"人"。自然逃不脱这条"人性"法则的支配！

这种改变，如果原因不是单一的话，我想下面几个解释是可以供参考的。头一个解释可以说是心理上的一种反响。从前大家信仰主义，结果主义无效，或且害之；从前大家怀着希望而奋斗，结果希望成为泡影，奋斗毫无代价。我们知道：希望愈大者，失望亦愈大。我们又知道：用力愈劳者，疲劳亦愈快。湖南的各界，在历次革命中都是站在最前线的，而历次革命之后，湖南所受的牺牲蹂躏亦最大。"物极必反"，不也是人情之常吗？第二个解释可以说是一种淘汰作用。一方面湖南因为受党派之祸最烈，所以对于异党异派的排斥也最凶；二方面共产党在湖南的历史最早，势力最大，真是有信仰，受不了现状的痛苦的人，都已走到实际行动中去了。现在剩下的人，或是被排斥后的剩余，或是本没信仰的第三者。第三个解释可以说是由于在上者的力量。政治的力量本是极大的。举个例说。去年湖南中学毕业会考，国文题目是"国必自伐而后人伐之"。平心而论，题目并不算难，没读"四书"的也未尝不可以"望文生义"领略题意。可是许多考生不懂题意，闹出不少的笑话，于是考完以后，好些学校勒令初中学生读"四书"，有些学校不肯加授"四书"的，初中一、二年级的学生竟也要求起来，非读不可。小小一道题目就可以闹得"满城风雨"，"楚王好细腰，宫中多饿死"！这几年来中央委员有停办文法科之议，省府主席有"八德衍义"之作，学风之变，不亦宜乎？

第三，湖南学校学生的数量很可观了，质的方面却尚有可以改进之点。据二十一年的湘省教育厅报告（书名《湖南省最近三年教育概况总报告》）说，全省共有二万四千五百四十三个小学，二百九十九个中等学校。我们敝县湘乡一县即有一千五百六十一个小学，一十二个中等学校。这等数字比起任何省份都无逊色。学校之所以发达，内中有一个有趣的原因。因为共产党在湖南的时候，有田的人多少都捐出一些田产，去办学校。捐田的人多了，学校便自然多起来。加之湖南在湘军时代，出外做官的人很多，做官为的是光宗耀祖，于是大修祠堂。现在祠堂没用，便多改为族学。族学多了，族与族之间互相竞争，于是招收外人，扩大范围，成为正式的学校。至于读书人之多，大概是因为做父母的认学校为新科举，视进学校为找出路之故。从前我在长沙读书的时候，我们全族只有两人，现在却多至十人左右了。我知道某校有个厨工，每月连伙食只能挣十元钱，可是省吃省用，把儿子送到中学毕业现在居然进了大学。还有一个女校的校工，收入更少，她的女儿也在大学，人民对于学校的热心可算是无以复加了！可是学校的成绩呢？有人说，湖南的中学比外省平均好些，因为环境佳，用费省，除了英文赶江浙不上以外，什么都无愧色。我相信这是对的。不过我们同时知道，凡事进展太快，内容便难充实。所以上次会考因为教厅再三吩咐，题目比应有的标准低得多。而且不及格的功课一律送加三十分，平均只要五十分便可毕业。而不能通过者仍不知多少。这个现象本是各省皆然，有些省份恐怕还要过之。但是杨晰子先生说过"要得中国亡，除非湖南人死尽"。湖南人既居如此重任的地位，我们不可自满啊！

最后，我得申明一句。如果大家看了此文而对湖南教育界生出什么不良印象的话，我应该是那不良印象的对象之一。如果湖南教育界有什么好处，我不该有分。理由很简单：我在过去的四年太没有努力了！

（原载于《独立评论》1933年第78号）

写文章的两个小节

写文章是一件谈何容易的事！文章的内容、文章的形式，何一不要精心的构思！可是近来出版的技术进步得厉害，一座卷筒机一小时可以印上数万份日报；有了文章，不必经年累月的刻木板，更不必"藏之名山"了！而且书局之多、杂志之多，也不亚于早几年的"大学热"，依着经济学上供求相应的道理，也不由你不大量的生产！再一凑上大学生毕业之后诶有事做，人类本有发表的欲望，于是乎满目文章，而满目所见的文章，其内容，其形式，遂不由得不露出破绽来了！换句话说，文章的质已是做了量的牺牲！

内容方面，问题太大，谈不了，也不够谈。在形式方面，尤其是关于翻译，我是有几点小节，想说说的。

第一是译名的附注问题。以中文而译外国文，其方法不外译音、译义两种。可是译音呢，中国的方言太复杂了，广东话和湖南话听去便像两国的语言；国语也还没有流行，于是同一 Sofa，在江浙可译成"沙发"，在国语可译成"苏乏"！译义呢，"仁者见仁，智者见智"，各人的看法不同，于是各人的译法也不一样，Conditioned reflex 在唐钺先生口里是"制约反射"，在高觉敷先生的笔下便成了"交替反射"！虽则在学术名词方面，国立编译馆已在编订，译音一层，也有石汉先生的"一音有一固定的译法"（此句系我简缩而成的）的主张，但是从杀青到流行，恐怕不是三两年的事情。在这三两年以内，我想代表一般的读者向一般的译者提出三个请求：（一）有流行的译法的，非有特殊理由，最好不要改译。例如 Stimulation 之译为"刺激"，是心理学界的一个通行译法，便可不必改译为"外感"，如王炽昌先生的《新师范教育学（中华）》所用一样。因为"外感"不独不通行，而且"外"字的含义便不妥，指身体以外吗？刺激并不一定来自身外。指心灵以外吗？身心的二元论根本便是错误。（二）万一不用通行的译法，或没有通行的译法，或认为通行的译法不好，无论如何，该把原文注在后面。比如严几道先生的译法便有许多与今日的译法相差很远的。Unit 不译"单位"，而译"么匿"；King 不译"王"，而译"钦"；Property 不译"产业"，而译"普罗勃谛"；Oxford University 不译"牛津大学"，而译"奥克斯国学"；Anatomy 不译"解剖学"，而译"鏻验之科"；Physiology 不译"生理学"，而译"内景之学"；Bestman 不译"男傧相"，而译"良士"；Penny 不译"辨士"，而译"便尼"。我们即使崇拜严先生的"信雅达"，不用"单位"而用"么匿"，也该注明一下，否则人家会误会到"国之将亡"呢！至于 Vladivostok 一类的字，万一不及检查，丢了"海参威"不译而译成"那盆渥斯托克"的时候，那是更非注明不可的。（三）不独原文要注明，注的时候还希望仔细一点。比如西人名字，前面几个省略字就最好一起写出。大家知道美国的行为主义的领袖是 J. B. Watson，可是同时另有一个 G. B. Watson，也时常在杂志上做心理学方面的论文，两人的名字相差只有一个 J. 字和 G. 字。万一有人译了 G. B. Watson 的文章，只说那是"过逊"作的，看的人便会坠入五里雾中，会怀疑 J. B. Watson 的论调为什么变了呢！又如美国大哲学家杜威（J. Dewey）是大家都知道的了；同时另有发明图书分类用的十进分类法的杜威（M. Dewey）也是一个具有相当声望的人物。如若把 Dewey 写得不清不白，只注 M. Dewey 一字，人家还会佩服 J. Dewey 真能干，丢了哲学又管图书呢！

第二是引证的出处问题。做文章之可引证，那好似天经地义、无可非议的事！但是引证有两种，一种叫作间接引证，一种叫作直接引证。引证一事，里面有个道德问题，一方面要向被引证者负责，一方面要向读引证者负责。间接引证，要注明所引证的出处；至于直接引证，那更连原作者的一撇一扭都是不可更易的！古人写文章是如此，外国人写文章也是如此！只有我们现在的作者就太不注意了！其所以要如此的不惮烦琐，不外两种目的：（一）使读引证的人便于复查。比如我今天看了王炽昌先生的《新师范教育学》"绪论"第一节后面，引了许多西洋名家的教育定义的译文，倘使想去查查，便没有办法，根本不知出自何书何卷！（二）错了易于校正。最奇怪的是近来许多书上引用统计材料，而不注明出处！统计材料之可贵，在其客观可靠，引用而不注明出处，可靠之谓何！你便"闭户造车"，造上一篇数目字，人家也不知道啊！并且数目字最易排错，万一错了，叫人到哪里去查！加之关于同一事实，各人的统计结果也不一定是一样的。中国人的人口便有几种估计，从三万万多到四万万多，假如你引一篇统计，说是五万万，人家如何知道你的对不对呢？此外，我们的译家还有一点毛病，就是对于读者太不负责了！下焉者只写明×××译，也不知译的谁的作品。好点的写了原文题目，原作者姓名，可不知道译自何书何页，仍是"死无对证"！我认为书名、人名、出版地点、出版年月都是应该写明的。书名人名不必说了，出版年月有版次修改的关系，各版的内容是常有修正的。出版地点也有关系，比如罗素的书，常同时在英美两国出版，里面的字句便常有出入，有时候连书名都不一样！

作者们！麻烦是免不了的！《图书评论》一卷三期上编者答葛绥成

先生的信，不满意于葛先生的.《太平洋问题之解剖》一书上列了六十年的《申报》作参考书，不就是一个"前车之鉴"吗？

[原载于《华年》（周刊）1933 年第 2 卷第 49 期]

各色的教员

　　偶然翻开 Fraiser 和 Armentront 合作的 *An Introduction to Education*（是一本著名的教育学）讲到教员的品性的地方，引了一个中学刊物上面的一段文章（"The Panther"，Delta，Colo.）；觉得很有趣，便把它译了过来。不过这段文字并非幽默，更不滑稽；只是天真得可爱，深刻得可佩罢了！

　　现代生活里面有一种必需品，形形色色的，就是教员。有青色的教员，有黄色的教员，有蓝色的教员，有灰色的教员，有白色的教员。青色的教员通常是年青的后生，才出校门。他们记得自己在学校里的生活，记得九个月长假的自由，所以他们是很富于同情心的；但是他们也记得自己在学校里的时候的那些严肃的老教员，所以他们时常装出一副严肃的神情。请教员的时候，除非你知道人类的天性，知道青色的教员在假装的严肃的神情之下本来是有同情心的，顶好不要请青色的教员。

　　黄色的教员对于任何人都不敢得罪。他们容易被人家虚声恫吓，你能够说服他们，随便哪等分数都可以叫他们给你。你在班上可以说服他们，叫他们不要指定长的功课，使他们相信考试是没有用的。假如你在学校里只想混过日子，你便可以多找些黄色的教员。

蓝色的教员以为世界是个残酷的地方，因为他们不能不整天和我们的可爱的伴侣在一起。他们总是提醒我们，说有六七个先生的功课要准备，而他们呢，要把知识注射到一百个左右的脑袋里面去，愚笨的或是聪明的。我们对于这种不快的感觉是没有法子避免的，只好默默地忍受。请教员的时候，不要请蓝色的。

蓝色的教员以下是灰色的教员。那是最坏的了。他们对于每个新来的学生都用怀疑的眼光去看待。他们好像以为我们进学校的目的是使他们受罪似的。他们相信，报复是公平的，所以尽量地闹些岔子，甚至我们不该受的也给我们受。除了蓝色的教员以外，不要请灰色的教员。

最后是全校所爱戴的教员了——白色的教员。她要学生用功，但是她对一切事情都很公平，她懂得她所要应付的男女孩子。她知道在什么时候一课功课没有预备是没有关系的，但是你也不能虚声恫吓她。她对于一个学生的恶作剧和不安静都懂得，但是她并不把它看作一种下贱的行为。她把学生看作一个朋友，不把学生看作一个低等的动物，将知识向他灌进去。假如可能的话，请教员的时候，请个白色的教员。这是颇不容易的，因为需要太多的缘故；但是你知道，差不多随便哪个学校只要有了一个全校爱戴的人——白色的教员——那个学校的运气就不错了。

[原载于《华年》（周刊）1934 年第 3 卷第 1 期]

辑印《近代中国教育人物像传》缘起

一

近来一时高兴，辑了一些清季兴学以来，已经去世的、与近代新式教育有关系的人物的照片和小传。承《中华教育界》编者的不弃，让我拿来按期先在本刊发表（参阅本期插图第一、二两页），因此趁这第一次与读者见面的机会，说明几句。

事情本来轻微之至，毫不足道；真实的起因，更是简单：内人杨仁女士看见同屋张太太集邮，她也弄着玩玩；我在帮她搜求之余，也许引动了我的搜集的本能吧，也想"东施效颦"。可是"正经地"一想，觉得此乃"玩物丧志"之事，她们作为"消遣"犹有"可言"，我也玩这个，太无意义，于是回到我的本行，集集教育人物的照片，于是搜集的本能与正经的思想乃各得其所，"不亦乐乎"，此所以"真实的起因，甚为简单"也！

不过，我若更向正经方向，迫进一步，我也未尝不可以说出几个理由来：

第一，弄点中国东西，正是一件时髦而且切要之图。以言时髦，则年来正是"国货"畅销之时，学问上的中国东西，正如早几年的洋货一样，适在最景气的时候。以言切要，则背外国教本实在也太乏味，研究外国东西，又苦"荒地"无几，垦出亦无多大好处。反之，本国材料方面的情形则适得其反，尤其是关于人事社会一类的科学，此种利用本国材料的风气，实在大可奖励。此辑的目的，亦在对此种风气做点推波助澜的工作，只是所助的波澜，太"微乎小也"耳。

第二，"三句话不离本行"，中国教育史的整理，尚待大家的努力。整理的方面太多，而一二个人的精力又极有限，于是而"分工合作"尚矣。此种重大工作，他人是否许我"分工"，我又是否能够有资格去"合作"，现在"姑不具论"，至少至少，将来有本完备的中国教育史出版，要找插图的时候，也许有些便利，则"予小子""有厚望焉"。

第三，大凡与教育有重大关系的人，他们在文化方面，政治方面，立身处世、做人的道理方面，必定也是一些要角，有几分蹊跷的。然则"今有人焉"准备一些纸张，一面"绣像"，一面"话说"，以供各位随时瞻仰一番，玩味一番，"烟士披里纯"① 之钻入脑际，发生作用，殆亦未始绝不可能。是则此辑之作，亦非必为"弄物丧志"矣！

二

既然如此正经说来，则凡事便不能不有办法了。现在准备的办法是这样的：自本刊本卷一期起，按月刊印两位的照片，两位的小传。照片在可能范围内求其美观清晰，小传大部采取已成传记。刊印的次序，先就主观中的次序，由最要以至于次要，再次要（同时自然还要受搜得先后的限制）。人物内容，限于同治初年创办新教育以来，其中有关系的，已经去世的人物。其所以限新教育者，取其范围自然，与现在的关系最

---

① "烟士披里纯"是英文"inspiration"的音译，此处为"灵感"之意。——编者注

密切，而又最易着手；其所以仅说有关系的人物者，因为专家不必即为功人，外行未必即无贡献；其所以限于去世者，则"盖棺"容易"论定"也。三者凑合，故曰：《近代中国教育人物像传》。至于刊完（也许不待刊完以后）希望能再单行，那时便有三种不同的处理了。照片之外，重新作传，配上有关的他种照片，如同手迹之类，是为上着；照片之外，只改作新传，是为中着；一字不改，重祸梨枣，是为下着。将来也许以中着的可能为最大，上着太难，下着也不至于。

三

最后，我愿申明两点：

第一，这件工作虽小，可是也得到许多师友的帮助，方才成功。即如本期的张百熙、李善兰二位的照片，前者由于胡子靖师的指点，后者得自李乐知先生的指示，而翻印的工作又均出于吴宗济兄。凡此帮忙诸师友，统候单行时详细道谢。

第二，我想各位猜得着：就是请求识与不识的朋友的帮助，无论指正错误，补充遗漏，我都以至大的诚意，在此候教。

（原载于《中华教育界》1935 年第 23 卷第 1 期）

雍正年间意大利的中国学院

　　近来在清华图书馆中的善本书库里面，偶然看到有些记载，知道在清雍正年间的时候，意大利的那不勒斯（Naples）地方曾经有个教士设过一个中国学院（The Chinese College），专门训练从中国运去的青年，予以宗教陶冶，然后遣回中国传教。我想这件事的本身，也许并无重大意义，值不得我们去注意。但是它也不失为中国留学史上的一点鸿爪、半个楔子，至少也可把它当个掌故谈谈。因此作成一篇概述，以与读者相见。这篇文字的主要参考书是 Fortunato Prand 选译的《利拔神甫供职清宫记》（*Father Repa's Residence at the Court of Peking*），而此记选译的蓝本则为 1832 年（道光十二年）出版，利拔神甫用意大利文自著的《中国学院史》（*History of the Chinese College*）。

　　意文原本所注重的是中国学院的情形，而英文选本所选译的主要部分则为利拔来华的经过；作者不明意文，只能根据英文本作本篇提要式的述略，这是一件深为抱憾的事。

　　利拔是意大利人，当 1700 年（康熙三十九年）的时候，有一天闲步那不勒斯街头，看见一个佛兰西斯教派（Franciscan）的托钵僧宣教广场。那时利拔才 18 岁，一时好奇心盛，前去听讲，当即大受感引，

决以传教事业终其身，次年遂入教。1705 年（康熙四十四年）利拔年
23 岁，他时已授职为教士，但是他在宗教上自己另有一些新的理想，
对于当时的工作颇不满意。那时恰好教皇克利门十一世（ClementXI）
因为感于欧籍教士，来华传教，诸多隔阂，因在布道总会
（Propaganda）里面附设了一个学校，专门以中文教授教士，以备派遣
来华，宣传教义。他遂前往罗马，再求深造。毕业以后，被派到 Capra-
dosso 传教，旋回罗马，继任教会学院（Ecclesiastical College）的院长。
是时教皇代表次鲁囊（M. De Tournon）正在中国，颇受朝廷优礼；教
皇闻讯，非常高兴，升次鲁囊为红衣主教（Cardinal），派代表七人，持
主教冠冕来华赍授次氏。七人者，神甫六人，即利拔，Dr. Funari，
Father Fabri Bonjour，Father Ceru，Father Perrone，Don Amodei 及医生
Guarmani。利拔等一行于 1707 年（康熙四十六年）10 月 13 日自罗马起
行，第二年正月到伦敦，中途 Dr. Funari 和 Guarmani 二人因病退回。利
等则乘东印度公司轮船 Donegal 号经好望角到印，转马来、马尼拉等
地，于 1710 年（康熙四十九年）正月二号晚上到达澳门附近。是时次
鲁囊因公开排斥康熙帝对于神学的意见，已被锢澳门，其他传教士被禁
者亦达四十人之多，利拔等到澳后，即被当地官吏严加搜讯。次鲁囊知
道利拔等势不能以教士名义逗留中国，同时又回忆康熙帝曾托其代请教
皇物色长于艺术与科学的教士，供职宫廷，欲借此挽回康熙的感情，因
函告康熙，告以自己已升任红衣主教，并有教士六人新近到华，里面有
三个深谙教学、音乐、绘画的；这三个人是指 Father Fabri，Don Pedrini
（从马尼拉加入的）和利拔。不久次鲁囊病死狱中，利拔等亦即奉诏赴
京，于是年 11 月 27 日自广州起程，同行者除利等三人外，还有神甫两
人，一为 Father Tilisch，一为 Father Cordero，是两位数学家。利拔沿途
考察，当时已经深深觉得西方教士自视太高，享受太丰，不能深入民
间，对于传教前途很为担心，这也可以见得他的见解深刻，可算是他后

来创立中国学院的最初动机。利等于 1711 年（康熙五十年）正月五日到京谒见康熙，自此就供职宫廷，担任绘事，康熙每游长春园、热河行宫等地，利拔也常随左右。一面遇有机会，亦仍旧向人宣传教义。他并曾经为康熙制过一套中国的全国地图，共计四十八张，后来陈列在他的中国学院的厅堂里面。

1714 年（康熙五十三年），利拔随侍康熙，前往热河，在长城附近收洗了一个十三岁的少年，那少年的父母都是教徒，其本人也很伶俐活动，所以利拔便决心为他施以熏陶，要把他教成一个教士，后来这个少年跟他回意，算是中国学院中的第一个学生。1717 年（康熙五十六年）6 月，利拔又随康熙赴热，又在原地方停了三天。那地方原来已就有了二百五十个教徒，所以停留三天的结果，受洗、忏悔的人，均以百计，并且又收留了三个青年，带往热河。到了热河之后，他便请了一位中国教员，带着那四个青年，住在一间屋子里面，教以中文，同时施以宗教上的陶冶。他原来的意思是：一则外国来华的教士太少——自 1580 年到 1724 年，共计不到五百人，——二则外国教士因不易学会中文，在华传教究竟有些困难，所以打算小规模的在华训练华籍教士。这间小小的屋子以及一个教员四个学生，便是中国学院的雏形了。

利拔的这个小小学校，成立以后，曾经受到教会与教皇的资助，但是也曾受到许多人的攻击，攻击的人有两部分，一部分是中朝的官吏，认为这种行径不对，一部分是西籍的教士，因为想要见好官方，他们再三诬陷他、威胁他，向主教抗议，叫家长唤回子弟，并且散布谣言，说他畜养娈童，这都是 1720 年（康熙五十九年）间起始的事。利拔因反对者众，所以决定不再加收学生，但此时适有 Lucio U 自宁到京，前来入学，不及阻止，因此学生又由四个加到五个了。同年夏天，利拔率领学生，路过最初所收四个学生的故乡，其中有 John In 一名，被其父亲托病唤回，回家的次日，父亲果死，被其母拘禁一月后，又复逃出，跟从利氏。

1722 年康熙逝世，利拔参加丧典，深有感慨，因此等典礼不能不到，到则一切仪式都是耶教所视为迷信不经者，因此已有意回国。同时雍正即位以后，禁止教士出入宫禁，而 1723 年（雍正元年）雍正的母亲逝世，利拔又以丧礼多迷信，参加与否，有两俱为难之苦，此外荷兰及法国籍的教士对利氏又极力排斥，雍正对于教士的态度亦日益严厉，于是遂决归国。

1723 年 11 月 15 日，利拔遂携四个学生，一个中文教师，两个仆人，离开北京，第二年春天就到了广州。1724 年（雍正二年）正月二十三日由广州与他的学生及中文教员搭英船赴伦敦。那五个中国人在船上是吃了大苦的。最初他们都住在船长的舱里，后来因为有个学生害了皮肤病，船医派定他是害的癞病。几次要用药把他毒死。同时因为另一个 13 岁的小学生 Lucio 把房子弄脏了，于是把全体中国人赶出船舱，露宿甲板上面，风吹雨打，衣服淋湿了也只能听其穿在身上去晒干。但是他们都能忍耐，丝毫不以为苦，船上的人都以为他们中途必会全部死亡的，居然也全都活着。有一次船上的英国人与荷兰人聚在一道游戏，竟由一个女客人把一个小学生 John In 迫到床下，战栗哭喊，吓到极点，那时他们对于中国人的蔑视也就可算到了极点。

同年年底，利拔一行就到了那不勒斯。但是设立中国学院的事，因为布道总会种种方面加以刁难，迁延数年，没有结果。直及 1723 年（雍正十年）4 月，才由罗马的教皇，维也纳的皇帝，以及布道总会三方面决定一个具体的办法：即是所谓中国学院者，里面包含两部分，一部分是学院，专门收容中国与印度的青年，施以宗教训练，以便派回本国，宣传教义；另一部分是一个礼拜会，由教士组成，以便担任学院中的教务。学生入学，应立下五个誓言，第一，要过穷苦的生活；第二，要服从上级的命令；第三，要担任圣职；第四，要听从布道总会的派遣，前往东方传教；第五，要永远为罗马天主教服务，不得改从他派。同年7月25日学院及礼拜会就在那不勒斯地方开幕了。开学不久，又由布道总会派送了两个学生。

1733年（雍正十一年）中国学院中有两个学生修业期满，一个是Baptist Ku，一个是John In。他俩由利拔带到罗马，经过毕业考试，遂由教皇派回中国服务。那时中国已经禁止外国教士无故居住澳门以外，此时却有两个中国籍的教士来华传教，教会中人的一团高兴是可以想象得到的。他们两个人回到广东以后，当即分赴各处，宣扬教义，其中John In一名则于1735年（雍正十三年）10月15日以病逝世。至于留在那不勒斯的学生，其中有Lucio U者，据说行为不正，偷窃人家的东西，以致被学院当局予以拘禁，结果弄得两次逃亡，最后拘送罗马，算是完全脱离了学院的关系。

利拔神甫的原记至此为止，其本人即于1745年（乾隆十年）11月22日逝世。关于中国学院此后的情况，有一位德国人名叫Dr. Karl August Mayer的，作过一篇文字，名叫《那不勒斯与那不勒斯人》（*Naples and Neopolitans*），叙述颇详，兹节述之，以终此篇。

据Mayer说，中国学院是建立在那不勒斯的Ponte della Sanita地方的一个山坡上面，风景很是美丽，学院外面有道高墙环绕着，但是外来的客人可以自由入内参观，而院内的教士也在里面的教堂举行公开的宗教仪式。院内的厅堂中悬有利拔神甫、各位去世的教师以及中国学生的照片，照片下面注明着各人生死的年月。每个中国学生学业稍有成就，当即派回中国服务，临行时每人都留下一张照片，其死在那不勒斯的学生，也各于临死时照下一张照片。其中有一个学生回国以后，曾走遍全部中国，最后被人发觉是在传教，因被拘放以死。Mayer去参观的时候，离利拔神甫在华供职已一百多年了（道光年间），那时院中有八个学生，六个是中国人，另外两个是希腊人。教书是用的拉丁文，但是学生们和仆人谈话则用意大利文。那六个中国学生是从北京附近去的，他们还带去了中国的地图，盛茶的木碗，磁塔的模型等东西。他们在院中也读中译的《圣经》。据说在那里的中国学生记性都很不错，内中有一个人对于科学很有兴趣，可惜那里不是学科学的。

最后我可以报告两件事：第一，乾隆五十八年（1792年）英使马加特尼（Lord Macartney）来到中国，他有两名译员便是中国学院毕业的学生；第二，《新约圣经》自译成中文以后，中国学院即加采用，他们知道训练中籍教士，又知道采用中文《圣经》，手段可谓高强。

（原载于《中华教育界》1936年第23卷第9期）

痛苦的经验

本刊因暴敌入寇，学校播迁停顿至今已达年余。校长以抗敌期间，关于校友消息之传递，尤属刻不容缓，爰于万难之中，仍令本刊恢复出版，并拟亲撰一文，缕述年来校务经过，以慰我渴念母校之诸校友。第以校务纂繁，一时尚未脱稿，而本刊集稿之期，又甚迫切，拟即待之下期。至于平址沦陷，经过颇多，一时未克详述，特自上年十二月卅一日之重庆《扫荡报》转录此文，以见概略。

自从日阀发动七七事变以后，我因职务上的关系，在最先沦陷的北平工作了一年多，才有机会到自由的中国领土。回来以后，眼见全国军民决心长期抗战，求取最后胜利的热烈情形，尤其是最近数日读了蒋委员长驳斥近卫的演词，深觉我国人心既甚一致，国策既极稳定，日阀的伎俩终久是会有时而穷的。

这一年多以来，我因亲身经历过许多事情，耳闻目见，感触颇多。其中很有一些是属于"见微可以知著"之例，可以代表华北的民心或日阀的惯技的，不妨随便检几个来说说，可算是从一年多以来的痛苦的经验得来的几个真切的认识。

我是清华大学的一分子，所负的使命是与同仁保管学校的校产。此外事变以前清华的全体教职员捐款办了一个诚孚学校，由我尽点任务，兼任校长。事变以后日寇还没有来得及骚扰清华，但是第一个难题就是诚孚。依理，清华已迁长沙，诚孚当然停办；而且那时清华车站已驻敌军，与诚孚相距不过三四百码，办起来是有麻烦与危险的，但是我们不忍眼睁睁看着几百个穷孩子失学，或者竟被敌人诱惑了去；而且敌人隔我们总还有三四百码，何必就逃？因此，我们仍旧在九月一号那天开了学，那天到校的学生仍旧有一百多人！虽则日寇就在跟前，到处都有散兵与枪声。那天我们一切照旧，但是没有敢升国旗，怕的是惹来车站的敌军。记得当时我的心里十分难过，不过我只平平和和地说了几句话，说："你们看得出今天的情形与往日有点不一样，我们没有升旗。你们应当明白这是谁使我们这样的。……现在读书的机会更可宝贵，但是你们要明白我们一切为的是国家，你们永远不要忘了你们自己的国家！"说到这里，台下一百多孩子通通哭了！我说的话，措词一点不激烈，态度一点不激动，然而这群可爱的孩子通通哭了！这是因为民族意识是天生人人都有的，地无分南北，人无分老幼，人人都有一颗良心之故！我们一向有个错误的观念，以为北方的民气比较消沉，这是很不正确的。北方同胞的感受的力量也许慢一点，但是他们爱国家，忠于国家的心思正与我们一般无二，诚孚学生这种痛哭的情形便是一个显著的例子。

清华的精华部分于去年十月十三日被七七罪魁牟田口率部侵驻。我们无实力，自然无法阻止；美使馆方面亦以彼之国策关系，没有拦阻。但是我们有一个立场，就是他不完全侵占，我们便不退出。今年二月，敌酋寺内决心将清华改为一个永久的大兵营，强迫我们退出剩余各馆舍，迁往校园外的住宅区。那时敌军的军需都已运到，限期迁毕，其势汹汹。我们同仁中有一位美籍教授把这消息报告美使馆，美使馆因为美国政府态度日趋强硬，当即向日使馆提出抗议，日使馆当时服服帖帖地承认，不再侵占，可是同时牟田口便在校内召集同人，大大地威胁了一顿，说："清华不是一个教育机关，是一个抗日的大本营，我在南苑打仗，亲眼看见有清华的学生，清华的化学馆明明制造毒气，企图杀害我们的兵士……现在你们居然还敢勾结美使馆……我查出来了要军法从事，今天下午六点钟以前务必把人交了出来……"并且拟好文稿，说他们侵驻以后，一切并无损失，清华与美国亦无任何关系等语，强迫我们签认。我们当然都拒绝了。过了几天，日使馆又反悔了。向美使馆申言"上次说的可以不再驻兵是喜多少将的意思，但是寺内大将还是要驻。并且老实说，我们恨清华，所以我们要膺惩它"。一味无赖，美使馆亦莫如何！到今年八月十四日，敌军驻清华者增至三千多人，又将校外住宅区占去，于是清华园内，遂不复再有我人之足迹。名园之内，无一片干净土矣！此时我们得美使馆出面交涉，拟将残余图书仪器迁存燕京大学，日使馆也已满口答允，但是不到几天，园内寇军便已下手，把化学馆方面的东西搬走，图书馆的研究室和阅览室破坏，只剩一个书库，不知命运如何。美使馆向日使馆质问，问它何以一面答允迁出，一面加紧破坏，它却诿为完全不知，约定九月九日同往调查。到时前去，寇军又说管钥匙的人出外去了，不能进去；直到现在，恐怕还没有进去得了，迁出云云，那更不必提了！这两桩事情，乍一看去，觉得日本外交人员好像怪可怜似的。其实不然！在这两个事例中，日使馆的服帖，只是留一个时期给军人去布置一切，弄成既成事实，同时，利用自己作为烟幕，使军人的侵占与破坏更能顺利地进行而已！这不是一宗偶然的事情，乃是他们的一贯政策中的一个表现。以往日本的双重外交，便有这种妙用，我们相信，以后在国家大事上，也许他还会要运用故智，那时我们便千万不可上他的当！

中日事件的解决是绝无中途妥协的可能的，不管它挂在口上的条件是如何现得轻松！解决的路子只有一条，就是：敌军无条件的完全退出中国。

一年来所受的痛苦的经验不算少，由此所得的认识也不少，现在匀出短短的一点时间，且先说一两点。从今以后，至少我个人是记住了：

我们的抗战前途是有出路的，因为地无分南北，人无分老幼，人人都有一颗爱国家、忠于国家的良心；

日阀的任何引诱，我们千万不可上当；除非我们得到了最后的胜利，事变才有结束的可能。

（选自《清华校友通讯》1939 年第 5 卷第 1 期，原载于《重庆扫荡报》1937 年 12 月 31 日）

『五育并重』的重庆清华中学校长

看报和演说

——重庆清华中学设计待验之一

　　看报的习惯和演说的能力，依理是每个公民所当具有的，至少，受过中等教育的青年是不能不有的：平时固然重要，战时尤其要紧。因为一个公民若是没有看报的习惯，他对于国家的大事便不会关心，便无法知道，他对于时代的潮流便不能够赶上，对于新兴的知识便难获得；一个公民若是没有当众说话（Public Speaking）的能力，他有意见便难得表出，他有痛苦便难得申述。前者的缺乏使人得不到"日知其所无"的好处，后者的缺乏使人失去"如切如磋"的利益。一个真正的民治国家的公民程度是万万不能低到这种田地的！所以，以看报而论，现代西方的文明国家，无论贩夫走卒，一有闲暇，无不随时随地，人手一份，这是他们的国民程度较高的表现，同时也是他们的国民程度提高的主因。至于演说，原是西方往哲极力提倡的一件大事，极力实施的一个要目，这就可以看出他们的远见。我们中国的教育，范围还太仄，水准还太低，自然还不能够把别人的标准应用到我们的全体公民身上，但是受到了中等教育的青年就不同了。一方面，他们已经具有了养成这种习惯与能力的知识基础，他方面，他们又已得到了养成这种习惯与能力的训练机会，同时，他们又是凤身的毛，鳞头的角，是多数文盲中的少数"幸运儿"，若是他们对于这种别人的"贩夫走卒"都已具有的习惯与能力都还没有获得，那在他们本人与他们的教师是不应该得到原谅的！尤其是在抗战的今日，人人应当关心国事，而智识青年尤其应该彻底懂得时事；人人应当互相勉励，为国尽力，而智识青年则更负有唤起民众、训练民众的专责。倘若他们没有自动地、有恒地看报的习惯，请问单靠别人的时有时无的灌输，他们对于时事哪能真个注意？哪能彻底懂得？倘若他们没有当众说话的能力，请问民众如何能被唤起？如何能够得到训练？

但是实际上怎样？我敢断言，我们的智识青年对于这种习惯与能力是最缺乏的；不独中学如此，大学也是一样。看报的情形好一点，然而好中有个大缺憾，就是：只有少数的学生具有这种好习惯，习惯的根底不深厚，没有了热闹的大事就中断，而且涉猎的范围不够广博；只看国内，不顾国际；只管军事政治，不及经济文化。最坏的是演说方面，不知道是什么原因，我们的青年在不该说话的时候最爱说话，到了应该说话的时候却又千呼万唤，请驾不动了。大家爱在上课的时候、自习的时候、用膳的时候、就寝的时候，甚至如厕的时候娓娓谈心，滔滔不绝，但是上课不肯发问，演说不肯参加，辩论不肯报名，总之，无论如何，不肯张嘴就是。从学生看报的情形，我们可以知道，学生原是容易养成看报的习惯的，问题是在没有外力帮助他们去养成。从学生说话的情形，我们可以知道，多数人原来都有口语发表的天赋，问题是在没有机会发现埋没的天才，训练固有的才能。一般学校对于学生看报习惯的养成是不注意的，上焉者设立一个阅报室，周会或朝会时报告一点时局新闻而已；至于报纸够看与否，学生会看与否，究竟看了与否，均不问也；下焉者设备毫无，报告没有，那更无足论已。所以，学生如肯看报，那是自己碰巧，看出了趣味之故；学生如果不肯看报，那便足证学校无能，不知看报的重要，没有加以训练之故。至于演说一项，一般学校本都知道应当注意，不过训练的方法似乎只知注重演说比赛和辩论比赛。但是演说比赛和辩论比赛的效用是很有限的。第一，它们只能帮助本会说话的学生多得到一点点练习的机会，不能帮助不会说话的学生得到任何练习，而且这一点点帮助也是有限得很的，原因是：这种比赛是一种选手式的比赛，次数也不能够太多。第二，它们不能给人一种有恒的准备，原因就是上述的比赛次数不会很多之故。但是对于一种能力的发展，或者一种习惯的养成，偶然的练习是没有多大的效用的。所以，我们的智识青年之缺乏看报的习惯和演说的能力，本来不足为怪。因为他们对于前者没有得到训练，对于后者的训练又不够。

我们想到这个问题的重要，可是我们想不出一个最好的办法。我们认为最好的办法应当合乎下列几个条件：第一，应使全体学生都有参加练习的机会，因为教育的目的在全体，学生的习惯与能力的培养，个在少数选手的养成；第二，应使学生养成持久的习惯，常做有恒的准备，因为有恒才能养成习惯，习惯才能产生效用；第三，方法应当简便，时间不可多占，因为平时学生的功课已很忙碌，战时应加的训练尤其众多，方法若不简便，实行起来是会行不通的。想来想去，结果想起了一个补苴的、尚非理想的办法，这个办法非常平凡，就是：每天降旗以后，除了教师的精神讲话、生活指导、校务报告之外，每次挪出五分钟的时间，临时任意指定一个学生，站到教师所站的地位，报告时事，或者分析时事。

这个平凡的办法也有它几宗平凡的好处：

第一，这个办法可以使得全体学生全都参加活动。因为一方面，降旗的时候全体学生都参与，听众是全体，不是一部分，这于消除讲者底"怯场"的毛病是有很大的功用的；他方面，讲者是任意指定的，不是挑选出来的，是"随机取样"的，不是"选手"式的，所以，训练的方式是普及的，参加的机会是平等的。

第二，这个办法可以使人常做有恒的准备，因而养成持久的习惯。因为我们的办法是"临时任意指定一个学生"，所以，每天真个站出来说话的虽则只有一个学生，但是每天看报，准备演词的却是全体的学生，同时，人人每天都有被"指定"的可能，因此，准备的工夫便不至于中断，这种不中断的、有恒的准备便可以使得人人养成一种持久的看报的习惯。

第三，这个办法具有一种"一举两得""一箭双雕"的好处，它一方面可以使人养成看报的习惯，一方面又可以使人发展演说的能力。并且，在看报方面，它使学生养成的习惯是持久的，因为他们天天得做有恒的准备；在演说方面，它使学生个个得到发展天赋的机会，因为人人都有站在广大的听众跟前，去"大放厥词"的一天。

第四，这是一个简便易行的办法。以言简便，在时间方面，演说所费，每天不过五分钟，看报所费，也很有限；在手续方面，我们并没有召集听众、选派代表、请人评判、发给奖品等等费时劳神的手续。以言易行，那是简便的自然结果，本不待论，但是此处易行的原因，除了简便以外，还有几点：一是每次的时间短，听众不会感到厌倦；二是讲者人人更换，题目日日翻新，听众容易发生兴趣；三是听众很多，讲者容易起劲，同时，怯场的通病也更容易消除。

不过，这个平凡的办法固然具有好些平凡的好处，但是实行起来，我们也有一些平凡的小节还得加以注意才行。这些小节是：

（一）阅报室应有够用的设备。设备之中最重要的是充分的日报、杂志与地图。日报的主要功用是供给消息，杂志的主要功用是给予启示，地图的主要功用则在使得这些消息与启示得到一个踏实的着落。地图是极重要的，也是极被忽视的。但是倘若没有地图跟在身边，请问我们对于一切消息与消息的解释哪能得到一种正确的、明晰的观念呢？所以阅报室中应当预备一份世界的与本国的简明大挂图。这份挂图可由学生画在一张大白布上，在抗战期中每天应用小旗插示战事的进行状况，插旗的工作可以派定学生轮流担任。

（二）学生阅报，最初应有指导。这种指导有两方面：一方面是报纸的看法及各报的特点的概略；一方面是许多重要新闻的历史背景含义。前者指导一两次就够了，后者则当时相机解释。公民、历史、地理，纪念周都是解释的好机会。

（三）我们应当训练听众，鼓励讲者。因为听众对于相熟的讲者最爱笑闹，对于口讷的讲者容易起哄，这是可以大大影响到讲者，使他有话说不出，态度更难镇定的，我们最初就应加以解导与训示。至于讲者方面，头一两次当然不会说得很好，在他不肯站出来，或者说不出口的时候，教师便应从旁鼓励，告诉他人人都有潜在的天赋，只待发展出来，并且无论何人，初向大众说话总是感到困难的，大可不必害怕；在他说完以后，如果成绩不佳，也要予以安慰，提高他的"卷土重来"的勇气。

（四）指派真要"临时"，真要"任意"，否则"有恒的准备"便不能够实现，"全体的参与"便会成为空谈，指派的时候最好是由教师在全体学生的名单中间抽定一人，务使大家毫无线索可寻；并且，讲过的人第二次抽中了仍旧不可省免，否则最初讲过了的人以后整学期便都一点不必再做准备了。此外，执行务必认真，不可一次间断，不可一次通融，星期六和星期日仍须升降旗，这种练习也仍应当进行；万一学生真有特殊原因，没有准备，说不出来，我们也要代想一个普通的题目，让他说说。

　　我们说过，我们这个办法只是一种补苴的，尚非理想的办法，所以，最好的方法尚待我们去探求，其他方法仍旧可以并行不悖。至于这个平凡的办法是否真有效用，代价是否不致太高，能否普及采用，那时尚有"待"于试"验"的，虽则我们行来不久，由此所得的鼓励尚算多于打击。

　　　　　　　　　　　（原载于《教育通讯》1939 年第 2 卷第 6 期）

《重庆清华中学校刊》①发刊词

重庆清华中学，从创立到现在，才有一个学期。但是它是适应全民抗战中的需要而产生的，而且设立在第二期抗战中心的重庆；它要分负抗战建国的重任，使命是很重大的。同时，它虽只是一个小小的中学，然而关心它的成败的却有千百的社会人士，千百的学生家长，千百的清华校友。此外，它是一个初创的学校，一切设施，自然不能立刻达到理想的境域，不过它却不可不向理想的境域步步前进。所以，我们虽在经费艰窘的当中，仍然不敢不尽力设法，把学校进行的真实情况，申述给关心我们的友人，以期获得同情的批判，来作改进的南针，而达分负抗战建国重任的目的。兹当本刊刊行之始，用特郑重申明：本刊目的，在以最经济的方式，刊布最重要的设施，献给最关心的友人，换取最切实的指导；不是例行公事，不是想出风头。

（原载于《重庆清华中学校刊》1939年第1期）

---

① 《重庆清华中学校刊》创刊于1939年3月，由重庆清华中学不定期出版。

重庆清华中学教职员待遇及服务简则

第一条　本校教员由校长聘任，主要职员由专任教员兼任，其他职员，由校长约任。

第二条　本校教职员须服膺三民主义，专心教育事业，协助校长，贡献意见，力谋本校教育方针之实现。

第三条　本校教员之任期，以一学期为原则，其他职员任期不定。

第四条　本校续聘之教员，其聘书于学期终结后一周内发出。

第五条　凡受聘受约之教职员须于收到聘书或约书后五日内送还应聘或应约书，否则视为却聘或却约。

第六条　本校专任教员之月薪，自四十元起至一百八十元止，职员月薪，自二十元起至一百元止，均以六个月计算，兼任以五个月计算，凡在中途去职者算至去职之日为止，中途任职者自任职之日起薪。

第七条　本校专任教员之月薪以每五元为一级，职员以每二元为一级，其起薪等级，视其资历、经验，所任功课或职务之性质，任课时数及学校经济状况而定，凡服务成绩优良者，每年加薪一次，加薪数额以晋一级为原则。

第八条　本校专任教员，每周授课时数，遵照部章办理，即初中二十二小时至二十六小时，高中二十至二十四小时，兼任重要职务者得酌减，但不得少于最低标准之三分之二，并不得另支薪给。

第九条　本校专任教员，每期请假时间不得超过十日或所授功课时数之二十分之一，否则应另觅人代理，其薪给由请假人支付，代理时间如超过一月或所授功课时数之七分之一时，视为解聘。职员每期请假时间不得超过十五日，(星期在内)假期内仍以留校为原则，否则停止加薪或解约。

第十条　本校专任教员，除授课外应负训导学生、管理学生、指导自习之责，应与学生共同生活，借收以身作则之效，其纲目另定之。

第十一条　本校专任教员，除授课外应于办公时间以内在校办公，并需负责报告教学状况及填报各项表格。

第十二条　本校教职员均须出席纪念周、升降旗典礼及相关之各种会议。

第十三条　本校专任教职员，均应住宿校内，并须于开学前五日到校，放假后五日方能离校，放假期内亦有到校服务之责，职员假期内仍以办公为原则。

第十四条　本校专任教职员，不得兼任校外任何职务。

第十五条　本校专任教职员，实行强迫储蓄。储额不得少于薪金百分之五，由学校负责代为经管，于退职时本利一并发还。

第十六条　本校采用团贸保险办法，代替部颁学校职教员养老金及恤金条例之规定，其办法另定之。

第十七条　本校专任教职员，任职三年以上，不幸在职身故者，其子女来校就学时，得免学费，唯以二名为限。

第十八条　本简则由校长提交校务会议议决，呈报校董会核准施行，修改时亦同。

（原载于《重庆清华中学校刊》1939 年第 1 期）

中学生的伙食问题

——重庆清华中学设计待验之二

学生的伙食问题是一个最被忽视的问题，也是一个最令学校行政人员感觉棘手的问题。这个问题的严重性以在现阶段的中学为最厉害：因为小学以下，学生多半是走读，大学以上，学生吃饭半系零吃，唯有中学学生本是寄宿的多，伙食概系统开；现在各校避免空袭，泰半下乡，这个问题的影响，更没有一个学生逃避得掉了。

这个严重的大问题里面包含三个被人忽视，却亦不易解决的小问题。这三个小问题是，营养问题、经营问题和秩序问题。

在营养问题方面，我们必须坦白地承认两桩无可争辩的事实。第一是：我们的民族有许多亟待改进的缺点，在这许多缺点之中，我们的体魄不如别人是最严重、最可怕的。第二是：我们的青年在学校所用的膳食实在是太坏，坏到了吃不饱的程度，这是我们任何当过学生的人偶一回想就可以替我作证的。本来，改进我们的民族的体魄只有两条康庄大道，就是优生与优境。前者是治本的，可是收效较缓，做来较难；后者是治标的，可是收效较快，做来也较容易。在优境方面，我们所可采用的方法不外消极的，可也是基础的保育，和积极的，却需先有保育做基础的锻炼。我们要求民族体魄的改进，这治本的优生，与夫治标的优境中的保育与锻炼是应同时并举，不可偏废的！可是事实上我们只听见提倡体育，注重军训之声，却少有人注意到治本的优生和锻炼的基础的保育；这岂不是一件天大的矛盾，一个天大的疏忽吗？

我认为我们办学的人对于这个最被忽视的营养问题应当明白它的严重性：我们至少可以从下列四方面去帮助问题的解决。

第一，我们应当尽力防止浪费。我认为一般学校在膳食方面的浪费是很巨大的：倘若我们能够防止这种浪费，则学生必能以相等的代价获得较好的营养。这种浪费及其防止的方法有五点：

（一）伙食的经营应以学生为主体，学校从旁监督，采用师生合办的方式。因为招商承办，固然要经一层剥削，学校代办也怕照料不周，有人舞弊，而且容易惹起风潮；单由学生自办，亦易多耗学生的时间，造成特殊阶级，并且也怕银钱上发生流弊，所以，大凡师生合办的膳食照例要好一些。并且伙食原系师生共食，平等分工，道理上也最说得过去。（二）我们应当"实行"吃糙米。研究的结果告诉我们，米粒的外皮里面有甲种维他命，也有乙种维他命，可是白米里面既没有甲种维他命，也没有乙种维他命的。但是在价格上面，白米却比糙米贵得不少。那么，我们何苦不以较小的价格去吃富有维他命的糙米，却要花费较多的金钱去买毫无或很少维他命的白米呢？我相信，明白这层道理的人一定很多，只是误于一种错误的心理，认为白米好吃，糙米难于下咽。其实这是不对的，糙米多煮，烂了更香！所以，既经济、又养人的办法是吃糙米，吃那仅仅去了谷壳的糙米。（不过商人不大愿卖糙米，因为赚钱较小。）（三）煮饭以前，米不可多淘。因为米若淘过以后，单是它所含的蛋白质和淀粉便要损失百分之二点一。（见"国防教育与各科教学"中薛德育作《生物学教学与国防》，其实单凭我们的俗眼，一看那淘出的白白的水，就可知道损失之重！）不过，普通的白米是不能不淘的，因为怕商人掺了细砂和白粉，可是糙米便没有掺白粉的必要，而且我们还有方法可以从根本上省去商人经手这一步，这样一来，岂不是无形之中便替学生增加了百分之二点一的营养素吗？（四）我们要使学生吃焖饭，不要吃蒸饭，因为焖饭的米汤全在饭内，也就是饭的精华全在饭内，全给吃了；蒸饭则米汤漏出，那就等于是把饭的精华去了，食其糟粕，岂不太可惜了！现在一般人多的机关多半是吃蒸饭的，他们认为焖米太费事，太麻烦；究其实，多几个灶，多几个锅而已，只怕不做，做去并没有什么大了不得。万一不行，至少也应当把漏出的米汤当作稀饭似的，一并送到饭厅，以期"挽回"漏巵于什一，不过这终不是一个彻底免除浪费的方法。（五）我们应当定下一份合理的菜单，这份菜单要经济，要养人，同时又要下饭。比如说到营养素，牛肉比猪肉好，价格也比猪肉便宜，说到维他命，煮肉比咸肉丰富，价格也较便宜，我们便该多吃牛肉，少吃猪肉，多吃煮肉，少吃咸肉。此外，如以四川而论，蚕豆、扁豆、萝卜、荞麦、豆腐、青菜之类都是很富于营养素和维他命的，我们当然应当多多采用，这一方面的工作是可以请生物教员、化学教员和校医多多计划的。我们目前第一步是要合作社打豆腐卖给伙食团，价廉，营养，好吃，且省麻烦。

第二，我们应当发挥膳费的最大效率。我们以上所说的，只是消极方面的，对于膳食浪费的防止，其实，我们收了学生的膳费以后，我们还可以更进一步，积极地去发挥膳费的最大效率的。比如，（一）学校收得学生的膳费以后，并非一次就要动用的；倘要存在银行的往来账上，四个月内取清是没有多少利息的，但是若把最后一二个月才需动用的膳费存成活定两便，或作短期的定期，它的月息便可以有四五厘以至一分左右，若是一个五六百人的学校，这宗数目就很可观了！那时挪来补充食料，岂不也有多少好处吗？（二）按照中国农村的向例，秋收以后的谷价是比较便宜的。那时正是秋季始业的时候，学校正有膳费的收入，很可酌量需要，成批囤购。因为据我看来，这种囤购的办法不独可替学生节省金钱，或者匀出费用，改进膳食，并且乡间的学校自己如有谷仓和碾房的设备，此外还有许多好处。例如，学生看惯了这种经营，便可以在不知不觉之中明白农村中的许多事项，学校自己备有碾房，则上述米不淘洗怕人掺粉掺沙的顾虑也可以消灭，便是其中的荦荦大者。

（三）乡村中的中学很可以指导学生去做种菜、养猪之类的活动。因为，在农村里面，地皮不贵，我们可以得到种菜的环境，养猪也不至于妨碍学校的卫生，或者伤及学生的健康，同时，中学课程里面本有劳作一科，劳作本身有园艺与畜牧二组，搭便作来，在劳作一科可得实行的机会，在学生的时间方面亦可无多耽误，此外，几百人的排泄废物，食余渣碎，却正是作物与牲畜的大好养料。结果，我们不独可以因此获得廉价的食料，而且废物因此也得到了它的正当利用，劳作也因此得到了它的实习与实用的机会；同时，自作自食，大家的兴趣因此也可以增加；随要随有，采买的麻烦因此也可以减少，一举数得，不独省钱好吃而已也。

第三，我们应当调整膳费的数目。我总觉得一般学生在家里吃得太好，在学校的太坏，在家里食用所费的钱很多，在学校膳食所花的钱比较少，在零用上用得太费，在正用上用得太吝。即以重庆一隅而论，一般学生所付的膳费通常每月总在五元左右，换句话说，即是每日在膳食上面只花到一角七分钱左右，每餐只能摊到五分多钱。这五分多钱包括燃料、工资、菜蔬，还有三碗米饭，请问如何够分配？请问如何能办好！反过来看，他们在家里的情形也决不会这样的，据我在昆明住家经验，中等伙食，两家合作，除去工资，每人每月也要摊到十七八元。重庆的生活费用比昆明高，一般中等家庭，每人每月所费，绝对不止此数，那是可以断言的。青年人正在发育的时候，每天做完功课，做过运动以后，精疲力竭，食欲旺盛，正应"添煤""上油"，他们那副肉体的机器才能继续发展，继续工作，若是煤添得不够，油上得不足，机器怎能不长锈，不停滞呢？他们多数人在家里既然能花这笔应花的钱，为什么不多匀一点点到学校来花呢？而且我们从另一方面也可以看出来，他们不是没有花费父母的钱，乃是把父母所给的钱花费地不得当。最近我做过一个调查，调查一百八十六个男女高初中一年级学生在三个月内用在零吃上面的金钱的数目，结果告诉我，他们住在乡下，三个月内，平均每人花了八块钱，最多的花到三十元，多数人所花的数目在五元到十元之间，最少有只花到一角的，但是一元以下的人数是很少的。这就是说，他们平均每人每月要在零吃上面用掉两元多钱；也就是说，他们零吃所花的数目要占膳食所花的数目的一半多。我们知道，零食品所含的营养素和维他命通常都是很少的，对于人体没有什么利益，而且吃了零食以后，正膳更吃不下，牙齿也容易坏，可说是利极少而害极多。那么，我们为什么不使学生的家长和学生把在家里所费的和在零食上所花的匀出或移到学校的膳食上面呢？因此，我主张，并且已经实行，在合理的范围以内增加学生的膳费，同时另想调整的办法，使学生家长的负担不至因此增加，或觉有所不便。调整的办法有两方面。（一）调整零食的内容，无益的食物绝对禁止，有利的零食相当限制。我主张水果是可以许可他们吃的，此外烤白薯和豆浆价廉物美，亦可允许，其余面包、包子之类，也可酌量许可，除此之外，糖食等物，绝对禁止。至于限制的方法，在学校以内，合作社应由训导人员参加指导，随时检查，同时规定，只许餐后发卖，并于入学时由学校制发"食品购买许可证"，载明学生姓名，全期许购食品价目，每次购买即在证上记明，购满定额以后，就不再卖。在学校以外，问题比较复杂，因为校外小贩，贪图小利，往往不服制止，那便只好相机处理了。我们打算以后要设学生银行，如果银行成立，学生现金概需交行保管，取用的时候，应经学校的审核，事先得到许可，对于这个问题的解决当可有些帮助。（二）变通交费的办法。因为一般家庭之所以让子弟在家吃得好，并不感到困难，可是子弟入学要交费用的时候便觉为难者，原因是在一次交不出许多现款之故。倘若学校能够相度情形，对于为难的学生酌准分期交纳，问题便可解决。我们关于这个变通交费的办法，将来教育部很可以通令全国，一体遵行，因为它可以使得学生的父兄得到很大的方便，而于学校行政亦并无大不便也。至于国立中学的公费生，政府为他们在这关系重大的膳食上面多花几个钱，我想那是非常值得的。

第四，上面所说的三点都是关于一般学生的，此外我们免不了还有一些营养不良的，病后需要调养的学生。对于他们，膳食的好坏，关系更加重要，我们应该有个特殊的方法，来调护这些特殊的学生，这个问题，在性质上，它的关系是很重大的。据人调查，（见李延安的《学校卫生概要》）中国学生患营养不良的有百分之三点三到百分之二十六点八之多。（最近中央社会部检查重庆五千多学生的结果，患营养不良者占百分之二十点二五，患贫血者占百分之十二点零五。此外因身长体重不称，屠弱、坏血、软骨、脚气等等，需要特别调护的也很多。）对于这一部分学生，我们无论从民族的健康上着眼，或从学校的职责上着眼，通通是该加以救济的。所以我们设立一种"营养桌"，略仿外国人优待运动员的"训练桌"（training table）的办法，可是把它改换一个用途。凡是经过校医的检定，认为应当格外调养的学生都应随时派入此桌，一方面桌上的食品按实际的需要和当地的情形加以补充，每餐每桌加菜一碗，一方面每人每日加发豆浆一份，补充所费公立学校依理可由公家补助，我们是个私立学校，所以预先收了几元"预备费"，以后多退少补。

中学生的吃饭问题里面所包含的第二个小问题是经营问题。关于这个问题的结论，我在前面已经提到过了，就是，应由师生合办，而经营的主体应当是学生。现在我可以把学生办伙食的困难及其解决方法以及其他方面逐一述说如下。

第一，学生主办伙食是有好处的。因为从消极方面来说，伙食除了学校主办以外，只有商办与校办的两个办法，若由商办，商人当然从中剥削，那是当然办不好的；若由校办，则一方面学校庶务人员至为有限，但是办理膳食，其中有采买、记账、监厨、保管种种琐碎麻烦的手续，势必不能照料得很周到，因此常易给予厨夫一个剥削的机会，以致引起风波；他方面一般积习总难信任办理庶务的人员，办得好也说不好，易使学校、学生和庶务三方面以及三方面的关系受到不良的影响。所以比较起来，自然是以学生主办为较妥善。至于从积极的方面看过来，学生主办更有许多好处，可以使他们练习许多富有教育意义的活动。比如，买菜要学用秤，囤谷要学用斗，记账要学会计，这就是一种实用的商业上的活动。又如监厨要知烹饪，种菜要习种植，养猪可学畜牧，这又是一种实用的劳作的活动。这种种活动都是很可宝贵的，是富有教育意义的，搭便学得，岂不很好？

第二，学生主办伙食是有困难的。我认定学生主办伙食自有它的好处，但是我也明白，学生主办伙食也有它的困难。这些困难，归纳起来有三点：（一）耽误学生的课业，因为学生当中，对于伙食的经营，有人精明，有兴趣，有人马虎，不爱理会；于是前者常被推任伙食代表。但是采买、保管、算账、监厨，都是很麻烦的事，若是安排不得当，每天耗去许多时光，他们就会变成"伙食专家"，在课业等等方面吃大亏。这是一种极其不好的副作用，也是极其普遍的现象。（二）造成特殊阶级。办伙食的学生往往借口为谋记账、保管、取物、早起种种方便，要求住小房间，不住寝室。久而久之，凡办伙食的学生便都变成了一个特殊阶级。他们所住的房间便成了一个小型的租界。他们自修可以不上，点名可以不到，到时可以不睡，上课可以下堂，其唯一的借口则曰适应办伙食的需要也。寖假而伙食代表成了一个优缺，其实是成了化外，这是万万要不得的。（三）账目有出毛病的可能，因为我们固然相信青年人的坦白，但是我们也应承认青年人同样具有人性的缺点，应当明白他们是缺乏经验的。学校若是不加指导与监督，从善意方面说，他们的账目与手续恐怕不易弄清楚，从危险的方面去看，也许就此生出毛病，亦未可定。

第三，这些困难是很容易避免的，避免的方法当然不止一种，就我所计划到的有下列几方面：（一）膳食委员会应由全校师生推举代表，共同组织。因为我主张师生应该"混合会食"，依理当然应该共同参与，而且监督指导的责任应由教师担负，但是与其派去监导，不如打入组织中去。（二）在会计方面，应由学校会计员代为制定一切报账及记账的表册和手续，每周清查一次，总结算时应由学校会计员帮助结算，并负复核之责。（三）在保管方面，我们只许设立保管室，不许室内住人，每日进货应有一定的时候，否则应由学校庶务暂代收存，等到时候再代交去；取米取菜也应当有一定的时候，比如早餐的食料可于先晚自修后取至"暂存室"，次日由监厨人取用，午晚的食料可在课间及课后领取，如有遗漏，应该责成厨房负其全责，绝对不许上课的时候把学生唤出课堂。（四）在监厨方面，全派女生担任，作为劳作的一部分，每天只派一个人，一学期每人只轮一次；监厨的人只负早晚两餐监视之责，因为那时不与正课冲突；午饭应由学校派人担任。（五）在采买方面，城市里的学校并无问题，因为费时有限，每周轮派一次，无大困难；至于乡村中的学校，若是附近没有市集，往往采买一次，费时便在半日以上。解决的方法，只有一方面自己多多种菜，一方面多存不致腐败的食品，早去早回，并设法多隔几日再买一次而已。此外采买技术应有训练，报账方法也得规定。

此外，关于经营问题，我们还有两点应该补充的。这两点都与卫生及健康具有密切的关系。第一是监厨的人不独应该注意食料的经济，而且应该注意饮食的卫生。因为"病从口入"，饮食的卫生是很重要的。在饮食的卫生方面，厨夫的本身及其动作的健康是一个重要的因素，我们除了检查厨工的体格，每周应做清洁检查以外，监厨的人应当禁止厨夫以手盛菜，随意涕唾及烹饪时谈话等等恶劣而又普遍的习惯。其余学校规定应该做到的事项，也要随时帮忙指导。第二是分食的实行。分食的好处是不待多说的。但是完全分食，事实上颇有困难。公箸制度，麻烦费时，我们的办法是分菜不分汤，使用公匙；菜只二样，每人一份，合放在一个碗内，中间不隔开。这样，一则比较省事，二则可以强迫打破一般少爷小姐挑口味的恶习，盛菜盛汤的都用土产泥金碗，价廉，整齐，而又美观。

中学生的吃饭问题中的第三个小问题是秩序问题。关于膳堂应守的秩序与礼仪，在部颁的《高中以上学校军事管理办法》里面已有详细的规定，这里可以不必赘述。我在这里只想申述两点可以帮助我们去做到这些细目的办法。我所要说的是：

第一，"全体教职员"应与学生"混合共食"。我所着重的是"全体"与"混合"。我们要做到"全体"，精神才能振作，照料才能周到；我们要做到"混合"，会食的意义才能贯彻，照应起来才觉方便。若是参加会食的只有一部分教职员，自成一桌，或更另外加菜，那便失掉了会食的意义了。全体混合会食的好处，除了照应更能周到，秩序更能变好以外，此外还有三宗好处，一是可以表现"躬行实践"和"以身作则"的精神；二是伙食的好坏可使大家亲自体味一番，然后大家才能合力去改进；三是教职员不加菜，可以免得学生生出被人揩了油水的观念，因为事实上做厨夫的确常有取彼裨此的行径。

第二，盛饭的方法应当合理化。部章规定学生应该整队就食。但是取饭的方法怎么办呢？倘若空碗搁在桌上，每人取碗持碗盛饭，盛后返座，三次来回，食堂秩序，势必大乱，倘由工人事先盛妥，那不独有失劳动与自动的精神，而且冬天饭也易冷，我的办法是：碗与饭都搁在膳堂的入口，学生整队开到的时候，头两人即持饭瓢，为后来者盛饭，后来者则挨次取碗，受饭，鱼贯而入，既保秩序，又省时间，颇为方便。

这个小小的问题就此结束吧！

（原载于《教育通讯》1939 年第 2 卷第 20、21 期）

八个月来校务概况

本校《校刊》第一期出版于3月1日，距今瞬已阅八月，第一期中对于本校成立前后之经过，业有简括的报告；但学校近况，必为"千百的社会人士，千百的学生家长，千百的清华校友"所更欲明悉者，因作此篇，以当报告。读者阅此文后，若觉本校设施尚有可取者，当知此皆校董会主持之功，罗前代校长计划之力，及诸同仁协助之劳。至于一切缺憾，则作者职责所在，不敢辞其咎也。

本校初创，范围不广，但校务纷繁，亦非一言所能尽，请得分别而言之：

第一，请言学校之基础。一校之立，必有经费与校舍两大基础。基础既立，扩展方有可期。此两者实为校董会所主持，校内同仁，初无贡献。兹所报告，盖为自发之代言，且只迹行之轮廓而已。经费方面，迄今并未零星募捐，以扰各方友人。年来所得，"票面"近十万，实获尚止数万元，此皆少数热心人士之盛谊，使本校在金钱之外获得无限感奋者也。山洞校址，得基泰工程司之鼎助，测绘逾月，早已竣事。校址周围，近四华里。建筑费用，约须三十万元，本拟今暑迁往，因故未果。现在已于江北临时校址加建草屋九间，以应急需。国难期中，卧薪尝胆，亦有佳况存焉。但教学环境影响于教学效率者常甚重大，本校新校舍自须及时努力，早观厥成；且校舍内容，本校亦有种种新的设计，所望抗战早胜，校舍早成，国家之幸，亦本校之幸也。

第二，请言校内之用费。本校用费，实有四大原则。一为设备费用增至最高限度，行政费用减至最低限度，办公方面，往往一角一分之微，亦需再四审核，方敢动用；而有关教学、有益学生之开支，则千百元无吝啬。故本校设备费用比率之高，行政费用比率之低，实较部颁标准，超出多多。二为尽量减轻学生负担，尽量资助贫秀学子。盖私立学校原以服务社会为目的，贫苦学生往往更堪造就也。是以每期学生全部收费，高中不过六十余元，初中不过五十余元，而三百余人中，每期获得五十元补助费及工读机会者不下三十人。学生所缴，不过学校开支四分之一强耳。三为经济绝对公开，每月开费，均由全校同仁，推举审核委员，详慎审查，然后送请校董会核销。预算决算，均循此例。四为应用新式会计。唯以人才难得，尚多缺憾。近得专习经济之校友，来校相助，当有进展。

第三，请言学校之设备。语云"工欲善其事必先利其器"。教育专业，绝非例外。本校"经始"于"全民战里"，交通不便，百物奇昂，然亦不敢不勉为之。现在校内师生生活，自极艰苦，但教学所需，已略有基础。物理方面，已向中央研究院购得高中学生物理实验仪器两全套。唯运输困难，货存上海，尚未运到；现在正向成都科学仪器制造所配购，以应急需。化学方面购有玻品药品二千元，学生得以四人一组，自行实验。生物方面有显微镜一具，费港币近七百元。放大镜四十个，解剖、采集、诸器及标本各若干。最近又在向省仪器制造所添配中。音乐方面有钢琴一具，口琴一打。军训方面有真枪十支，子弹数百发。童军方面有营帐炊具二全套，零件若干。劳作方面有铁锄五六十柄；木工设备，亦拟添备。体育方面有篮球场五，排球场如之，网球、手球、垒球、跑道在设备中，单杠、双杠、沙坑等亦均粗备。图书方面已由二百余册增至六千余册，希望数年之内，能达五万册。杂志经常有三四十种，尚可够用。医药方面，药品亦近千元。此皆有关教学、健康，不能不勉为之者。至于无关宏旨之起居所需，固甚简陋，势迫处此，非待已也。

第四，请言教学的方针。此为办学之主旨，亦即求学之中心。本校方针，计有数端。一为慎聘师资，厉行专任。本校现有教师，均系慎重敦聘，一以学生学业为前提，绝无学派、地域、私情之关系。即以资历而论，十六人中，曾任大学教授及留学国外者占二人，研究院毕业者一人，余皆国内各大学毕业优秀之士。全校教职员因不得已兼任他职者仅有一人，余皆专任，终日在校。以言教学，则随时可以质疑问难；以言办事，则早晚星期，均在一室；"专心致志"，本校同仁，可以当之。二为切实负责，力戒敷衍。大凡学生学业之良否，半视师资之优劣，半视师生为学之态度。一年以来，吾人对于此点，尤有深切之感触。盖就考察所得，新生前一阶段之课业，往往及期而未毕事，以致不少聪秀子弟，往往成为"不负责"之牺牲者。是以吾人于此办学之起码态度，乃不敢不格外加之意焉。例如开学即上课，考前不休业，前后合计，授课时间，所增即近二周，下期并拟授课二十二周，以期益增效率。又如厉行补课，检查练习，务使功课进展，达到预定限度。又如监导自习，鼓励课外阅读，厉行平时考试，凡此皆属老生常谈，为办学者应持之起码态度。顾"言之匪艰，行之维艰"，藉能持之以恒，则学生受益多矣。本校于此，愿加勉焉。

第五，请言训导之实施。言训导者多矣，以言实施，实一最微妙、最艰巨、最重要之工作。但本校认为学生品性之陶冶，应以最大之努力倾注之。同仁所信，计有六端。一为信仰三民主义，培养爱国情绪。是以对于学生思想之训练，一以三民主义为依归。凡足以增加爱国情绪，显示国家尊严者，无不临之以最严肃之态度。以是学生对于抗战必胜、建国必成之认识，尚为深刻。观其平日所行，例如捐募寒衣之踊跃，可以见之。二为文武合一，以冀打消书生文弱之颓风，而树全国皆兵之基础。是以男生军训童军，绝对注重，固无论已，即女生亦服军服，上军操，实弹演习，不让男子也。三为注重体力劳动，力求知行合一。例如上期平垫操场，本期平垫大运动场，全校师生，无不参加。"滴自己的汗，吃自己的饭，自己的事自己干"，虽未能至，心向往之矣。四为以身作则，立法必行。"为政不在多言，顾力行何如耳。"训导之事，尤重身体力行。盖学生心地，至为纯洁，但看领导者有无诚意耳。诚之表现，即为"以身作则"。例如消极之生活与共，积极之奋发互勉，本校同仁，泰半均能勉自为之。五为注重开导、减少惩罚。盖行为良否，系一习惯问题；习惯者，非"知"与否之问题，乃"养成"与否这问题也。是以本校对于学生，一以开导为主，开导无效，方忍痛施以惩处，而惩处之目的固仍在迫其为善，不存丝毫"报复""意气"之成分。至于日常相处，务如家人父子，期达"严而不畏，和而不乱"之理想。六为常与家庭取得联络，以收合作之效。例如请假须有家信，宿假通知家长，期首、期中、期终均以学、行、健康之情形通告家中，以及督导家信办法等等，均其例也。

第六，请言健康之注意。"健康之精神寓于健康之身体，此语虽简，实为人世最高幸福之充分描写。"二百年前，洛克言之切矣。实则吾人不妨径言"健康为一切之基础"，尤较确切。本校同仁，对于学生健康问题，实为深切之感触。顾以环境所限，诸事未如理想，良用惶痛。按健康问题，实有消极积极二义。消极方面为健康之保持或恢复；本校已有专聘校医一人，药品千元，轻症疾病，勉可够用；饮食方面，限于所收费用，仅能尽量为有利之运用，并鼓励学生少吃零食，多多参加"营养桌"而已。积极方面为体健之增进成锻炼。此则本校所由极力注重军训，体育，劳作，及室外活动之微意。例如《部章》规定，学生所交体育费用，须另账管理，盖恐学校加以侵蚀，亦事实如此，使部方不能不加防止也。但一按本校账目，则自每班分发排球、篮球，令其多得练习机会以后，所收体育费用，即已不足，加以其他器械设备，超过不止一倍，而薪工尚不计焉。医药方面，亦约略如此。何则，"有关教学，有益学生之开支，则千百元无吝啬"之原则使之然耳。

第七，请言施教之设计。吾人之意，认为私立学校存在之理由，一为辅助政府之不及，一为设计之实验，而后者实更重要。本校初创，诸未就绪，新方法、新实验云云，目前不敢存此奢望。但在法令范围以内，愿以合理之标准，抱求真之态度，对于传统办法，随时加以检讨，对于新的意念，随时加以试办。目前所行，不过"看报和演说""伙食问题""家信督导"诸端，有成功亦有失败。详见专文，即不再赘。

第八，请言贫秀学生之资助。吾人深信，贫苦学生往往更堪造就，吾人尤信，贫秀学生应有求学之权利。但在现状之下，大学等于免费，小学所费无多，贫秀学生上进之障碍乃在中学阶段。而私人设学，力量有限，普遍救济，力有未逮。无已，求其次焉者，则贫秀学生之资助是矣。本校办法，共有三种，一为贫秀学额，期各津贴五十元，由各方热心人士分任之；一为互助学额，亦期各津贴五十元，由家境丰裕之学生捐助之；一为工读生，以工助读，费用由校支付：工作多者多得补助，少者少得。术只治标，不得已也。

以上所陈，拉杂殊甚。前已言之。"读者阅此文后，若觉本校设施尚有可取者，当知此皆校董会主持之功，罗前代校长计划之力，及诸同仁协助之劳。至于一切缺憾，则作者职责所在，不敢辞其咎也。"顾以此言，结束兹篇。尚望社会人士、学生家长、清华校友，不吝教正，并进而指导是正之，幸甚幸甚。

（原载于《重庆清华中学校刊》1939年第2期）

家信督导

——重庆清华中学设计待验之三

　　我在本刊写过两篇报告。第一篇题名《看报和演说》(二卷六期)，试办结果，大体圆满，自信可以推行；第二篇题名《中学生的伙食问题》(二卷廿及廿一期)，结果，一半圆满，一半失败。"问题"仍未完全解决。兹再作此篇，以供读者参考。文内办法，业已试行半年；结果还算圆满，没有不妥或窒碍的地方。

　　关于这个问题，我的思路是从两个方面进行的。

　　最初，我以办学者的身份，站在学校一方面设想。我想到学校和家庭最应该，也最容易取得联络。因为最大的"教育的"或"反教育的"力量，不外来自学校、家庭和社会。三者之中，社会的范围过于广大，虽则学校理应和它取得联络，但是联络的取得颇不容易，我们姑且不说。至于家庭和学校的关系却不一样。学校本是专为教育各个家庭的子弟而设立的，在现存的社会制度下，它是一个接受家庭的付托，代替父母教导子女的分工的机关。它们的关系既然如此密切，它们之"最应该"取得密切的联络，以期达到它们的共同的目的，当然不言可喻。并且，家庭对于子女的关心，较之学校只有过之无不及，只要"有组织的"学校肯去和那许多相互间"无组织的"家庭要取联络，这种联络的取得当然也"最容易"。

现在一般学校都已明白联络家庭的必要，它们都是很愿意去和学生的家庭取得联络的。它们通常所用的方法有开会、通讯、访问三种方式。开会之中有所谓恳亲会，或父母会，是专为招待家长的；有所谓成绩展览会、纪念会和运动会等，是附带招待家长的。通讯有定例的和特殊的两种；定例的如期终报告等等，特殊的遇有特发的、个别的事项才用。访问大概都有一定的表格，只有极少的几次。这三种方式，各有利弊，各有方便与不方便的地方。集会的好处是：在简短的时限以内，可以集合许多家长和社会人士，使他们看到实在的学校，与学校及教职员发生真实的接触，并且看到子弟在学校里的生活和工作。它的缺点是：集会的次数很有限，一期不过一二次；集会很不容易，"劳民"而且"伤财"；到会的只是"许多"家长，不能是"大多数"家长，更不能是"全体"家长，尤其是中等以上的学校及在抗战期中，能到的家长更是寥寥可数；而且集会时的生活状态及工作成绩，往往不是真实的生活，不是真实的工作。——这是一切集会的最严重的缺点。通讯的好处是可以和全体家长发生接触，可以指出每个学生在学、行、健康等等方面的个别状态。它的缺点是：次数也很有限（通常只有期终，我们加上了期首、期中；通常只管学行，我们加上了一切有关的项目；但是次数仍然有限）；无法表明学校的"活的"状态，而且这种通讯出之以印刷的表格，最容易"公式化"，缺乏亲切情谊。——这是一切例行通讯的最严重的缺点。至于个别的通讯，学校以人力时间关系，除了特发的事项以外，很少能够用它，所以它虽好处较多，缺憾很少，但是不足以语于"一般"。访问的好处是很多的，比如教师家长可以发生直接的，有情谊的接触；学校因此可以明白每个学生的环境，均其彰明较著之点。

但是它也有它的限制，亦即有它的缺点。比如学生家长分散很远，访问便不容易实行；学校人力有限，访问的次数便极有限；而且访问的正当技术与态度，不能希望于每个教师。因此一般的访问的方式往往几成一手拿着表格，一手拿笔，逐项质问，与警察查户口时一般无二！至于中学以上之不易执行此种方法，尤不待论。总之，一般学校通常所用以联络家庭的三种方式，实际各有利弊，各有方便与不方便的地方。我想，我们为要达到学校与家庭取得紧密的联系起见，我们实有另行设法，在此三种方式以外，加以补充的必要。

后来，我又设身处地，替做家长的人设想一番。我想，假如我有子弟在学校读书，一年半载之中，我会接到学校一两次的请帖，请我去参加一个什么集会。但是集会的那天，我有没有闲暇去参加呢？如果有闲暇，由我家里到学校是不是一天可以往返，还是关山千里，坐飞机也有班期不凑巧的痛苦。就令事实凑巧，闲暇有了，离家也近，我也真个到了那盛会，但是人海苍茫，万头攒动，只见主席台上，红脸进、白脸出，讲说一大篇。一切房屋都改作了展览成绩的地点，红红绿绿，煞是热闹整齐；但是我自己的子弟，也许根本便找不着，更不必说所过的学校生活的状况；教导我的子弟的老师，大概我在这种集会之中是无缘与他交谈的，更不必说到领教他的教授，和他交换意见与消息了。然则这盛会与我又有什么相干？有时，我会接到学校的通知书，印得整整齐齐，我一看了便知道我的儿子或女子考了多少分数，操行列入何等，身长若干，体重多少。但是这些死板的数目字究竟代表些什么呢？是我的子女在同学中的地位吗？是他或她的进步或退步的状态吗？通通不是。这只是一份账单，上面写明我代子女付了多少款项，多少小费，和我的儿女用了怎样几份点心而已。这里没有一丝"人"的情分，只是一份账单。假如我的儿女还在小学念书（如果进了中学大学，这情形是不会有的），有时候也许会有一位穿着长衫的警察，一手拿着一份表格一手拿着一支笔，盘问我的一切；问过以后，万事俱休，什么下文也没有了。这一切一切，全都不是我所希望的！我希望的是什么？不只是他（或她）常有信息回家，从信息里面，我可以看出他的心情，看出他的真实的进展，看出他的需要，看出他的学校生活的真相，有时候从他的无邪的笔谈，说不定还可以看出真实的学校生活的整体！此外，我便希望他早早放假回家，让我看看活生生的孩子究竟变成了怎样一个样儿？然而这是希望不到的。放假半年才有一回，实际也不能够多放，信息吗？自从进了学校，他便不爱写信了。

读者诸君，这是感情话，然而这是"人"情啊。因此，我便想起了学生的家信问题。我想，在学校方面，为什么尽想联络家庭，却眼看一个很好的方法不去利用呢？在家庭方面，子弟的一切，既已托付了学校，为什么不再请学校帮帮这个望眼欲穿的小忙呢？

最后，我们终于想到了这个"家信督导"的办法。这个办法说来很简单，就是：我们规定，每逢星期三晚上自习的时候，全校学生（少数走读生除外），每人应写信一封，由监自习的教员收集登记后，交到训导处，于次早十二时邮差到校前发出。这个简单的办法却有不少的好处，也有不少应该当心的地方。它的好处是：

第一，简便易行，不像集会似的"劳民伤财"。简便二字，看来无甚道理，其实若不顾到了它，一切好办法便难行得通，行得久。

第二，次数多，不像其他三种方式似的有限得很。

第三，富有人情味，不像例行通讯似的像一张账单。

第四，可以普遍达到每一家长，不像集会和访问似的，只有一部分家长得到联络。这普遍二字也是团体生活中最重要的一个因子。

第五，学生的无邪的笔谈有时反而可以反映学校生活的真相，获得家长的更大的信任。

第六，满足家长的渴望，因而可使家长对于学校发生真挚的同情。

第七，增加笔下练习的机会，养成写信的技能及习惯。至于实行的技术问题从我们自己的经验看来，也有几点可说的。

第一，关于写信的时间，我们认为星期三最合适。因为周末周始难免有告假回家的学生，要查清谁该写，谁不该写，颇费手续；周中则远处的固无关系，近处的亦可当作报告平安回校或预告回家之用，时间上正合适。一周之中，精神上正在最紧张的阶段，作来也最起劲。至于定在晚上自习的时候，则系因课外不便指导，早晨自习时间太可宝贵之故。

第二，写信正在自习的时候，那时每个教室都有监导自习的教师，学生如在写信方面有何文字的或技术的疑难，教师应负指导之责：这才说得到一个"导"字，才能发生第七点后半截所说的好处。

第三，监导教员登记学生所写的家信，应备登记表一份，表上标明学生姓名，周次，及家长姓名与通讯处，随收随对照（因为我们发现过一两个学生以致朋友的信交来顶替家信）。

第四，信封左下应编号，应注明作书者的姓名（我们特别制了一种信封），前者所以练习作事的细致性，后者所以便清查，以免教师和学生浪费精力。

第五，训导处收齐复查后，务必次日早早发出，否则学校若是耽误了他们，他们便会觉得这是多此一举了。

第六，我们规定：他们的家信，由他们自己封好，任何人不许窃看或拆开。这就可以训练他们，使他们明白书信自由的道理，并使他们明白，学校的用心，只是帮助他们，不是干涉他们。至于信内对于校政的反应，办学者只可尽其在我，不可妄冀"防民之口"。

第七，我们打算另备家信记录表一种，分发学生，以备登记来信去信的号数和内容摘要之用。

第八，我们最初会把学校的例行通知，利用学生写家信的机会，令其附带寄出。但是后来发现学生有品行不好，因而不愿寄出，以致生出不诚实的行为情事；并且恐怕学生生出一种幻觉，以为学校督导家信，为的是图自己省邮费，所以改变办法，想叫学生组织团体，每周油印国际、国内、校内大事，附函发出，一以普及国民常识（学生家长中当然也有国民常识不够的），一以宣传抗战，一以传达校情，自觉较之以前所用的办法，好得多多。

"尝试成功自古无"，胡适之先生斥之切矣；区区尝试之意倘亦读者所可同情者欤？

（原载于《教育通讯》1939 年第 2 卷第 46 期）

渝清杂记

一

到校之初，我曾参观一二优良中学，深觉学生过多，则办学者精神颇难贯注。校董诸公，亦以此意为言。因定此校将来，无论发展至何程度，学生数目，不得超过八百人。近来尤有此感。现在校舍不大，师生合计，不过三百左右。以是"全校教职员，以言教学，则随时可以质疑问难；以言办事，则早晚星期，均在一室"。和睦融洽，如一家人；自升旗以至就寝，全校力作；此小型中学之优点也。新式教育，本系大量生产，然生产机构，大可不必过于集中也。

二

精读之文，不可不有默写，以验学生究曾精读与否。但默写过多，耗费上课时间，且教员批阅亦感烦难；不阅则又易使学生视为具文。故精于此道之教员，往往指定全篇，临时抽默一段。泽馨昨言，又得一法。即：指定全篇，临默时就教室行次，每行抽默一段。法亦甚佳。

三

英、数、国、理、化练习，阅后发还时，除共同错误，应在教室提出外，尤应个别指示，个别指示之利有四：（一）可以加强学生对于错误之印象；（二）可以增加学生对于练习之兴趣；（三）可免学生弃置于旁，不复重阅，以致浪费教师之精力；（四）可以避免误会，此点尤以国文为然。

四

学生壁报，有时占地甚多，且不整齐。旷璧城先生介绍一法：每文分录大小相同之纸，依序重叠，粘于报上，颇觉美观省事。极可采用。

五

一般学校，多备校徽。识别固易，流弊恐多。盖他人拾得，顶冒最易也。因而此校规定：根本取消校徽，代以身份证明书。书上粘附照片，用期有定，逾期仍可续填。确实，便利；窃谓以后一切机关均当采用此法。

六

物价日昂，学生膳食之劣，令人恻然，且青年营养不足，实为国家之隐忧。但学生负担已重，增费颇有限度。学校经管膳费，益不能不为最有利之运用。因思得价廉物美之食料二种。一为猪血，每盆不过数角，量多，富铁质，味亦不恶；宜订货长买，按日取吃。一为红薯，可掺入饭内煮吃，或如北平胡同口晨间卖煮红薯者，另锅煮之，代替饭后零食。红薯富淀粉，养料在大米之上，而价则便宜多多；滋味亦极佳。幼时见家人饲犬，米饭饲之，不过尔尔，若予煮红薯，不一月，毛润而体丰矣。俗传多吃滞气，但豫樟告我，德人多吃山药蛋，甚少吃白面包者，国人初抵德境亦觉滞气，久则无此感觉矣。红薯亦然。此二物者，价廉物美，不在白菜豆腐之下也。

七

图书管理，编目最难，中学经费短绌，不能聘约专家，编目尤成问题。但无分类目录，阅者必感不便。顷忽思得一法，依序自觉甚为方便。即馆藏仍按登录号，依序排列。目录分类，即以登录号代分类号。此法便在分类不恰时，可以随时改正；馆员取还，毫无不便，馆中书数，一目了然。唯一困难在入库读者，但中学学生无甚入库需要；一般图书馆，亦多不许入库也。

八

此校经验告我，不独官厅，抑且学校，不独职员，抑且教员均应合室办公，按时到职。校长亦然。此法不独可以紧张精神，增进治事效率，即在个人方面藉此督促，有事可以即了，无事时不耐枯坐，亦可多用思想，找点事做。我在清大四年，译书四本，均系办公时工余为之，退值以后，俗务纷至，反不行了。唯桌椅应求舒适，否则苦矣。

九

中学教职员不似大学，有两不可聘：第一，年老力衰者不可轻易聘任，恐不能耐苦，不肯负责者也；青年不必都无暮气，但老少年究不多见。第二，习气懒散，性情乖僻者，决不可聘，聘则训导将托空言，校政将少效率。私立中学纯靠大家一股干劲，尤非全体同仁年富力强，朝气勃勃，和衷共济，拼命死干不可。

十

晨操改为跑山，运动量较大，锻炼之效亦较著。久之，偶一不跑，男女生均生"不够过瘾"之感。唯女生例假，稽考不易。晚间醒来，忽得一法。即制"女生军训、体育、跑山例假记录表"一种，直行周次，自一至二十二；横行目次，自一至七；每四周间，加一粗线。每生一纸，月经来时，持表告假，由教师于格内作号为证。此法妙在四周适一来复，一目了然，无可作伪；且无稽考之烦；正常与否，不必另求记录；又可使学生对于一己身体状况，随时注意。法颇便，利颇大。

十一

女生毛衣，五颜六色，欠整肃之美，且有缺乏审美观念，配色极不雅观者。故亦施以标准化之工作，令以青色长袖为限。青色者，因其色甚大方，合于时令，且他色均可改染成之也；长袖则符取暖之本意。在此范围之内，仍可各出心裁，无湮没个性之弊。

十二

教师命题，各有偏好。以是学生对于试题，常有揣摩之弊。因共商定，以后期考时，拟采交换出题办法。唯又给同仁增加了麻烦耳。

十三

报架小事，亦有讲求。普通阅报之架，往往只能看到报之一面，且架料甚费。暑假宝林来此，相与研讨，乃知可将普通破框，做成报纸大小，悬于空际（骑缝处加一隔栏，不用玻璃），可以两面同时阅读，且占地无多，工料较省，极为合用。

十四

招生时友朋关说，最难应付。此次与华宗谈得一法。凡校中职教员受托关说者，如未录取，概由招生委员会函告考生成绩，请其原谅。教职员得函，即可传示其友人，以示业已尽力。人情校誉，可以兼顾。

十五

升降旗典礼关乎国家尊严，应极肃穆从事。顾维持秩序，颇难尽善。乃自全体教职员工人概行参加，并自动列队后，即顿改旧观：自始至终鸦雀无声。以身作则，其效必著，信不诬也。

十六

新购图书数千计，书架极昂，无可置处。适房主有就餐用之长板凳，以之六个积成一垒，高矮空间，适如书架，且甚整齐。谁谓穷无办法耶？

十七

学生中程度最不整齐者，首推国文一科。初中生佳者往往能作极佳之文言文，较之高中生有过之而无不及；高中生劣者，往往并语体文亦不能作得明白，较之初中生有望尘莫及者。因定：优才生无分高初中，均令作文言文，使得多得一种发表的技术；劣等生亦无分高初中，禁作文言文，以免更加缠夹不清，此亦补苴之一法。

十八

近思得一利用破旧篮、排、足球壳之法，即：以沙填满壳中，外包粗布，系于树上，可以习力；又可作为举重掷远之具。废物利用，此其一端。

十九

到以后第一印象为川籍学生聪明努力，都不让人，而班中前茅则大都为"下江"学生占去。推源其故，其咎不在学生而在学校。盖川中学校，往往学生已届卒业而应读之书尚未读完，练习更不注重。因思暑假有二月之久，其因此种原因致被留级之学生，如能补习所缺功课，概许参与原级编级考试，以示激劝。试办一次，善果未彰，思之慨然。

二十

泽馨告我，谓以后升降旗时，如再有在队伍中谈话者，制止时拟用目光同时逼视之，盖因 conditioned reflex（条件反射）之理，日后一经逼视，即生制止之效；可谓善于活用心理学者。

二十一

昔人藏书，旨在风雅，故流通之法，非所讲求，而装潢钤印则极考究。今人藏书，以流通为目的，故经营方法，大有进步，但观瞻方面，即如钤用一项，各校大都采用圆形橡皮章，以紫墨印于书上，俗不可耐。日前偶尔思及，亟改镌石章一颗。朱碧灿然，倍觉可喜，所费亦与橡章约略相等。此似小事，然与视听亦颇有关系也。

二十二

学校工人，易染衙役习气，往往贪钱懒做。有时早课已开始，工人尚有未上工者，监工处罚不胜其烦，且亦无大效果。近日总务处令工人于五时半晨光甫露中与全体教职员学生一同参加升旗典礼，既可培育其尊重国旗之心理，又可减省麻烦，增加工作效率，其法甚善。

二十三

此校暂制，于校长下设校务主任、教导主任、事务主任。二十八年元旦，我既到校，默察需要，改设总务主任、教务主任、训导主任。其后数月，教部修正大学组织，亦于校长下分设总务、教务、训导三长，可谓巧合。又数月第三次全国教育会议开会，部交议案中，亦将《中学法》中之教导主任或训育主任一名易为训导主任。此制得以通行，颇觉沾沾自喜。

二十四

中学可否男女同学迄无定论。唯居此十月，得一确然可以自信之点，即：同学即应同班；同学分班之折衷办法，实际无一是处。回忆改革以来，招生时不必迁就女生人数，降低程度，其利一；同班以后，因两性间之竞争，促进诸生之努力，学业进步，益见显著，其利二；教室秩序反见进步，其利三。而流弊则绝无。静言思之，此理极明；盖既可同学，何以不可同班耶！

二十五

学生学业，宜藉其好胜心及善恶心以刺激之。我国学校，以往期中均有榜示，标列名次，其法不恶，不知其后何以不复通行。此校上期期终报告，学科栏内，各科及总平均项后，均注明该生名次，该班末名名次，最高分数，及最低分数，使家长知各科记分，宽严不一，某科分数高者不必即系前茅，某科分数低者不必即系榜尾，并使家长得知其子弟在班中所居之地位。结果，颇富刺激之效；唯放假时填表较忙，好在全校动员，亦不甚苦。

二十六

国内机关中，庶务部分，最不入轨。文具浪费，为数甚巨。泽馨顷言，邮局公用铅笔之末端，刻有 C.O.P.三字，用毕须持此端，始能易得新笔。此法甚佳，即令铅、墨、钢笔，均刻写 T.H.M.三字，一依此法换领。

二十七

清华大学校歌，词调均佳，词为：

西山苍苍，东海茫茫；吾校庄严，巍然中央。东西文化，荟萃一堂；大同爱跻，祖国以光。莘莘学子来远方，莘莘学子来远方。春风化雨乐未央，行健不息须自强。自强，自强，行健不息须自强。自强，自强，行健不息须自强。

清华大学原为留美预备学校，因庚款关系，各省学生，均有定额。歌词所云恰到好处，自到渝清，即托清大文学院院长冯芝生先生代撰校歌，而以仍用原调为请，示不忘本。不数日，冯先生撰就寄来，除如我希冀外，于时地、清华精神及清中校训四点，更有恰到好处之描写，校歌中不可多得者也。其词：

蜀山苍苍，江水汤汤；吾校庄严，巍然中央。全民战里，经始方将；清华园内，源远流长。精神一贯传四方。大家努力慎莫忘：行健不息须自强。自强，自强，行健不息须自强。自强，自强，行健不息须自强。

二十八

董事长吕汉群先生以"自强不息"为此校校训,我附按语,曰:

> 《易》言:"天行健,君子以自强不息。"盖天之运行,周
> 而不止;喻学者一念一行,均宜仿效天德,不可或息也。……
> 清华大学校训亦用"自强不息,厚德载物"八字,以为全体
> 学生立身处世之准则。汉群董事长以"自强不息"为本校校
> 训,盖有深意存焉。所望同仁同学,身体,力行,俾得蔚为校
> 风,媲美清大,而达……自强强国之目的,则幸甚矣。

二十九

贫苦学生,宜受资助。但资助时最难分别真贫假贫。举凡调查,保
证诸法,均难必其公允。顾工读一法,实最完美。假贫者必不愿做工,
而做工换钱,自食其力,此种精神,亦极当提倡也。目前通过工读办
法,内有四条,颇关重要,即:(一)凡学生之"身体健康操性良好,
学业中等以上,家境困难者,均得请求工读",以示普及。(二)"工作
分量,以其力所能胜,及不得妨碍其健康与学业为度,否则随时减少或
停止之",以保健康。(三)"每工作一小时,由校给予工资二角至五
角……视其工作之性质及勤惰而定",以励上进。(四)"每次工作以
后,由各部分主管人签证",以便稽核。稽核方法,颇觉便利周密。

三十

关于刺激学生学业进步,近又仿行一法,即月考以后各科成绩,均
以印就之表格分班分科公布之。一般学生,只在印就之学号下以墨笔填
明分数,唯首尾二名则以红黑笔分别勾出,并加注姓名,以增刺激。此

法仿自他校，唯易班号为学号，并分红黑二色耳。

三十一

昨与泽馨谈及，西人办事精神实有我辈所不及者。曾忆初到渝清，曾函某国立学校索其校刊，七个月后始得复函，云已无存；积压之久，骇人听闻！又函某省教厅及某大学，则更加如石沉大海，永无消息矣。此后誓本"案无留牍"之旨，一扫此习。又我国机关能与关系人保持联系者极少。此后我校对于填写教师、全体校董、发起人、历任教职员、学生家长、清大校友及关心人士之联络与动态，务须随时注意。至少校刊发行，务必达到每一份子；勿事事不如人也。

三十二

有人曾言（似为丁文江先生），凡书不可积压，宜时时抱一料理身后般的忙迫态度；服务公家，虽临去时，亦应计及久远。日前章元善先生以所著《合作与经济建设》见赠，中有警言句："善恶之分野在公私，而公私之具体表现，得从个人、机关、事业三方而观察之。今有人焉，处处以事业为重，机关次之，个人的地位又次之。设不幸而遇有阻碍，则宁牺牲个人，以求保全机关，以求保全事业。夫是之谓公，谓善；凡反是者为私为恶。"至理名言，令人心折。我主清中，正一自我考验之大好机会，当自勉之。

三十三

本期增书六千数百册，但学生借书反有茫无所从之感。入库既不可能，新书报告，亦无补益，因并一法，仿一法，分别行之。并者为书籍介绍法，由教师填写"向同学介绍我所读过的一本好书"若干纸，略述内容，并附书号，由校逐日换帖。仿者为每日工读生一人，携书若干册，公开展览，以便选借。

三十四

我极服膺洛克"健康之精神寓于健康之身体，此语虽简，实为人生最高幸福之描写"之警句。故于学生体育，极端重视。顾体育极端难于普及，而普及又为体育之要着。近日举行校内球类比赛，教职员均参加；各班较技除选手赛外，并重普及赛，法就各班学生，抽签决定与赛人名，此亦促使体育普及之一法也。

（原载于傅任敢编《新中学》1940年第1辑）

学校应当迎养伤兵

　　这次的神圣抗战，是我国有史以来的第一件大事。我们准备虽然不及，但因使命重大，决心坚固，所以许多事情，都在抗战中表现了进步，在行动中获得了学习，"伤兵之友"运动便是一例。本来忠勇的将士，在前线受了敌人的伤害，回到后方当然应该得到最大的照料与最高的安慰。我们的政府与社会，自然知道这层道理，自然尽过一些力量，但是力量不广，经验不够，结果，许多伤兵没有获得应得的照料，许多伤兵虽曾受了一些形式化的欢迎，可是没有得到多少实在的安慰。"伤兵之友"运动，是从这些惨痛的经验当中"学习"得来的一种"进步"结果，这是一件切切实实、人人能够出力、人人应当出力的好事，每一个爱国的同胞都应该踊跃参加。教育界负有领导一切抗战运动的责任，尤其不可不自告奋勇。

　　我建议：教育界的同胞除了个别的参加这一运动以外，每个学校都应迎养一些轻伤的兵士，直接担负起养护伤兵、实施伤兵教育的任务。

　　这个办法的好处是很多的，我们假定每个中等以上的学校，都有医药的设备，这些学校每五十员生迎养伤兵一人，全国合计，便不单帮助政府加设了无数的轻伤医院；这些医院分散在安全的乡间，伤兵们更可以安心休养，这是第一宗好处。伤兵分散到全国，把从前线带回的敌人的残暴和崩溃的故事，我军勇敢卫国的壮烈的事迹，一一转述给周遭的同胞，使学生更多宣传抗战的实在资料，使乡人们更加同仇敌忾的情绪，无形中全国同胞的抗战决心，必可因此更加坚定，这是第二宗好处。兵役宣传，喧嚷已久，但是收效不多。原因是：宣传的技术不能诉之于个人的利害，只能诉之于爱国的情绪与各方优待抗属等等办法的厚意，这两者都是需要实际的例证作支持，不是空言可以收效的。若是学校能够迎养伤兵，则伤兵的本身与学校迎养伤兵这一事实，便是宣传兵役的绝好手段。这是第三宗好处。我们兵士受过识字生产等项教育的并不多，他们没有机会受到这种教育。伤兵伤愈以后，无论重上前线，或者留在后方，"教育"是他们的最大的需要。学校迎养伤兵，可以利用现成的学习环境，教学人员和养病时间，实施伤兵教育。这是第四宗好处。高中以上的女生应习军事看护，但是实际上学习的成绩，一般说来，恐怕并不高明。原因一半是由于她们没有感到实际的需要，一半是由于学习的时候没有"实验"的材料。学校迎养伤兵，她们对于看护一科，便可以从生活中获得知识，从实际看护中获得真实的进步了。这是第五宗好处。此外，伤兵住在学校，他们的精神一定比在医院好，治愈的过程，一定因此可以缩短。因为他们知道，学校迎养他们，并不是学校的本职，乃是出于学校员生的热情。同时，周遭所见，并非呻吟床褥的病友，而系活活跳跳的男女青年。他们所得的安慰，一定不是住在医院，偶尔受到一两次慰问所可比拟的。这是第六宗好处。

这个办法的好处几乎是说不完的，但是有人不免怀疑到事实上的困难，我以为那都不成问题。这些似是而非的困难不外下列几点。第一，病房问题。我以为一个五百人的学校，迎养十个伤兵，不过占一两间房子，这房子因为养的是轻伤或重伤将愈的兵士，只求空气够，阳光够，不潮湿就可对付，应当不成问题。第二，精力问题。我以为学校本来没有多少事情，学校员生，需要住在疗病室里，经常加以看护的并不多；校医主治，女生轮流看护，其他员生随时慰问一番，精力方面应有余。第三，经费问题，我以为床褥可以大家捐助，药品学校本来有的。外科用药并不太贵，当作多有几个学生生病好了，饮食可由大家公摊，五十员生养一伤兵，每人每月不过两角，有限得很。第四，管理问题，我以为学校迎养伤兵，本来应有选择，身体条件不合的，固然不能迎养，精神条件不合的，如作战时精神受了打击，以致畏惧敌人，失了自信力的人，学校当然也不便于迎养他们。迎养以后，一切治疗行动，学校应有记录，报告当局，当局也当授权学校，在必要的时候可以纠正伤兵的行为。这样一来，伤兵闹事的危险便可不致发生，何况伤兵不多，相处既得，根本便闹不起来呢。

总之，迎养伤兵，本非自我作俑，欧战期中，伤兵多分住民家。我国情形不同，即令一时不能做到这个程度，至少备有医药设施的学校以及其他同类机关，对于这宗轻而易举，可是关系前方士气与后方良心万分重大的迎养伤兵的神圣事业，不容不全力从事，以尽国民天职。现在一切到了需要实际苦干、空言无补的时候，谨以此议，敷之于我教育界同志之前。倘有整个进行办法，我们很愿追随大家，尽力为之。

（原载于《教育通讯》1940 年第 3 卷第 11 期）

花钱与记账

——重庆清华中学设计待验之四

我写《重庆清华中学设计待验》，动机非常简单，我觉得写教育论文的人，往往并无实际的印证，以至闭户造车，隔靴搔不着痒处，文章尽管漂亮，其实并无用处。我又觉得办学的人又太不肯写文章了，不肯把自己的酸甜苦辣，或成或败的经验写出来，彼此做个参考，以致每个学校，尽管都有它的良好的办法，每个办学的人，尽管都有他宝贵的经验，但是别人一点得不着好处，一切仍得重新摸索。这是教育上的一种重大的浪费。我们以后应当少发空论，多谈实际，少提幻想，多述办法才是道理。所以我明知我们的"设计"，有成功，也有失败，有新创，也有别人早已行了很久，而我们坐井观天，以为仍系新创的，但仍一概报告出来。因为经验的可贵，不必在其成功，而成功的经验，倘若一直不说，更是很可惜的。

上次写完《家信督导》以后，我从聚奎校长周光午兄口中得知，一代诗人吴芳吉师主办江津县立中学的时候，早已实行了这个办法。并且他所规定的日期也是星期三，内容也分一周以内之本身情形、学校情形及时局情形三项，可谓巧合。光午兄把吴先生的《家书日歌》及手书《布告》二纸抄了给我，他的《家书日歌》说：

> 星期三，我们的家书日。
> 爷娘得见定加餐，弟妹闻声欢跳□。
> 上言身体好，中言学校益。
> 下言国运应复兴，篇篇字字万金值。
> 一周寄一书，一年四五十。
> 愿寄百年盈五千，无灾无病无蹉跌。
> 星期三，我们的家书日。

《布告》一说：

> 诸生懒写家信，关系非小可也。能忍忘其父母，将何事不可为乎。自本周始，缺一家书者，记一大过。其有距校十里内者，可趁星期归省，不在此例。

《布告》二说：

> 家书写法分三项：
> 一周以内之本身情形；
> 一周以内之学校情形；
> 一周以内之时局情形。
> 每项自为一段，俾能一望而知。此外更有陈述可视事之轻重附于三项之后先。又时局情形，宜言其大者，勿言其小者；宜言其远者，勿言其近者。

看完这个歌和两道布告，我的心里又是惭愧，又是欢喜；惭愧的是：吴先生的老办法，我们竟以"设计"自视，他已行有成效，我们还说什么"待验"。欢喜的是：他和我们的办法，除了精神略有出入，处罚不写家信的学生略有轻重之别外（我们只扣假一次，不记大过），其余竟均巧合；而且我若不写那篇报告，我便无法知道他这个好办法，别人当然更加无从知道了。可见我们的报告，尽管有成功，也有失败，有创新，也有雷同，仍是值得写下去的。

这次我要报告的是，我们怎样帮助学生，使他们钱花得对，账记得好的办法。

记账不易，花钱更难！

在这方面，一般说来，毛病有几点：

第一，钱花得太浪费。我记得自己做中学生的时候，用钱不算多，也不算少，每年一切在内，大约一百六十元到二百元就已够用。同学里面，大多数人都和我用的差不多，其中也有少数人比我们更刻苦，这些同学多半是家境较差，迫得如此的，但是他们肯苦读，苦干，现在大半都已有了相当的成就。此外有一小部分同学家境较好，父母溺爱他们，用四五百元是常事，其中竟有用到千元左右的。这些人花了父母的钱，可是不肯用功读书，现在闭目一想，他们竟没有几个有了一个正当的下落。不是早衰，就是流落；不是回家做着花花大少，便是身无一技之长，在外找不着事干。其中有一位本是一个绝顶聪明的青年，多才多艺，同学都很羡慕。可是家财太多，无人管束，结果，学业无成，三四年后，我们还刚刚走进大学的门槛，他已花尽了他的几十万家财，流落在汉口租界的马路上，向着旧日的同学求乞了。虽然这只是一个极端的例子，但是花钱浪费的同学一定不会有很好的成就，用钱省俭的同学，在学业上一定肯刻苦用功，在修养上一定可以廉隅自守，大概是无问题的。本来，在成人的社会里面，浪费的人往往就是贻害社会的人。假若他们有钱，他们便会想出不正当的，不为害社会的方法去花费他们的金钱；假若他们没有钱，他们便会设法去找不义之财；这都是与社会的利益不能相容的。我们要使成人不浪费，我们便须先使青年不要养成浪费的习惯——不，简直应说，要令他们养成节俭的习惯。何况在这抗战建国的大时代中，每个国民在这未来的几十年中，都应卧薪尝胆，捐献自己的一点一滴，以期增加国家的总力量，与敌人做百年的决赛：任何反面的、浪费的行为，更是绝对不能允许的。我们与敌人的比赛，不是这一次我们取得了最后的胜利以后就可了事的，我们应在一切方面准备和他做个百年的决赛，决赛锦标的取得在于我们国力的总和能够胜过敌人。一切节约都是增加国力总和的，一切浪费都可以减削我们的国力。金钱上的节约或浪费虽然只是一端，但无疑的是主要的一端。现在一般学生的情形，自是刻苦的多，这是一个可喜的现象；但是默察实情浪费的人，实在还不算少。这是值得我们注意与焦虑的一个问题。

第二，钱花得不得当。我可以大胆地说，世界上懂得怎样花钱的人并不多；所以，举目一看，一切不当花钱的地方，偏有成千成万的人乐于去花钱，使成千成万的金钱流到无益的地方去；反之，一切应当花钱的地方反而谁也不肯去花，没钱的人固然不肯花，有钱的人更加不肯花。这是一个多么不合理的现象！然而这个不合理的现象也有它的来历，不是凭空发生的。这来历就是大家从来没有养成一种正当的花钱的习惯。所以，大家花钱的时候，心里想到的只是花钱以后自身所得的快乐，不曾想到花钱的意义。嫖、赌、放荡、奢侈，似乎可以使得自己的肉体得到一时的快乐，所以人人愿把金钱往这条路上送去；救国、救人、办教育，做公益尽管有意义，但是自身不能得到一时的、肉体的快乐，所以人人不愿理会，有钱的人更不屑为。这种恶劣的现象表现在社会的每一角落，而这种恶劣现象的根芽则种因在青年时代没有得到正当的指导，养成良好的习惯。学校里常有许多学生宁愿把每期在零吃上面花费几十以至一百余元，可是不愿在伙食上增加几元；宁愿看戏，看电影，不愿买书订报；宁愿三朋四友，酒肉征逐，不愿分担正当的捐款。这些看去都似小节，可是久而久之，便可以成大害。凡事要从源头上着手，花钱也是一样的。

以上这两种毛病的起因，都是由于学生在花钱方面没有得到指导与监督之故。在这方面，他们是在一种三不管的状况之下过日子。第一不管是学校。学校没有想到这件事情的严重性，更没有想到这是它所应管的工作。充其量有时候看见或知道某个学生实在是太浪费了，担任训育的先生也许训斥一番，或向大家告诫几句；但是浪费的学生的根本便不一定被发现，而训诫对于恶习的效力也是有限得异常的。第二不管是学生的本身。他们不识人世的艰苦，不知节约的重要，加以没人指导，没人监督，其不管也，宁属当然；若有一二能管之士，实系例外而又例外了。第三不管是家长。多数家长不是不管，而是不能管。因为家长与学校，自然很少接触，学生在校的真实情形，他们几乎无法知道。倘若他们期终向子弟要看账目，子弟便说功课太忙，没有时间去记，或造一份假账，报销了事，家长也就无法知道它的虚实了。至于子弟向着家长要钱，口实更多，不是说要书，便是说在害病，乍一听去理由无不正大，其实并无此事，家长亦就无法知其底蕴，只好遵办。结果，学生在这种三不管的局面之下若有能知节约的，算是以前家庭教育之功，环境窘迫之力；不幸养成浪费习惯者，学校既不负责，学生的前途只好自认晦气。家长满心栽培子弟，结果适得其反，更是冤枉之至。这当中的症结只有两点，一是学校没有负起指导监督的责任，一是学校与家庭没有能够通力合作。我们要想破除这种困难，我们便得从这两方面去想办法。

我们想出的主要办法是：指导学生记账，查考学生的账目，并将学生的账目按月转寄家长。我们设计了一份"学生用费表"，照新式账簿分为收付二方，各分月、日、摘要、单据、金额等栏。由会计组长分班指导学生，告诉他们怎样记法。学生每月月终应将账单照式填写二份缴呈学校。账单下方有会计组长，训导主任与校长签章的地方。账单收到以后第一步由会计组长作技术上的考查。如有格式不合，数目不符的地方立即发还改正。第二步由训导主任或导师作内容上的审定，如有用途不当，或者虚报的地方，立即叫来个别申谈、启导，最后再送校长复审。三方面查过，均无问题，签章完毕，便以一份发还学生，一份保留校中，一份寄送家长。每月一次，直至期终退费为止。学生记账的技术与内容，都应作为操行的一种参考。这样，好处便有如下几点：

第一，学生可以养成记账的习惯，习得新式记账的技术；

第二，学生如有浪费或用钱不当的地方，学校立刻便可加以矫正；

第三，账目要由学校细细审查寄送家长，学生在收入支出方面便不敢欺蒙学校及家长，不敢养成报假账的习惯；

第四，可以增进学校与家庭的关系及合作；

第五，学校对于学生的家境、习惯、个性，由此可以得到许多参考的材料；

第六，学校所保存的一份账单，可以作为研究教育的一种绝好资料。

这个办法只怕两种漏洞。一是学生在小的数目上报假账。比如几元几角的零食，他们因怕学校责备，便分别报到别种用费上去。（大数目的账，他们也许可以径向家长虚报，但是不会向学校假报的。）对付这个漏洞的方法，只有开导与严查，此外如有完善的合作社组织可以采用售物登记制度，以防流弊。第二种漏洞是怕家长轻视这种办法，不去细看账单，以致学生敷衍了事。关于这一点我们想到了四种补充的办法，有的已经实行，有的尚待试办。这四种办法是：（一）把全期学生用费概数事先通知家长。（二）请家长于学生入学时把学生携款数目通知学校。（三）学生用费请家长径寄学校转交。并由学校通知银行邮局，一切汇款，概凭某项校印，方能取出，以便登记，作为参考。（四）发行校内兑换券，严密合作社组织。

总之，学生在花钱与记账方面是应该得到指导与监督的，否则他们便易养成浪费与用钱不当的习惯，形成成人社会中的一个严重问题。至于我们所想到的指导与监督的办法，因为试办不久，也许缺点尚多。此文目的，与其谓在贡献方法，不如说在提出问题也。

1940 年 3 月 21 日

【附】重庆清华中学学生用费表

此表须于每月底交校审核，由会计组长、教导主任及校长查阅，盖章后径寄学生家长。

学生班次　　　　　　姓名　　　　　　　学号

收 方					付 方				
月	日	摘要	单据	金额	月	日	摘要	单据	金额

校长　　　　　　训导主任　　　　　会计组长

（原载于《教育通讯》1940 年第 3 卷第 15 期）

师范学院的中学关联

师范学院是一个大体完善的制度，它的使命是很重要的，因为抗战建国策的成功，无疑的，教育的推动是一主要的因素，而推动全盘教育的重责恰就落在师范学院的肩头上面。但是师范学院若要善尽它的责任，它的跟前便有许多不可不加克服的困难。这些困难的种类是很多的，现在我是一个办理中学教育的人，因就它与中学的关联方面所有应予克服的困难，一加论列。

这方面的困难我想到了四点：

第一，我想到师范学院招生时所希望的水准是很高的，训练应当是很严格的，而且训练的期限较之其他学院还要延长一年，这原是很对的事。因为师范学院的学生负有重建次代文化、复兴全国教育、以促抗战建国策早观厥成的重任；选择自然不可不严，训练自然不可不长。但是实际何如？我敢说，投考师范学院的人数一定是最少的，师范学院一定很少机会选取最优秀的学生。这是师范学院的一大悲哀！这悲哀的根源是：师范学院的在学学生名义上受有优待，实际丝毫没有，毕业以后，他们服务所得的报酬，升迁的机会，又远较其他各学院的毕业生为劣，而在学的期间却要加长一年！我们试想：现在国立大学的学生，通通是不收费的，膳费方面得不到贷金的也没有几个，然则师范生得受公费待遇云云，相形之下，究有什么意义？师范学院对于贫苦优秀的学生哪里还有什么吸引的力量？我们再请想想：师范生毕业以后到中学教书，每月少则六七十元，多则一百挂零而已。教上十年廿载，仍旧不过尔尔。但是他界如何？工程界起码一二百元，金融界更无止境，一个一二十元的练习生，津贴分红之后，他可合到百元左右，一个办事员总在三百以上。这本是抗战期间一件最不公平的事。世间的事，"不患寡而患不均"，我们应当促成一个重新调整的工作。但中学待遇之苦，不止战时如此，平时也是一样，以后我们步入工商业的社会以后，他界待遇，势必日长增高，若是中学方面，再不设法解决，我敢说，以后师范学院尽管办理，中学方面，必定仍感师资恐慌，而师范学院也会永远不能得到选择学生的平等机会，亦即永远不能善尽其使命，使国家教育发挥它的应有的效能。这本是一个全国性的问题，不是师范学院的本身所能解决的。但是这个问题关系到了师范学院的成败，它们理当挺身而出，帮助问题获得解决。

第二，我想到师范学院对于附属中学原是存了一番厚望的，它希望附中变成它的实验室，它若不能充分利用这个实验室，它的一切教导便如理化没有实验，只是纸上谈兵而已。理论实践，分成两截；应用的学科，万万不能如此。但是事实怎样？事实上是：附中决不欢迎师范生来实习，师范生在附中实习的几个钟头，其实在其他中学也可得到。附中与师范学院分了家，断了关系。我们试想：医学院的附属医院为什么一方面真可以治病，可以得到社会的信仰，一方面又能真正成为医学生的实习场所，而师范学院的附中倘若办得好的，便师生都不欢迎师范生来实习，而实习的人也不认真去实习呢？这当中的原因自然不止一端，但是其中有一点重大的分别，就是：医学院的教授就是医院的医生，他们能教书，他们也能治病，学生由他们教，病人也由他们治，但是师范学院不一样，教授只管教学生怎样去教中学，他们自己却并不教中学；教大学生的是教授，教附中的却是另外一批教员。我们试想，他们自己把附中看成了外人，附中怎会把他们当作一家子？实习怎样能有实效？我们要想解决这个问题，我们便当模仿医学院的办法，教授也应教附中，必须他教附中，他的学生才能获得真正的实习。

第三，我又想到了师范学院的师资问题。他们多半都是留过学、见闻很广的人。但是这并不够。头一宗，他们不独应当懂得他们要教学生去教的功课，知道怎样去教，并且应当自己能够去教，自己具有教过的经验。这是就各科教学法而论。第二宗，学生的心理与学校的行政，都有许多微妙的地方，不是书本上所能说得明白的，必须具有亲切的体验，才能处理裕如。这是就学校行政与教育心理等科而论。第三宗，我们希望以后中学真能彻底实行导师制，导师的起码条件是要能够适合中学的生活环境，并且导师的导师尤其应当亲切了解未来的导师的工作与生活。这是就一般生活而论。这都不是刚从国外回来或刚做完博士论文的人所可胜任的。所以，我觉得我们以后培植师资的师资应当挑选成绩优良，值得深造，具有中学经验的人，加以深造；同时现有的师资的师资对于中学的实际似乎也应寻找机会，加以深切的体验才是。

第四，我又想到了师范学院分区设立的问题。师范学院分区设立，本是一个用意很好的办法，因为分区之后，各有专责，它们便可切实负起辅导区内中学与改进及研究区内中等教育的责任。但是我又不能不想到以前高师学生界限森严的往事。教育是立国的大事，是实现国家政策、凝固民族精神的主要工具，施教的人必须具有"国家至上""民族至上"的眼光与襟怀，万万不能再有任何小组织，如同学派之类的狭隘观念的表现，致使整个教育的进行受到障碍，使学生的纯白心境蒙受沾污。所以，师范学院分区以后，怎样才能不使区内的中学成为该区师范学院的禁脔，或"势力范围"，实在是一件万分重要的事。这个问题若不加以预防，中学教育界的"防区"制度是不容易避免的。

以上四点，纯就师范学院的中学关联方面拉杂言之，盼能获得教育界同志的指正。

（原载于《教育通讯》1940 年第 3 卷第 26 期）

彻底强迫的课外运动

——重庆清华中学设计待验之五

无论从个人的福利着想，或从民族的前途着想，在学校的训练中，健康的增进无疑是最基本，是第一位。

关于健康的增进有三方面：一是保健，二是营养，三是锻炼。保健者在治病与防病，纯属消极方面；一般学校，例有校医，治病或可对付，环境卫生，很少照料得到。营养关系抵抗能力，是锻炼的基本，注意的人还不很多，战时膳食更有问题。锻炼意义最积极，提倡已久，可是问题还多。

锻炼的中心是运动。学校里的运动大概可分正课、早操和课外运动三种，正课比较最上轨道，可是它的锻炼价值比较最少；因为它的目的本在技能的传授，错误的改正，每周二时，一曝十寒，谈不到有多少锻炼价值。早操比较还上轨道；它的锻炼价值也较大，因为全体参加，天天做去，有恒如就食，如吸新鲜空气，当然可以收到锻炼上的结果。其中最有锻炼价值的是课外运动：较之正课，它有"有恒"的长处；较之早操，它有"时间较多"的优点。但是学校的运动中最不上轨道的却就是这最有锻炼价值的课外运动。

要使课外运动能上轨道，我们必须具备几个先决的条件。

第一，我们必须备有充分的场地。关于这一点，我觉得抗战以后，我们应当注意三件事情。头一件是中等以上的学校应当尽量设在乡间，中等以上的学校应当设在乡间，不只是为的增加运动场地，但是运动场地的增加必是它们设在乡间的自然结果。第二件是运动场地应当尽量集中。集中的好处是一切集体运动，尤其课外运动，易于得到督导与激励。第三件是一切新城应采花园都市的设计，使不能完全设在乡间的小学与幼稚园也有设备充分的运动场地的可能。此外暂且不谈。

第二，我们必须备有充分的器械。关于这一点，我觉得在战时，甚至在战后，我们在运动项目的选择与体育器械的设备方面，应当注意几个原则。第一个原则是国防化，应使一切体育活动尽量具有国防的意义与自卫的价值。第二个原则是经济化，应以最少的经费，最小的场地，得到最多数的参加，发挥最巨人的效能；一切贵族式的运动都应力予排斥。第三个原则是国情化，固有运动应当尽量提倡，土产用品，应当尽先采用。此外暂且不谈。

第三，我们必须备具充分的人力与热情。关于这一点，我深刻地感觉到几件事情：头一件是学校中的训练有许多是要全体，至少是要大部分教职员一致动员才能完成的，因此每位教员担任的课程不能太多。《中学规程》中所规定的教员任课时数实在大有商酌的余地，至于少数学校让教员每周教课三四十小时的办法尤须设法调整。否则学校的行政、教学、训导一定无法推动，不独课外运动而已。第二件是教职员应该养成一种良好的风气，爱做正当的消闲活动，如同运动、远足、歌咏之类，绝对不可让酗酒、赌博等等劣习流行到教职员的团体里面，无论是在校内，或在校外。第三件最重要，是我亲身体验到的一种宝贵经验，就是，在一切"事业"里面，我们应当尽量约致青年人。假如我们要把一件事情当作一宗"事业"去干，青年人愈多，事业便愈能干得好。因为青年人有理想，富精力，肯苦干，而且青年人所受的训练也比老年人好。即以学校的一切课外活动而论，那都有待于全体教职员的合作动员，以身作则，努力领导，不是三两个人跳来跳去所能成事的。倘若学校的教职员中青年人多，他们就知道怎样去领导，肯去领导，因为他们受过训练，富有精力。若是衰老的人多，他们对于新的办法，便不肯去试验，对于吃力的工作，便会畏缩不前了。课外运动，不能一日中断，又系体力劳动，并且还有技能问题，若要全校动员，真正达到锻炼的目的，青年教职员是第一个不可缺少的条件。此外暂且不谈。关于课外运动的彻底推动，单有充分的场地与设备是不够的，因为场地尽管广大，设备尽管充实，倘若不去利用，不知利用，又有什么用处？有了充分的场地与设备，再又加上充分的人力与热情，问题仍然没有完全解决，因为它还有一个"画龙点睛"的项目须待加以充分的注意。这就是我们的第四个先决条件，也就是这篇文字所要讨论的主题：课外运动的组织。

我们知道，一般的课外运动显然有几宗缺点。头一宗缺点是学期始末，没有实行。本来，一般学校，名义上每期授业时间有二十周，可是实际上却要打一个大大的折扣。最坏的是挑着周末开学，一两天便算一周，办完注册手续，已占两周，教员学生，姗姗来迟，等到正式上课，已到第四五周。期终停课温习，提早放假，又占两周。实际授业，不过十四五周。较好的是开学即上课，临考不停课，可是军训、童训、音乐、图画、劳作、体育等项功课却要晚一周开始，早一周结束。这种传统好像变成了天经地义，大家一致遵守，很少有人去怀疑，去改正。至于课外运动，即在顶认真的学校，也要到第三四周才能开始，到第十七八周便告结束了。截头去尾，除去雨天与星期，所余已是有限得很。第二宗缺点是，在这截头去尾的短短期间以内，剩余的时间也没有得到充分的利用。一般学校的课外运动是占五十分钟，可是领球、扯网、找队员、寻场地，纷纷扰扰，一二十分钟的时间飞快地便过去了。名义上是五十分钟，实际三十而已。第三宗缺点是没有达到人人都动的目的。课外运动本有两个目的，一是有恒的锻炼，要使学生天天得到运动；一是普及的锻炼，要使学生人人得到运动。实际上"有恒"不能彻底做到，已如上述；在"普及"方面，更有问题。上焉者到了课外运动的时候，人人都到，可是不定人人都动；次焉者教室、寝室，甚至茅房，满校逃避，有许多人根本便不到场。这些不动、甚至不到的人正是平日不爱运动，正是更加需要运动的人。倘若我们不能彻底做到"普及"的目标，那么，让爱动的人自由去动好了，何必谈什么课外强迫运动呢？

这些缺点都是场地与设备已有准备，人力与热情均已够格以后所常发生的。它们的原因不是场地与设备的不够，不是人力与热情的不足。这是一个组织问题。我们可以运用组织的力量，针对着每一种缺点，获得适当的解决。这种从组织方面着手的办法有几方面。

第一，我们实行"全时强迫"。"全时强迫"有四种意义：

一是就学期论，从上课的第一天起，直到放假的头一天止，不截头不去尾；

二是就星期论，从星期一直到星期六，也不截头，也不去尾；

三是就当时论，从开始到解散，不浪费时间，不敷衍塞责；

四是就天候论，天晴固然不间断，天雨也要想出替代的地点，想出替代的办法。

总而言之，我们认为课外运动是与吃饭和呼吸新鲜空气一样重要，应当使它变得"有恒"，如同每天吃饭一样，除了假期之内，学校无从负责外，不可一日中断。至于达到"全时强迫"的途径，我们也有几点可说的：

（一）我们有两个基本态度，这两个基本态度决定了我们办学的精神，支配了我们一切的设施；课外运动的"全时强迫"只是这两个态度所表现的一端而已。我们的第一个基本态度是：我们认定，一学期的光阴非常有限，我们不容丝毫浪费；而且我们凡事应当认真，应当善始善终，善始的第一义是凡事"立刻就办"，善终的第一义是凡事"要干到底"。所以，就善始而论，我们厉行了开学即上课，厉行了从上课的第一天起功课、监导自习、童军管理、升降国旗、早操、体育等等期中应有活动，无不立刻开始。我们决不等学生到齐了再讲书，等到第二周才上体育，等到第三周才升旗。不，我们决不，我们的开学就是上课，就是一切活动的开始。课外运动，不过一端而已。这个态度的实践靠着两宗事实，一是专聘青年的专任教员，二是星期与假期，照常办公。就善终而论，我们厉行了考前不停课，音乐体育等课不提前，升降旗、早操等等日常生活保持到最后一分钟的办法；课外运动也不过是其中的一端而已。所以做来并不感到吃力，并不感到勉强。我们的第二个基本态度是：我们认为学校生活的主要目的在于善良习惯的养成，而习惯的养成却是不能一日中断的。所以，在我们，周日与周末是没有分别的，唯一的分别只是周末不排功课而已。我们星期六下午照常上课，星期日照常五时起床，照常全体升旗降旗，照常早操，照常点名，照常整齐就餐，照常自习，照常执行降旗时的五分钟时事讲演。不过因为星期日教职员有时需要出校，每个学生自由运动的机会也较多，所以课外强迫运动只行到了星期六，空下了星期日。我们希望将来可以想出办法，连这唯一的一天也不中断。

（二）我们采用"能力分组"，代替"自由选择"。我们采用"项目轮流"的方式代替"固定项目"的办法。这是我们最违背一般习尚的地方，也是最值得辩难的地方。一般的办法是：开学过两三周，学生到齐以后，叫学生自由选定几个心爱的项目，然后编队分组，全期照行。我们的办法是：学生注册的时候，立即按照能力分组——旧生按照学校的记录，新生按照测定的体能——同时编定运动场地、项目、各场指导人，立即实行，各组逐日轮玩各项运动。这种办法在"全时强迫"上的好处是：从上课的一天起，课外运动立即可以全面的开始，在限期以前晚到的学生也随时可以插入，不生影响；不像"自由选择"的办法一样，要待大多数学生到齐以后，才能选组，选组以后，某组人数过多时又须改入第二选或第三选，旷日废时，莫此为甚。不过"能力分组"的必然下文是"项目轮流"。因为从消极的意义说来，学校只可以派定某些能力约略相等的人在一组，却决不能派定某些学生全期只玩某项运动。至于积极的方面，这种办法实在尚有其他许多好处。第一，我们认为在中学阶段，学生在一切活动上面，都应获得普遍的尝试，以期平衡发展，并有发现其最佳能力，最高兴趣的机会。不可因为偶然的事故，他在某项活动的某一方面发现了较高的能力或兴趣，便让他去做不平衡的发展，以致忽视了、剥夺了他在别方面表现更大的能力与更高的兴趣的可能，形成一种畸形的"专长"。在运动方面，也是一样，早操只有单调的体操或跑步，正课两小时，只能教到基本的技能或做重要的矫正，进一步的探求，兴趣的养成，能力的试探，实在全赖课外运动。我们应当充分利用这个机会，让每一个学生玩玩每一项运动，使他们养成一种多方面的兴趣，发现自己的最佳的能力、最高的兴趣。不可让某人专玩某项运动，以致形成不平衡的发展，使他失去探求更大的能力与更高的兴趣的机会，更不可使学生漫无标准，盲目选择，敷衍了事，或者因第一选人数已满，被派全期专玩他所不能或不喜的运动。我想，这一点是我们的制度的最可辩难的地方，其实也就是它的最有意义的地方。第二，学校最须强迫运动的学生乃是那些平日最不爱动的学生。这些学生若是混入各组，能力好的学生便不欢迎他们，不给他们机会；他们也就乐得偷懒，兴趣也会更低，能力也会更无表现尝试的机会，而学校的督导，因为人数分散，也就难得生效。我们的制度便有这个好处：

老夫子分在一组，大家能力相等，不会有人见笑，玩来机会更多，勇气也大，学校更可以集精会神，派定负责的专人，竭力督导。第三，"物以类聚"，本是人情之常。自由选组，好朋友老在一道，结交新朋友、扩大人生经验的机会便又失去一个。我们主张：学校应当随时注意，要使全校的学生互相结识，要利用一切场合，使不熟的学生变成相熟。这样，消极的方面，学生的社会便不至于分党分派，内倾的人多少也可变得外倾一点，变态心理可以因此减少许多。积极方面更可以使他们多得朋友，增加人生的经验。校董翁文灏先生在《重庆清华中学二周年纪念词》(见《中学生》第二十期篇首) 上说："假如在中学时期，真能得到几个知己，一生可以受用不尽。"这是我们所共信的。我们要使学生多增加"得几个知己"的机会。课外运动采用能力分组，附带的便有这种好处。

（三）在组织的小小技术方面，我们也有一些办法。第一，我们有专人事先布置场地，分发用品，所以，到时便可开始运动，不会耽误时间；第二，我们有分组表，项目场地轮流表，张挂在外，一目了然，到时各赴各场，丝毫不会紊乱；第三，我们每场都有教职员负责指导，运动时间以内，有组长、指导员及专负点名总责的教职员二人，随时点名，至少三次以上。一次不到，便作缺席计算，次早罚跑四百米一次，当作补偿。这种点名及处罚的方法，非常见效。

第二，我们实行"全体强迫"。实行"全体强迫"的方法可以分作三点来说。

（一）消极的方法。头一宗，到了课外运动的时候，寝室、教室一概锁门。那时寝室本是不开的，教室责成班长锁闭，并派专人巡查一次，看班长是否负了责任，寝室等处是否有人混入在内。翁先生说，"清华没有改大学以前，设有中等科。那时的规矩是，每日下午四点钟，所有教室寝室的门都锁上了，大家都要到操场上来锻炼身体，这种好的传统，希望重庆的清华中学能够保持。"我们现在确是保持了这种好的传统。第二宗是上面说过的，在课外运动的时间以内，至少有不定时的三次点名。任何一次不在场的便以缺席论，这样便可防止中途逃席。缺席的次早升旗以后罚跑四百米，作为补偿，这种处罚的方法具有积极的意义，因为是叫他补上头天所缺的运动，不像记过、罚钱、责骂那样与所犯的错误不生关系。并且一两个人寂寞地补跑一次四百米，是够无聊的，何如大家一道，热热闹闹地玩玩？所以这种处罚的方式非常见效，简直没有几个人违犯。

（二）积极的方法。头一宗，我们有分场的指导员，跟学生打成一片，领导他们，积极活动。并且我们采用的是能力分组的办法，不爱运动或运动技能较差的人通通分在一道，指导的人遇到这种学生轮到了他那一场，他便可以格外注意，设法引起他们的兴趣，迫着他们去动。第二宗，我们要在运动的内容方面，予以充实。一般而论，课外运动要以排球为最合适，因为它有几宗好处，第一是容纳的人多；第二是人人都须自动地动，因为球打到了跟前，不能袖手旁观；第三是不能规避，一队人少了一个便不好打，大家自会帮着制裁偷懒的人；第四是这种运动既不过于激烈，也不过于和缓。此外，别种运动，我们便以几种项目合成一场，如垫上运动、单双杠、跳绳合成一场；跑、拔河、篮球合成一场，把内容弄丰富，使人人有事可做，有合于他的兴趣与能力的事可作。

（三）补充的方法。头一宗，我们设了一个组员不定的特别组，凡轻病可以起床，但是不宜激烈运动的学生，以及每月一次，请了例假的女生，通通在一个指定的地点集合，以假单为凭，由该组指导员登记，率领出外，斟酌情形，让他们散散步，晒晒太阳。总之，除重病在床的人以外，人人都得跑到露天的地点去。他们不能运动，散散步、晒晒太阳也是好的。第二宗，如遇某项运动，性质比较激烈，人数不能过多，需要轮流休息的时候，休息的队员也有一个一定的地点，不能到处乱跑，以致发生借故逃避的事情。

所以，以"全体强迫"而论，我们只漏了十几个走读学生和每日一二个重病在床的学生。前者往返学校与家庭，已是一种变相的课外运动，无须再加强迫，后者是不能加以强迫的。

总之，我们认为课外强迫运动实在是一件最重要的事情，所以在现成的场地、设备、人力、热情的范围以内，运用组织的力量，彻底实行。实行的经验使我们自己感觉相当满意，感觉到事情并不如想象之难。只要大家肯做，大家都可做到。

（原载于《教育通讯》1940 年第 3 卷第 31 期）

从管账到管钱

——重庆清华中学设计待验之六

　　我曾经写过一篇报告，认为一般学生在花钱方面没有得到指导，以致形成了"钱花得太浪费"与"钱花得不得当"两种毛病。我们曾经设计一种补救的方法，就是"指导学生记账，考查学生的账目，并将学生的账目单寄给家长"。我们认为这种办法有几宗好处：一是可以矫正学生用钱的不当；二是可以养成新式记账的技术；三是可以明了学生的经济状况；四是可以促进家庭与学校的合作。我们并有四种补充办法，一是"把全期学生用费概数事先通知家长"；二是"请家长于学生入学时把学生携款数目通知学校"；三是"学生用费请家庭径寄学校转交，并由学校通知银行邮局，一切汇款，概凭某项校印，方能取出，以便登记，作为参考"；四是"发行校内兑换券，严密合作社组织"。（详见《教育通讯》三卷十五期）实行以来（只有补充办法第四项是例外），我们觉得这宗设计有一个最大的漏洞，这漏洞的存在可以使得这项设计不易达成它的主要目的，就是我们只是消极地，事后看看学生的账目，没有积极地事先控制学生的用费。换句话说，我们只管了学生的账，没有管到学生的钱。因此，从本学期起，我们便进一步做了替学生管钱的工作。我们从管账进到了管钱，效果果然好了不少。

我们制定了一种规则，名叫"重庆清华中学学生存款管理办法"，以便共同遵守。我们印了许多存折，免费分配给学生，格式和银行里活期存折一模一样，以便学生在不知不觉当中习惯于现代金融界的手续。在学校存款管理之先，我们曾作一番详细的说明。

第一，我们说明，我们举办存款管理的目的，一方面是与记账督导一样，要使大家养成节俭的习惯，一方面现款有人代管以后，也可免除许多失窃的事件。后述这一点，从战时的环境与小同学的易于疏忽两点看来，它的重要性是不可忽视的。以前我们的学生也常有失窃钞票的事件，钞票人人都有，并且千张一律，简直无法破案。自从管理现款以后，这种事情便没有了。

第二，我们说明，学生现款，如在五元以下，可以听其自由，超过五元，便须强迫储存。因为五元以下，数目小，可以给他们一点便利。并且我们规定每周可以取出五元，也与此数相同。至于五元以上，数目较大，那便非令存储不可了。但是我们既说强迫，我们便得具有强迫的方法才行。我们的方法有五种。一是开学的时候要家长在报到单上注明学生携款的数目，学生到校缴费，便得呈验；缴费所余，概令存储，否则便不许他注册。二是平时学生告假回家，我们也要家长在销假单上注明学生携回现款的数目，学生返校以后，便须先到会计组储存所携现款，才许再到训导处销假。三是外来挂号信件，概须由校当面拆看，如有银钱现款，当时就给存到他的账户。不过拆信一定是当学生的面，并且不去看他的信，以免发生别种流弊。四是通知邮局银行，一切汇款，都要加盖校章，才能支取。这样，汇款管制，便更严密了。五是预防以上管制现款汇款四种方式万一仍有遗漏起见，所以"管理办法"里面特别规定，如果超过五元以上，不肯存储，而被学校发现时，便"除强制执行外，并收罚金百分之一至百分之十"。

第三，我们说明，学校对于学生的存款，一定"另账记载，不得挪用，存款安全，由本校负责担保"。这样，学生便不至于怀疑到学校管理现款是别有用心；事实上学校也应事先注意，免除流弊。至于存款安全由学校担保一节，在学校方面，本冒有相当的危险，因为万一代存的银行钱庄发生倒闭情事，学校固然要代赔偿，就是空袭失窃等等损失，学校也要担负全责。但是我们为取得学生与家长的完全信托，和真正达到帮助全体学生的目的起见，这份责任，我们只好毅然决然担负起来。

第四，我们说明，存款暂时不计利息，但是一次存款超过五百元的，学校可以代他单独存到银行，代取利息。按照一般银行的规矩，活期存款的利息本很有限，不到账期根本就没有利。但是我们为引起学生的兴趣，并使他们更加熟悉现代金融界的常规起见，希望将来不管存款多少，也算一点利息。不过目前办事人少，又在试办期间，所以只好"暂时不计利息"。至于五百元以上的存款，那是不会在短时间内支取完毕的，所以规定代存银行，代取利息。这样一来，学生可以不受损失，学校也可减省麻烦，总算是个两全之策。

第五，我们说明，学生支取存款的手续和支取存款的限制。在这里，我们有几个要点。一是临时可以支取。我们的会计从早晨升旗直到晚间就寝，时时都在办公室内，学生要取存款，从早到晚都可以取。这样，他们便都感到现款存在学校，比存在自己手里还要方便，因此，他们便不至于因为害怕支取时的麻烦而把现款瞒着不来存储了。二是支取最低额只要法币一角。这项规定的好处也与上款一样，可以使学生得到最大的便利，毫不感到一丝一毫的意外困难，因而缴存现款便可逐渐从强迫变成自然。三是每周支取存款总数，无论是一次支取或是分次支取，如果家长没有特别通知，一概不许超过五元，因为一个中学生，在现行物价之下，每星期五元零用钱是足够了的。这一点是我们管理存款的中心意义。我们要把他们的现钱放在我们的手中，阻止他们去乱用。有了这一规定，我们就可以达到我们防学生"钱花得太浪费"与"钱花得不得当"的目的。我们实行这种办法以后，许多家长都来信赞成，有些家长还特别通知我们，说他的子弟每天可以用五角钱，每逢周末可以用一元钱。我们全都一一记在存折的眉头上面，天天照办，决不稍嫌麻烦。因为我们能有机会切切实实给家长们分负一点责任，这便是我们的最大的安慰。四是一周支取总数，无论一次或多次，如果超过了五元的，我们只有在两种条件之下才能许可。第一种条件是如上面所说，家长别有规定，并且由家长直接通知了我们的。第二种条件是有特别用途，如同添衣买书之类，事先得到了导师或训导主任的许可，并经导师或训导主任在存折签名栏内签了名的。此外便概不通融了。

第六，我们说明，支取存款一概凭折亲领（特殊情况如死亡等除外），不凭印鉴，因为人少易认，可防流弊；此外，存折遗失，一定要来挂失，补折要收一点点手续费。这都是现代金融界的极普通的手续，但是学生中知道的并不多。我们想使他们弄得熟悉一点。

上次我写《花钱与记账》那篇报告的时候，我在篇末曾说："此文目的，与其谓在贡献办法，不如说在提出问题。"这次所说，办法的积极性虽然较大一点，但是补充改正，仍有待于经验的启示也。

（原载于《教育通讯》1941 年第 4 卷第 22 期）

渝长絮语

对于清华中学，各方面颇多关切。兹就日常所遇问题，加以解答，用告友好，并示后来。此文一问一答，闲话家常，并无大道理，故名"絮语"。随想随写，亦无组织。对象限于重庆长沙二校，因为我与此二校关系较深，所知亦较切也。

（一）清华中学跟清华大学是一种什么关系呢？是它的附中吗？

清华中学跟清华大学有血统的关系，但是没有名分的关系。它们的创办人是清大的教职员、校友和地方领袖，它们的校歌写实地说："清华园内，源远流长。"所以血统方面是一脉相传的。但是清大没有师范学院或教育学系，它们不是它的附中，名分上是私立的。

（二）听说现在有好几个清华中学，它们彼此间有什么关系呢？

不错，战时成立的有重庆清中、贵阳清中、成都清中，战后新设的有长沙清中、鞍山清中，它们同出一源，可是各自独立。

（三）你们为什么要办这些学校，而且挑定要办中学呢？

我个人的意见是：我们觉得教育是立国的根本，办学是一种最好的社会服务。清华大学的前身清华学堂，本是一个中学的性质，我们觉得它办得很不错，因此自然而然地便走到办中学这条路上来了。

（四）清华中学的经费一定很充裕吧？

先生，你错了。一般人以为清大的经费很充裕，甚至以为清中的经费也很充裕，那都是不符合事实的。清大的经费与别的大学是一样的拮据，因为它没有从政府多得一文钱。清中更困难。比如重庆清华中学至今便仍负债二千多万，因为它跟别的中学一样，也靠"化缘"过日子。

（五）那一定有"大老板"在后面支持啰？

我们有我们的支持的力量，但这份力量来自母校、校董、校友、家长、师生和社会，而不是任何"大老板"。我们决没投靠哪一派、哪一家或哪个人，去做别人的工具。我们的地位是独立的，立场是超然的。我们除教育以外，没有任何目的，除同道以外，没有任何关联。

（六）你把帮忙的人从校董一直数到社会，该不是在弄外交辞令吧？

不是，是事实，说到这里，我很感激社会的鼓励。比如重庆清华中学二十七年（1938）创办的时候，是租的离城二十里的一所民房，四周没有村落，下雨天徒步走去都不能通行。草屋数椽，食堂下面便是猪圈。那时大家抱定宗旨，苦干数年再说，不募捐，不进城，甚至校董都不去见，后来个个校董都很出力，没有一个挂名不管事的。三十二年（1943）起在花滩溪自建校舍，校董有把木器、书籍送来的。家长有自动把所收奠仪捐助的。同事有捐薪的。学生有把母亲逝世时留给的唯一遗物一枚银元贡献出来的。开工时只有十万元现款，结果居然建筑了八座砖瓦洋灰的校舍，时值数亿元。尤可感的是：建校时同仁自己画图、监工、上屋。那年端午正苦无钱过节，忽然一位不大熟知的朋友，写信叫我进城，面交无名氏十万支票一纸，说："这钱我不捐给我的校友所办的中学，给你们安心些。"战后玉灵洞中国银行的大批房屋也自愿给了我们。先生，你能说这是外交辞令吗？这力量的得来，不是靠我们的活动或交游，而是社会的鼓励。

（原载于《长沙清中》1946 年第 1 期）

《重庆清华》发刊词

　　《重庆清华》出版了，我们为什么要创刊这页小小的刊物？理由很简单，为了联络校友，为了发扬清华精神。

　　重庆清中是筹设于民国廿七年。这八九年的时间虽不算长，可是历年校友及在校同学已近千人。这数目在广大人海中算来，虽似乎是微而又微，可是每当风晨雨夕，不论接到任何一个校友的信，总是唤起我一片珍贵的情感和昔日数百师生切磋砥砺的回忆。日子久了，就渐渐有了一种渴望：想继前本校校刊再出一种刊物。

　　因为我总觉得由于清华创业的不易，养成了同学的刻苦精神；又因多少承受了母校清华大学学术自由的作风，养成了同学自动求知的向善心，这种种都是有异于其他学校而难能可贵的地方。为了保持这种学风，我以为应经常地有个刊物，既报道校友的近况，又报道学校的动态。声气相通，心心相印，这样可使大家取得精神的联系，更可获得相互切磋的实益。这对我们优良学风的保持，新旧校友友情的增进，是大有益处的。

　　再次，我们的老大哥们——清大校友——的动态，也是我们校内外同学所极关怀的。假使在这小小的园地中，经常有他们的报道，纵然是一鳞一爪，这对我们不是有很大的精神感召的意义么？

再次，我们重庆清中，总算是在艰苦中，成长到了今天。它虽不过尔尔，然而关心它的，除了校友们外，却有千百的社会人士，千百的学生家长。所以我们虽在经常艰窘的当中，既不敢不力求进步，复不敢不把学校进行的真实情况，申述给关心我们的友人，以期获得同情的批判，以作改进的方针。这也是本刊重要目的之一。绝不是例行公事，也不是想出风头。

（原载于《重庆清华》1947 年第 1 期）

和重庆清华中学同学的谈话

（1942年秋在迁新校址前夕）

　　远在两年以前，校董们发动了一个"百万基金建校运动"，结果收到的捐款仅仅十分之二三，因为历期来的经费、绌支关系，早已用来弥补得差不多了，建校便无从谈起，以致搁浅。但是我们的校址在南岸土桥花溪滩畔，那里位于贵阳公路侧近，雄踞巴山，有清溪，有飞瀑，只待我们去开垦、创造。至于我们的教育理想呢？要有最完善的教学设备和生活设施，学生要养成有健壮的体魄，高尚的道德和丰富的知识与才能，以服务人群，贡献社会。……同学们！今晚的伙食会议，无形中变成了我们的建校筹备会。你们爱护学校的热忱，尤其令人感激奋起，趁着我们都还年轻，有勇气，有魄力的时候，同心协力来创造一番事业，做一次惊人的尝试。让我们的汗血在教育史上写下一笔"师生建校"崭新的一页罢！

（原载于《重庆清华》1948年第21期）

值得我们学习

——为梅校长六十寿辰而作

最近北方教育界有两大盛事。一是北大五十周年纪念，一是清大梅校长六十寿辰。清大一向是不做这类应景文章的，可是，这次为了梅校长的六十寿辰，竟把学校七种学术刊物都做成了纪念他的专号，并且还打算大大庆贺一番。梅校长的生日平时是没人知道的，只有这次才没有瞒得住大家。这原因是：是普通的六十寿辰之外，还有更重要的意义存在着。

由于梅校长的一向韬晦，由于我自己的领悟不够深刻，我没有方法说梅校长对于中国教育界的全部贡献，我也没有方法说出梅校长值得我们学习的全部品格。但是，我觉得，就教育界而论，他确是蔡子民先生而后最值得我们学习的一位教育家。我们不妨各就所知，各就所见，趁此谈谈。

谈到梅校长，我们最易想到的是他的专。他是 1909 年清华第一届的留美学生。那时他才 21 岁。他在美国吴士脱大学习工程。1915 年回国，便回清华服务，由教员，教授，教务长，到清华留美学生监督。

1931 年就任校长，直到现在。所以，就他与清大的关系而论，前后共达三十年之久。就他服务清大而论，前后共达三十三年。就任校长到现在，已达十七年。他这一生，由少而壮，由壮而老，整个韶光，都是为了清华。清华由游美学务处，清华学堂，清华学校，发展到今日五学院的清华大学，他都是身亲或躬与其事的。有人祝贺清华，说他寿与国同。因为清华的年龄正与中华民国一般长短。同样，我们也可以说梅校长寿与校同，因为他的一生就是清华的一生。在这几十年中，清华不是没有经过艰苦与风波的，但是在他的镇定与领导之下，一切艰苦与风波都度过了。在这几十年中，他不是没有外界功名势利的诱惑的，但他都已敝屣弃之了。我们可以公正地说，清华之所以成为一个国际闻名的大学，原因自然很多，可是梅校长之以一生贡献给它，要为其中重要原因之一。中国一切事业之所以不上轨道，就人事而论，实是由于大家缺乏"专"的精神。结果，个人飞黄腾达，事业江河日下。这"专"字有三层深度。第一层是说专干一种职业，决不今天办教育，明天弄政治，后天搞实业；第二层是说专干一件事业，决不今天做甲校的教务，明天做乙校的主任，后天做丙校的校长；第三层是说专心致志，决不东应酬，西交际，干着校长，望着部长。做到第一层的已经不多，做到第二层的绝少，做到第三层的便绝无而仅有了。梅校长的"专"，便是属于绝无仅有一层的。

其次，我们容易想到的是梅校长的"大"。有一件事实想必大家都知道，就是抗战起后，国内成立过好几所联合大学，可是除了西南联大一直联到胜利以后方才各自复校以外，其余全都中道夭折了。我们可以设想一下，倘若西南联大也如其他联大，因为意见不合，联不到底，那是中国教育界以至全中国国民多么重大的一件耻辱。外国人看不起中国人，说中国人是一盘散沙，是一个无组织的国家。倘若在那国难临头的时候，连智识最高的高等教育界都仍没有例外地联不拢来，一盘散沙之说岂不全盘证实，百口莫辩了吗？而其所予全体国民与下代青年的暗示又将是何等的恶劣与深远？我们又可以再想一下，为什么其他的联大通通联不下去，唯有西南联大能够联到底呢？这就与梅校长的大很有关系了。西南联大由三大的校长做常委，而由梅校长担任主席。张校长与蒋校长是不常在校的，实际就是梅校长一人在撑持。有一个时期，他甚至于兼着教务长。体力的劳苦不必提，精神上的劳苦也是可想而知的。那时，论设备，论经费，论师生的人数，都是清华最多，依世俗的眼光看来，这一联，清华是划不来的，反面看来也可以说清华在联大占了压倒的优势。这份家务可不好当。一方面要使清华的各方面绝不感到划不来，一方面要使非清华的各方面绝不感到清华占了上风。这其中的关键与奥妙就在梅校长的"大"。这时他的心中与他的作为都只有联大，没有清华了。他对整个联大一样看待，所以整个联大也都一样看待他，因此就能一直联到底了。这事做来不易，假装不成。这事的成功是他真真实实具有一副大的品格。这品格正是我们，尤其我们教育界，所急需的。

再次，他的"公"，或说他的民主精神，也是使人仰慕的。清华之所以办得有声有色，蒸蒸日上，主要是因为它具有深厚的学术空气，拥有各方面的出色教授。一个大学仅仅有钱有设备是办不好的。它得有好的风气，好的教授。风气如何才能好，好教授如何才肯来呢？这是由于清华的校务真正公开，校长绝不独断独行。因为一切集思广益，进步自然愈来愈大；因为分工负责，人人均觉清华自己也有一份，所以大家工作都有兴致。尽管昆明生活极苦，北平物价高涨，有些教授吃稀饭过日子，可是都能固守岗位，乐此不倦。因为学校大家有份，自然有工愿意同作，有苦愿意同当。在《大学法》里，大学是没有评议会这一组织的；有之，始自清华。评议会可说是一个集体的校长，校长只是评议会中的一员。这是真正的民主制度，真正的校务公开。又如年来盛被倡导的教授治校，确是一个良好的办法，这办法行得最早，行得最彻底的也是清华。在清华，一切没有私，一切是公开。因此，学术的风气才能增进，出色的教授才肯前去。在这方面，以身作则的就是梅校长。

最后，我要说到梅校长的"爱"。做领袖的人有两种：一种使人慑服，一种使人悦服。毫无疑问地，教育工作者应当使人悦服，而不在乎使人慑服。因为教育的出发点是爱。梅校长的品性中深深具有这一点。他爱学校，所以把他一生献给了学校。他爱国家，所以在抗日时把他的儿女打发到远征军去。他爱同事，所以待人一视同仁，从无疾言厉色。他尤其爱青年，所以在每次的学潮中他都以自己的力量掩护着青年的安全。我们只要想想有多少人曾以学校为幌子而达到了自己升官发财的目的，我们便知道真爱学校之不易。我们只要想想：有多少人曾经大声疾呼地叫人爱国救国，自己却无贡献，或且因而有所获的，便知默默无言地做着爱国工作之难能。我们只要想想：有多少办学的人视办学如做官，视学校如衙门，趾高气扬，颐指气使，便知一个大学校长之有礼地对待一切人们之可贵。我们只要想想：有多少人曾经爱护青年其名，出卖青年其实，或者爱护其名，放纵其实，甚或利用其实，我们便不能不深深地感到我们要有根基深厚的爱，教育才有着落。

梅校长是值得我们学习的。他值得我们学习的地方自然不止这几点，而且我们教育界中亦必有很多无名的梅校长。让我们多多学习梅校长，多多寻找无名的梅校长，并多多养成一些未来的梅校长吧。我想，这才是送给梅校长六十寿辰的一份很有意义的礼品。

（原载于《重庆清华》1949 年第 22 期）

师范教育的先驱学人

二二一制中学

《共同纲领》第四十六条规定："人民政府应有计划有步骤地改革旧的教育制度，教育内容和教学法。"

现在，全国大陆已经基本解放，目前与未来的建设任务已向"教育"提出了重大的要求：国家需要迅速而有效地造就大量的新型知识分子，尤其是中级的新型知识分子，以便一方面满足中级建设干部的需求，一方面奠定高级建设干部的基础。但是短期训练班与旧型的正规学校已经不能满足这种要求了。因此，"旧的教育制度，教育内容和教学法"的"改革"已有可能与必要了。

自然这件改革工作的关系是很重大的，影响是很深远的。不能鲁莽从事，必须"有计划有步骤地"做，因此，了解、调查、讨论、研究等方面是该多下功夫的。同时也不能凭借幻想或全盘搬运，而当根据实际情况，从原有基础上出发，来满足国家的要求。

按改革的次序说，首要的是"学制"，次之是"内容"，即课程与教材，再次是"教学法"。因为学制定了才能排定课程，分配教材；教材定了才谈得到用什么方法去教。

由于国家目前最迫切的需要是中级新型知识分子，打算谈谈中学学制。自然，学制是整个的，不能切断的。

办法是这样的，把目前的三三制改为二二一制，或试办二二一制。就是：把中学分为初级、中级、高级三段。初级二年，不学外文，读完现有初中三年的其他功课，毕业后可以升入中学的中级或中级技术学校；中级二年，不学外文，读完现有三年高中的其他功课，毕业生可以升考大学或高级技术学校；高级一年，专为中级毕业生已考上大学者学习外文之用；这一年也可以附设在大学里面，以免受到师资困难的阻碍。

这办法有四宗主要的好处：

第一是免除教育上的浪费。中学基本上是承上启下的一环，有许多学生毕业后是升学的，但是，事实上中学毕业生不一定全都升学，其中有很大一部分是不升学的。过去如此，现在如此，将来也将如此。而且，目前国家的建设任务需要很多的中级建设干部，中学生也不应该全往升学的路上走，对于不升学的学生说，他们花费约三分之一的光阴学习外文全然是不必要的，是可以节省的浪费。试问每周三小时或四小时的外文，学过三年或六年之后，如果不升大学，除了一点装饰的价值之外，有什么实质的用处呢？能读、能说、能写吗？用得着吗？外文改为选科是不能解决问题的，因为刚进中学的时候，谁知道自己升不升学呢？选呢，一旦不升学时便成了浪费；不选呢，一旦要升学，又无办法。选科制既然不能解决问题，所以事实上外文便成了必修，而对于很大一部分不升学的学生说来，必修外文确是一笔很大的浪费。二二一制中学是可以免除这笔浪费的。

第二是可以更快地造就中级建设干部。因为初级的二年代替了初中的三年，所以初级技术学校可以提早一年得到它的后备军，而初级技术学校的学生也可以提早一年完成学业，为人民服务。因为中级的二年代替了高中的三年，所以中级技术学校也可以提早一年得到它的后备军，而中级技术学校的学生也就可以提早一年完成学业为人民服务了。

第三是可以更多地造就中级建设干部。目前国家的财经情况还有困难，而人才的需要却是迫不容缓的。这当中有矛盾。解决的办法不可能是不顾实际情况，飞跃地增加中学的数量，更不可能搁压国家建设任务的需要。办法在于利用现有的学校、设备、师资，造就更多的人才。假如所有初中可容六班学生，照三三制办，每年有两班学生毕业，升入初级技术学校；如果按二二一制办，每年便可以有三班学生毕业，升入初级技术学校了。这不是等于把没有中学设备的教育效果提高了百分之五十吗？

第四是便利升学。这有两方面：首先，由于中学全部由三三制的六年改为二二一制的五年，对于升学的学生说来，时间上节省了一年。也就是前三条所说的，节省了，更快了，更多了。其次，外文集中在最后一年学习，好处很多，因为集中的学习较之分散的学习，效率是能更大的。学习外文的目标更加明确以后，学习的情绪也可能更高。加以不再有不升学的同学在一道勉强学习，以致互相牵扯，学习的进度亦必更快。而且就学习外文的时数算来，在三三制的六年中，初中每周三小时，约有 360 小时，高中每周四小时，约有 480 小时，两共 840 小时。而在二二一制的最后一年，假定每周学习二十五小时，一年便有一千小时，多了一百六十小时。他们进了大学以后，用外国文看参考书的能力，不待说是会比较够用的。像以往花了很长的时间，白费了另一部分人的精力而结果并不济事的现象，在二二一制中学毕业生中是不会再有的了。

这办法还有两宗附带的好处：

第一宗，便于义务教育的逐步延长。在目前，我们的义务教育全没有基础，但是新民主主义的新中国的各方面的进步，无疑是会很迅速的，小学阶段之成为义务教育必然是不久可以实现的，而且，追踪苏联，把义务教育延长到初中以至全中学阶段也是势所必行的。在这方面，二二一制中学也比三三制好，因为义务教育每次延长二年，较之每次延长三年，可能些，也稳当些。

第二宗，可以解除外文师资的困难。中国沦为半殖民地，受着美英的剥削已一百年了。百年来，在买办性的教育中，学生们从小学到大学都在学英文，而中学尚难聘到优秀的英文教员，往后，我们为了学习苏联的先进经验，自以学习俄文为宜。但俄文比英文更难学。师资更缺乏得多，加紧培养师资是杯水车薪，缓不济急的，中学实行二二一制，这困难便可解决一大半，因为不升学的中学生不再学外文，俄文师资已可减少一半；一部分中学的最后一年附设在大学里面，又有大学的俄文师资可以利用。

改二二一制中学有没有困难呢？答复是没有。

首先，这是从现有基础上出发的，并没有打乱全盘系统，变动不难。

其次，除外文外，两年学完初中三年其他功课，再两年学完高中三年其他功课是可能的。因为外文在课表上，虽则初中只占三小时，约全部功课九分之一，高中只占四小时，约全部功课七分之一，但在学生的学习中可要占去了三分之一左右的精力。去掉外文，便等于去掉三分之一的负担，因而减去三分之一的学习时间是可能的。再则初中与中级的理、化、博物、史地等科，还可以在自成段落而不过分重复的原则下加以精简，时间便更充裕了。

再次，第五年学外文并不太迟，因为我们学习外文的目的主要是看书，次之是翻译，至于会话不是最重要的。外交与国际贸易的人才需要比较少，可以另外训练。迟学几年，即使发音不大正确，权衡轻重，不足重视。

意见不太成熟，可能谬误很多，提出以供参考。

（原载于《光明日报》1951 年 3 月 9 日）

再谈二二一制中学

我在 3 月 9 日的《光明日报》上发表了一篇《二二一制中学》。接着，《光明日报》在 3 月 22 日与 3 月 28 日登出了两篇批评的文字。这是很好的。因为由此可见中学学制改革的问题已经获得了社会的重视与讨论的机会。不过因为我对这么一个重大的问题只用了一千八百个字来说明自己的看法，因而言不尽意，并使别人对于我的本意不易完全明了，这是很感不安的。所以补充说明一下。

（一）不是形式决定内容

我说"按改革的次序说，首要的学制……"我的意思不是要首先主观地决定中学的学制，然后"削足适履"，把课程与教材硬塞进去。改革有两个步骤，一是设计，一是实施。在设计时，我们应当确定中学的性质、任务与要求，然后确定课程的种类与分量，最后才决定年限与衔接。但在实施时就不然了。我们应当按照设计妥了的事项，适当地决定学制，公布学制，在新的学制内排定课程，分配教材。否则，新的教法没有新的教材做基础，教学便易陷于纷乱。比如拆盖一座旧房屋。最初，为了应付急迫的需要，我们不妨，而且应该立时拆掉那些原有的脏东西，改造一些破房间，并找空地方新建一些应用的新房屋。但一旦时机到来，我们打算彻底重新建造的时候，我们计划好了之后，便应首先确定地基的大小，再按计划画蓝图与动工；不再东补西找，使它变成一件百衲衣。在这一点上，我们似乎各自看到了问题的一方面，本意似无冲突。自然，我的原文说得不够清楚，我是应该负责的。

可能有人要问：既然如此，现在需要尚未决定，你为什么就提出二二一制来呢？是的，也许我提早了一点。但我以为课程方面既已经过两年左右的试验；中学的任务在于承上启下虽无决议，但已公认：参照各国，尤其是苏联的中学课程以及我国的实际情况，内容出入不会太大；加以我对内容的外国文一科有些意见，如果大家认为合理，势必涉及学制；所以就一道提出来了。因为内容与形式是分不开的，更不能把它们机械地对立起来。

总之，内容决定形式与形式亦可影响内容这一道理我原是同意的。我没有意思要用形式来决定内容。我也否认形式并不影响内容的说法。

（二）现实与发展

学制、课程、教材与教法的决定都要顾到两方面。一是现实的基础与需要；一是发展的可能与展望。单顾现实而不顾发展是不对的；单顾发展而不顾现实更是幻想。如果两者不可完全得兼而又不能不予兼顾的时候，我们便只好多顾现实，少顾发展了。因为现实是不能不密切地结合的，发展则还可以逐步地求配合。这一层我们大概可以同意。问题在于我说"中学毕业生不一定全都升学，其中有很大一部分是不升学的。过去如此，现在如此，将来也将如此"。这"将来"二字太简单了。"新民主主义社会要普及初等教育，社会主义社会要普及中等教育，共产主义社会要普及高等教育。"发展的规律将会是这样的。但因我在文首就已申明，学制改革是根据《共同纲领》第四十六条的规定，而

《共同纲领》则只是新民主主义社会阶段的最高准则，所以这里所说的"将来"只是新民主主义社会的"将来"。"升学"二字也当明确一下。普通说到中学生的升学问题时，意思是指从初中升入高中，或从高中升入大学。其实严格说来，从初中升入中级技术学校，或从高中升入高级技术学校也是一种升学。这里所说的升学，只是局限于前者，而不包括后者。因此，如果我说详细一些"中学毕业生不一定全都升入高中或大学，……在新民主主义社会的阶段内，将来也将如此"。这是不会错的。因为苏联现在的中学生也还没有全部升入大学。中国的革命成功比苏联迟了三十年，今天的工业水平又比苏联当日的工业水平低得多，似乎二三十年内不会赶过今日的苏联而达到每个中学生都升入大学的境地，这是可以预见的。再则，在新民主主义的阶段内，中学生不全升入高中或大学的原因与过去不同，乃是常态，不是病态。因为中学生不全升入高中或大学，不只是高中或大学数量不够的问题，也不只是人民的财力的问题，而是国家的需要的问题。据估计，一个高级技术干部需要配备十个中级技术干部。而在目前国家的建设与国民的生活情况下，技术的普及尤急于技术的提高。因此，实际的情形已经是技术学校招不到中学生，而不是中学生不能升学了。处在这种情况之下，我们怎能在讨论中学学制的时候漠视眼前的现实而只憧憬着遥远的发展呢？何况社会状况固然是发展的，学制又何尝是一成不变，永不发展的呢？

（三）一贯不如分级

由于三三制的过分重复与浪费，多少年来就有不少的人主张五年或六年的一贯制，并已有人做过实验。我认为一贯制是不如分级制的。

首先，一贯制的中学是要读完全部学程才能得到系统的知识的，这就造成了学生离校的困难。中途离校，因为没有系统的知识，升学固不可能，就业也有困难。但是中途离校的现象是必然存在且有需要的。说它必然存在，是从学生本身的条件说；说它有需要，是从国家的需求说。这现象不会仅是短时间的。

其次，一贯制中学也不便于义务教育的逐步延长。义务教育必然是要延长的，但是这种延长也必然是逐步的，而不是跳跃的。如果中学实行一贯制，则小学阶段以后的义务教育将以一跃延长五六年为便，从国家的经济力量来衡量，这是不切实际的。

最后的一点是：从教学的效果看来，课程的适当的重叠有时也有必要。我们看一本书，当时不太懂得，也不能完全记住，过些日子再看，懂的与记的便多一些。这经验是很多人都有的。"温故知新"，适当的重叠一则可以联系过去所学，二则可以巩固记忆，三则可以增强理解。

（四）关于外国文

学"好"了外国文有用处，这是没有问题的。学"好"了外国文，有利于国际文化的交流，这也是没有问题的。问题在于替不升大学的学生设想，他们不容易学得好，而且也不必要；替升大学的学生设想，不如集中学习，效果更大一些；替国家设想，需才孔急，不如节省这份耗费。

为什么说替不升大学的学生设想，他们不容易学得好，而且也不必要呢？我说不容易学得好，是因为从以往百年来我们学习英文与现在一般中学生学习俄文的经验可以看得出来的。在以往中学的英文每周有五六小时，英文在中国流行了百多年，中学毕业生有多少能看英文参考书的？更谈不到翻译与会话了。其中不升大学的，学了英文在实际生活中有什么用？如果说有，那就只是一点装潢的排场而已。在今天，外文初中三小时，高中四小时，大概已不容易再加多了。结果一学期才可以读到十课左右。即令教法改良，其奈钟点更少，师资更缺，文字更难何？我说不必要，可以从分析外国文的用途得出结论。要一般学生学习外国文的目的不外看书、翻译及会话。为什么要看外国文的书呢？因为有些深僻的书报或新出的书报，由于顾不到或来不及译成中文，或者因为我们要做研究工作，中文参考材料不够，不能不从外国书报中去找。请问，这是每一个中学毕业生或中级技术干部所"必要"的吗？至于翻译，目的不外把自己的具有国际学术价值的贡献译给外国人看，或把外国的标准书报译给全国人利用。请问，这是我们所应求之于每个中学毕业生或中级技术干部的吗？会话之无普遍的"必要"性，我想更是不必多说的了。也许有人认为中高级技术学校在授课上还需要一点点外国文的基础。这个问题是这样的：在教本方面，我们应该，而且可能自编或译出。在名词方面，即使一时不能统一，充其量到时专教一些名词，如药名、机器名就可以了。

为什么说替升大学的学生设想，不如集中学习，效果更大一些呢？这是因为：第一，学习目的明确了以后，学习的动力必然提高。第二，师资问题可以得到较好的解决，因而教学的效果也可以提高。第三，学生目标一致，没有牵扯，全班齐头并进，不致在学习没有动力的学生身上占去时间与精力。这是各俄语专修班校的成绩可以证明的。至于我上次所说的"会话不是最重要的"，是指学习目的，不是指学习过程，所以我紧接着说"即使发音不太正确，权衡轻重，不足重视"，意思是怕有人顾虑学迟，发音不正确。我并没有主张闭着嘴去学。

为什么说替国家设想，需才孔急，不如节省这笔耗费呢？这一点上次已经说过了。如果上述论据可以成立，它已是不辩自明的。问题在于四年能否学完现有六年的功课（外文除外），下面再谈。

我觉得谈到中学生学不学外国文的问题，我们是容易被两种成见所束缚的。有些人会感到自兴"新学"以来，中学一直就有外国文一科，它是"古已有之"的，一旦让一部分中学生不再学了，似乎有些不习惯。这一层，不会有人提出，但可能在我们心里暗中作祟。另有些人会感到苏联的中学生须在英、法、德三种外国文中必修一种，我们为什么不照样办呢？要知道，俄文与英、法、德文同是拼音文字，有其近似之处，学起来比较不太吃力；中文是象形文字，与俄文、英文绝无相通之处，学起来是很吃力的。中文本身又是一种很难的文字，对于并无必要的一部分中学生，何必让他们吃力不讨好呢？

（五）时间够用

除外国文外，四年学完六年的现有功课，时间够不够呢？够的。首先，让我们计算一下吧。比如初中一年级，现在每周二十七小时，除去外国文，还有二十四小时。科目中有些可以精简的，例如算术，大部分与小学算术重复，实际上用不着四小时，加以精简，不会降低水平。加以通盘筹划，不难减到二十小时。改制后每周不过三十小时。以每日学习八小时计算，每周可有自习时间十八小时，每日可有三小时。又如高中一年级，现在每周三十小时，除去外国文，还有二十六小时。现有科目中也有可以精简而不影响水平的，如生物四小时即可改为进化论二小时，平面几何与初中平面几何也可减少重复。通盘筹划，减为二十至二十二小时是不困难的。改制后每周不过三十至三十三小时。如果每日学习时间以九小时计算，每周可有自习时间二十一至二十四小时，每日可有三小时半至四小时。所以说，时间是够的，健康不会受影响。

再则，工农速成中学三年或四年学完现有六年的功课办法，也是可以给我们作参考，增加我们的信心的。自然，这两种中学的性质不一样，学生成分亦不相同。但，工农速成中学的条件在某些方面还不如普通中学。例如学生年龄较大，记忆力差，算术基础薄弱，占的时间要多一些。我们不敢说工农速成中学的办法可以作为我们改制的依据，但参考的价值总是有的。

（六）多余的话

我提出学制问题的重要性与改革学制的具体意见，原是很冒昧的。我没有意思说自己的看法完全正确，更没有指望它全被采纳。但我的心是火热的，也曾用过一番思考。中央既很重视学制的改革，我只希望我的意见能尽一点"抛砖引玉"的功用，引起大家对于中学改制的重视与讨论，使中央能够多得一些参考资料，于愿足矣。

（原载于《光明日报》1951 年 4 月 4 日）

改进作业检查方式，提高教学质量

在我们的中学里面，一般地说，还是习惯于老一套的作业检查方式，即教师指定家庭作业后，每周或若干周后全收或抽收一次，予以全改或抽改。教师忙于批改作业，没有充分备课的时间，不易提高教学质量，因而作业错误很多，批改费时，转而又影响到备课时间与教学质量；并使教师没有应有的休息时间，影响健康。学生方面则常易产生积压作业，精神紧张及赶作业与抄作业的现象；被改到的不一定仔细体会教师的批改，没被改到的更不知错在何处；批改的效果是不大的。

我与孙亚宁、马文俊二同志参加北京市第三十五中学总结时，发现物理教师汪乾元在检查作业的方式方面体会了苏联教学的先进经验，摸索了一段时间，取得了一些初步的成绩。

汪先生担任初中三年级的四班物理课。在 1952 年暑假前，她也是用老一套的方法来检查学生的家庭作业的。书上有习题就照例留下，既不注意习题的分量，也不在讲解例题时照顾到习题的做法，以致师生双方都感到负担很沉重。学生做不出，便在课堂上反复提出问题，耽误讲课；二或三周收一次，很多学生不交或没全做，也有抄袭的；教师起先是全改，因为实在忙不过来了，减为抽改一半，每班每次也得花费六小时，但是错误多，改得不仔细，学生不满意。

1952年暑假后，她读了《物理通报》二卷一期上登的《物理教师课前准备工作》一文，对于苏联教学的先进经验有了一些体会。她注意到了讲例题时照顾到习题的做法与提示习题做法的要点，并严格限制作业完成日期。但是她仍把课堂提问及检查家庭作业看作互不相关的两件事情，她不明白苏联物理教师为什么一学季收一次作业就够了。因此，效果仍不太好。抄作业，赶作业与在上课时反复提出问题的情形基本上是没有了，但是教师全改一次，每班须费十小时，减为抽改一半，仍须花费五六小时，后来减为抽改三分之一，负担仍然很重。学生对于不全改是不满意的。没被抽改的学生，并不自己去与改了的对照及订正。

1952年冬忠诚老实学习时，学校规定暂时不收作业，汪先生怕学生不做作业，在前一堂留下作业后次堂便提问，当堂予以订正。期末总收一次。学生反映良好。但是汪先生思想有顾虑，她觉得这算不算偷懒呢？本学期经同组教师肯定不算偷懒后，于是她与同组教师及他组个别教师才大胆地正式改变检查家庭作业的办法。

办法是这样的：每堂都留作业，作业分量约十五到二十分钟可以做完（连复习教本约半小时），如果书上习题数目多，便分作二三次留，次堂上课时，在组织教学后一定检查，只有偶逢新课内容太多时才推后一堂再查。检查的方法是：上课前由学习小组长（每组十人以内）检查完成情况及未完成原因，汇报班主席，班主席在上课时把结果汇报教师登记。教师提问的内容不限于作业题，但作业题一定问到，当学生答问或板演时，教师便下座巡查一次，主要注意学生是否完成了作业，并特别注意成绩落后的学生。由于教师是有教学经验的，知道哪些部分容易弄错，所以巡查时对于一般性的错误容易看出来。教师提问时候学生关上书本及练习本。对答不出的给以适当的启发，并令其他学生加以补充，当堂记分，然后令学生打开书本及练习本，由教师加以总结，指出答问、板演及作业中的一般错误，由学生自行订正。以上提问、检查及订正工作，每堂约用十至十五分钟。一般说来，作业错误不多，容易订正，最初，每班有一二人不能完成，后来经过批评，便全部能按时完成了。抄袭的情况已经没有了。教师全期总收三次，每班全期共做三十一个习题，不比前学期少。三次全改，每班每次只用了二小时，四班合计，全期只需二十四小时就够了。此外，教师又利用了讲新课后的十至十五分钟时间举行了七次测验，每次出二至四题，一小时可改一班。教师试验了一学期的结果，感到学生家庭作业中的错误减少了，完不成作业与抄作业的情形没有了，而教师自己的负担也减轻了很多。这一学期，教师在备课、测验、学习、实验室及教研组的领导工作上均比上学期多花了时间，可是，由于改变了检查作业方式之故，总的负担并没有增加。

汪先生检查学生家庭作业的方式是有一定的成绩的。首先是减轻了教师的时间与精神的负担，转而用到加强备课与学习方面，从而又提高了教学的效果、作业的质量。以前，四班学生的作业，抽改一半，全期约需花费一百二十小时，现在全改却只需二十四小时了。而且，以前每次积累很多作业，错误又多，精神上也有负担，现在则没有这种精神上的负担了。加强备课是教好功课的主要关键，教师终日埋头于批改作业工作，却没工夫去充分备课是一种本末倒置的工作方式。汪先生的办法对改变这种情况是有好处的。其次是加强了作业批改的效果及避免了学生在作业中养成不良的习惯。由于教师备课充分，提高了教学水平，且讲完一堂即做作业，学生的困难与错误便减少了；由于每堂检查作业，赶作业与抄作业的坏习惯便没有了；由于作业分散，学生也与教师一样，精神上的负担减轻多了；由于当堂总结及订正，每一个学生在作业上的思想活动便能处于积极状态中。

不过，汪先生的办法所以能取得一定的成绩是有其一定的条件的。

第一，教师必须充分备课，才能教好功课，提高教学质量，从而提高作业质量，减少检查困难，才能使留题的分量，作业外的提问与板演，巩固环节中的问题及测验的内容等恰如其分而又能够互相结合与补充；第二，教师必须善于掌握课堂与充分利用时间及机会，才能在同一时间内既做到提问及板演，又做到使学生根据学生的总结订正作业错误；第三，教师必须善于在提问中为讲授新课铺平道路，以节省讲授新课时间，否则除了提问、检查、巩固及留作业等环节外，余下二十多分钟是不够讲授新课之用的；第四，教师必须经常积累资料，尽量了解学生，才能在简短的巡查中一方面确定学生作业的完成情形，同时又能发现其共同错误。

汪先生的办法自然还不是尽善尽美的，也不是每一年级每一学科都可机械搬用的。又如，由学生组长在课堂前代替教师检查作业的完成情况是不是合适与必要呢？作业的分量恰不恰当呢？高年级的物理能不能用这一小法呢？全是可以考虑的。但，减轻教师批改作业的负担，把精力转用到备课上去，教好功课，提高教学质量，从而提高作业质量，并使批改收到更大的效果，这一方面却是正确的。汪先生在这一点上是有其一定的成绩的。

（原载于《人民教育》1953 年第 11 期）

对学习苏联教育经验的体会

几年来，我们诚心诚意地学习苏联先进教育理论与经验，进行教学改革，成绩是显著的，而且是很大的。但也存在很多缺点。

学习中存在的缺点：

一、浅尝即止

许多苏联的先进教育理论与教育经验本身并没有缺点。由于我们学习时浅尝即止，没有全面地体会精神实质，以致在理解上产生了偏差，在实施上就发生了问题。例如个性全面发展的教育方针，本来很明确。它包括两个方面，一方面要求人的全面发展，亦即身心的和谐发展。这是因为人都具有大体相同的素质，只要处在同样的环境，受到同样的教育，每个人都可以发展成为有用的人才。同时要使人能真正成为一个有用的人才，便要使他的身心各方面都能发展，不应使他畸形地、片面地发展。另一方面，个性全面发展的教育方针要求发展人的个性。这是因为人在共性之外还有个性。人的素质、兴趣、才能等等在大同之中也有小异。有人适宜于在这方面发展，有人适宜于在另一方面发展。漠视个性是对社会主义事业不利的。由此可见，个性全面发展的方针既要求发展共性，也要求发展个性。这方针的本身本来很明确，很全面，绝无漠视个性发展之意，而且是要求个性的发展的。可是不知怎么一来，我们却把个性全面发展在文字上、口头上、理解上简化成了全面发展，删了"个性"二字。因而在实施上产生了平均发展与强求一律的偏向。又如个性全面发展的组成部分问题，苏联教育学提出了智育、德育、综合技术教育、体育、美育五个内容。这是很具体，很好理解的。可是我们又忘记了苏联教育学所讲的只是普通教育学校，即中小学的教育。苏联教育学从来没有讲过学前教育与高等教育的个性全面发展也是这五个内容。事实很明显，高等教育是专业教育。专业教育是与综合技术教育相对的。高等师范学校的数、理、化、生物、地理等系应有一些综合技术的训练，但只是专业教育内容的一部分，不是一般的综合技术教育。有人却浅尝即止，把普通教育学校的全面发展的内容理解为全部学校教育个性全面发展的内容，硬说高等学校也要实施综合技术教育，甚至说哲学系的学生也要受综合技术教育，以便自由选择职业。又如教师主导作用问题，苏联教育学在讲教学过程时说得很清楚。教学过程有两方面，一方面要求教师发挥主导作用；一方面要求在教师主导下发挥学生的自觉性与积极性。此外，在教学原则中还特别列出一个自觉性与积极性原则。在讲教育、教养、教学三个基本概念时也一再指出要发展学生的认识力，包括思考力在内。我们却片面地理解教师的主导作用，忘记了教师主导作用下的学生自觉性、积极性，忘记了教师应该主导地发展学生的认识力，包括思考力在内，以致学生不会独立思考成了当前教育工作中的最严重的缺点。这一切都说明，我们学习苏联先进教育理论与教育经验之所以产生偏差，问题在于我们浅尝即止，没有真正全面理解它的精神实质。

二、以偏代全

本来，在苏联，教育学还是一门比较年幼的科学，其中有许多问题还没有解决，还在试验之中，还有争论。我们却往往撷拾人家的片言只字，当作不变的条律。例如中学男女同学问题，苏联曾经在大城市中试验男女分校的办法，并未得出结论，全国正在推广。我们却不假思索，认为男女同学不好，应当分校。有些城市就把原来是男女同学的中学改为男女分校。哪知我们还没有分完，人家已经从试验中得出与我们主观判断相反的结论，认为男女分校不如男女同校。于是，我们又只好不再分了，或把分了一半的又合起来。又如智育在个性全面发展教育中的地位问题。凯洛夫体会马克思的意思是"智育，即教养，应占第一位"。格鲁斯杰夫的体会却不一样，他"认为马克思将智育列为第一位，体育列为第二位，综合技术教育列为第三位，这是十分荒谬的"。意见并不一致。又如高等学校成绩评定问题，有些专家主张应以考试成绩为唯一标准，不要参考平时成绩。其实这是不合理的。事实上专家中如费拉托夫在答华中师院的问题时就主张可以参考平时成绩。我们却不加考虑，采取了不合理的意见，放弃了合理的意见。又如教育实习问题，普希金专家主张要大张旗鼓，后来又有专家主张不必兴师动众，我们就感到无所适从。其实，在过去不重视教育实习，初期大力推行的时候，大张旗鼓是必要的，而在大家都已重视的时候，每次劳师动众就大可不必了。此外，教育理论上没有解决的问题还很多，例如教学原则究竟有哪几个，苏联讨论过，还没有最后的结论；教育到底是不是上层建筑，肯定的程度还大有出入。课的类型更是众说纷纭，至少有十来种分法，专家崔可夫在教育科学讲座上与教育学讲义中的分法就不一致。这都是有待我们独立思考，深刻研究的。我们却往往不加比较，不加分析，就见诸行动，这当然不能不在实际工作中产生缺点。

三、脱离实际

这是地道的教条主义。例如苏联一般中学毕业生，对社会意识形态中的历史性、阶级性问题可能是耳熟能详了。因此，他们在新的教育学教学大纲中大大减少教育的历史性、阶级性的阐述，以免与教育史重复，可是我们的中学毕业生对于这点还不熟悉，我们的高师还不一定都开设公共必修的教育史课，却也学着苏联，对于教育的历史性、阶级性问题不再多加阐述，这是不是有点不问自家条件，一味盲从人家呢？我又想，高等学校采用两级制确是苏联的优良经验，因为这有助于克服领导上的官僚主义与事务主义，帮助他们面向教学。可是我们的高等学校发展很快，院长副院长一时配不齐，各级工作人员不熟悉，校内外事务又不少。这时强调实行两级制，两头没有充实，先把中间抽空，会不会有好处呢？我又想，苏联今天加强综合技术教育，除了理论上的意义以外，还有他的现实意义，就是，中学毕业生大多数要就业。但是我们当前的中学毕业生比较多的人要升入高等学校。在这种情况之下，我们实施综合技术教育，除了理论上的意义以外，在其实际意义及实施办法方面是不是应当与苏联有些区别呢？这一系列的例子都说明苏联有些大体已有定论的、优良的理论与经验，我们如果不很好地结合中国的实际来学习，效果是不会好的。问题不在理论与经验的本身，而在我们的学习态度有些教条主义。

我们学习苏联先进教育理论与经验所以有许多缺陷，因为我们犯了教条主义的错误，教条主义者是不能独立思考的，是不敢独立思考的。由于不能独立思考，所以不能深刻理解，不能结合实际。由于不敢独立思考，所以自己搞的东西也要标榜苏联。总之，我们的思想方法与学习态度，有非马列主义的倾向。

今后怎么办呢？

我看到一种苗头，听到一种说法。

我所看到的一种苗头是过分怀疑，甚至简单否定。例如表扬先进班问题，我们订出指标，平均要求，抹杀个性的做法是应该否定的。表扬集体，包括班集体，这一原则是正确的。但是有人因为方式不好就连办法也不赞成了。又如集体备课问题，强求一字一句地统一讲授，以致伤害教师的积极性、创造性与独立见解，个别教师依赖集体，放弃独立钻研等等现象是应该纠正的。但是目前多数教师业务不熟的情况下，集体备课的本身还是必要的，但是有人却因噎废食，根本怀疑到集体备课的作用了。我认为这是走到了另一极端，是不妥当的。

我所听到的一种说法是"教学改革又要改回去了"。不对，大大的不对！我们是要进一步更好地进行教学改革，决不再改回去了。我们要发挥教师的独立思考，但决不是回到自由讲学的老路上去。我们要发挥学生的独立思考，但决不是放弃教师的主导作用。我们要发展儿童的个性，但决不是主张儿童中心主义。

我认为，我们学习苏联的先进教学理论与经验取得了很大的成绩。但是由于我们存在着非马列主义的思想方法与学习态度，以致学习时产生了偏向，给工作带来了损失。为了今后学得更好，我们必须独立思考，认真体会，避免浅尝即止！认真比较，避免以偏代全；认真结合实际，避免教条主义。

（原载于《文汇报》1957 年 2 月 28 日）

怎样讲解　怎样问答

——介绍二千年前《学记》作者的意见

　　教师教学，永远离不开讲解。讲解看来容易，作得好可不简单。讲得好坏，问题在于教师的口头表达能力与教材组织。因此，《学记》在这两方面向教师提出了三项要求。

　　首先，要求"约而达"，就是教师讲话应当简单，但又将主要意见充分表达出来。从这一角度来看，教师讲课的技巧大体可以分成三等：最好的是，讲话简单，但是论点都说清了，就是符合"约而达"的要求；次一等是，讲话虽则啰嗦一些，但是意思总算说清楚了；最坏的是，说的既啰嗦，意思又没有说明白。可是人们常有一种错觉，以为要把意思说清楚就得多说话。其实这是不对的，二者之间并不一定成正比，有时甚至成反比。《学记》"约而达"的要求值得我们深思力行。

　　其次，要求"微而臧"。就是，既要扼要，又要精辟。拿今天的话说，就是讲解要有重点，而所讲的重点又要真是教材的精华所在。平均使用力量是不对的，轻重倒置也是不对的。

　　最后，要求"罕譬而喻"。就是说，为了学生易于理解，应当采用具体的例证来说明抽象的道理。因为用概念解释概念是解释不透彻的，用例子解释概念就使人容易理解。所以，例子，"譬"，是必要的。但是"譬"是手段，是为了使"喻"，它本身不是目的。我们讲书举例，不是为举例而举例，乃是为了说明一种道理或者一个概念而举例。所以，例不在多而在精。如果举例恰当，例少也能说明问题，如果不恰当，多了也无用处。并且，用例应以能够说明问题为度。不恰当的例子固然愈多愈不好，即使例子恰当，也只要说明问题就够了，多了反而不妥当。因为例子太多就会淹没论点，就会反客为主，结果，学生只记得例子，记不得论点了。可见例子固然必要，但是质量上要能说明问题，数量上不可过多，以免淹没论点。这就叫作"罕譬而喻"。有些教师只会抽象说教，有些教师用例不当，有些用例过滥，都可以从"罕譬而喻"获得很好的启发。

问答法包括两方面，一方面是如何提问，一方面是如何答问。

提问的要诀是由易到难。由易到难的好处是，易者容易解决，通过易者的解决，久而久之，难者也就好解决了。比喻砍硬木头，先砍松软的地方，后砍木头关节。必须这样，关节才能砍通。如果反过来，先从难处问起，问题是得不到解决的。这里包含了循序渐进的道理，是正确的，用在讲授新课上是理当如此的。步步提问，步步深入，最后，困难的结论自然就出来了。但是不可以绝对化，在其他情况下，有时是可以单刀直入，提问难点的。

答问要注意两点。一是大小得当。就是说，如果学生问的问题小而浅，教师就不可以自炫博学，小题大做一番；如果学生问的问题大而深，教师就不可以偷懒藏拙，敷衍了事。对于浅显的问题就浅明地答复，对于深刻的问题就深入地分析。学生答复教师也是一样。这就叫作大小得当。比如打钟，小打就小响，大打就大响。万没有打得轻而响得大，打得重而响得小的道理。其次要求从容问答。所问要从容，答问也要从容。唯有从容作答，才能把道理说透，正如响钟一样，只有从容地响，才能"尽其声"。答问原要解决疑难，如果说理不透，如何能解决疑难呢？为了说透道理，从容答问是必要的。

这就是问答法的基本要求。这些要求永远是正当的。

【附】《学记》原文及译文：

善歌者使人继其声；	优秀的歌手能使听众不知不觉地跟着他唱，同样，
善教者使人继其志。	优秀的教师能使学生欲罢不能地跟他学。
其言也，	他的讲解，
约而达，	简单而又透彻，
微而臧，	精微而又妥洽，
罕譬而喻，	举例不多，却能说明问题，
可谓继志矣。	这就能使学生欲罢不能地跟着他学了。
善问者如攻坚木：	善于发问的人，发问就如砍伐坚硬的木材一样，
先其易者	先从容易砍的地方砍起，
而后其节目；	随后才砍木材的关节；
及其久也，	久而久之，
相脱以解。	自然随手就解开了。
不善问者反此。	不善发问的人恰恰与此相反。
善待问者如撞钟：	善于答问的人，对待发问就如对待撞钟一样，
叩之以小者则小鸣，	撞得轻就响得小，
叩之以大者则大鸣；	撞得重就响得大；
待其从容，	从容地撞，
然后尽其声。	从容地响。
不善答问者反此。	不善答问的人恰恰与此相反。
此皆进学之道也。	这都是有关进行教学的一些道理。

（原载于《北京师院》1957 年第 6 期第 2 版，署名任敢）

夸美纽斯对几个重要教育问题的主张

——纪念夸美纽斯诞生 365 周年

夸美纽斯（一译克绵斯基）是捷克摩拉维亚人。他生活的年代是 1592 年到 1670 年，相当于我国明嘉靖卅一年到清康熙九年。他终生从事教育工作，主持过祖国的兄弟会小学和波兰黎撒的兄弟会中学，替瑞典编写过教科书，帮助匈牙利改革过教育。他热爱儿童，热爱教育工作，他有十分丰富的教育经验，是一位伟大的教育思想家。他体现了当时资产阶级的进步要求，继承了培根的唯物观点，发扬了捷克兄弟会的民主传统，在教育思想和教学理论上做出了划时代的贡献，而被推崇为教育学上的哥白尼。他一生的著作很多，主要的教育学说包括在他的《大教学论》(以前译作《大教授学》）里。《大教学论》，实际上包含了整本教育学的内容，并且奠定了今日分科教学法的基础。因此在一篇短文里系统地全面地介绍他的教育主张，那是不可能的。现在只就学习结果，写出我觉得有意义的几个问题。

一、对于教育力量的坚信

夸美纽斯认为人心如同树木的种子，树木实际已经存在种子里面。

"我们不必从外面拿什么东西给一个人，我们只须使他的固有的、藏在身内的东西展露出来。"这就是说，人有发展的极大可能性，但是这种可能要靠教育才能变成现实，正如玉石要经过雕琢才能变成饰物，牛马要经过训练才能为人服役一样。人心又如土壤、白纸与蜡，"只要园丁当心，土壤可以长出各种赏心悦目的植物"；"白纸上什么都没有写，但是什么都能写上"；"蜡能变成各种形式"，"人脑也是一样，它能接受万物的影像"。这就是说，人是可以由外力加以铸范的。这外力有两种，一是环境，一是教育。但是教育可以左右环境的影响。例如狼孩子，由于没有受到人的教育，受了狼的环境的影响，长成了狼一般的习性。可是，后来被人捉获，进行一番人的教育之后，就又变成人了。可见教育力量之大胜过环境，何况教育还能选择好环境，避免坏环境呢。

　　具体到每一个人，夸美纽斯认为几乎没有教育不好的儿童。他满怀信心地说，"我们差不多找不出一块晦涩的镜子晦涩到了完全反映不出任何影像的出地，我们也差不多找不出一块粗糙的木板粗糙到了完全不能刻上什么东西的地步。"他并且进一步分析了儿童的性格，例如有些伶俐、渴于求知但是桀骜的人，"常是学校所遭遇的困难的最大根源，他们多半是被人目为没有希望了的。但是，假如能够得到正当的处理，他们常常可以成为最伟大的伟人"。雅典大将塞密斯·托克利斯，年轻的时候就是很顽劣的。后来他常说，"野性难驯的马儿，只要合适地加以训练，是可以成为最好的良驹的"。所以普卢塔克说，"许多富有天分的人通通是给他们的教员毁了的。他们没有能力去管理或者指导自由的人，他们不是把学生当作马匹看待，是把学生当作驴子看待"。可见我们平日所说的调皮捣蛋的儿童，虽则会给教师带来一些麻烦与困难，只要我们善于教育，日后往往反会长成杰出的人物，比那些拘谨没有朝气的学生更有出息。真正无法教育的人"是一千人里面难得找到一个的"。这使我们懂得，相信教育才能办好教育。

二、对于教学方法的重视

夸美纽斯对于旧时学校缺点的体会是很深刻的。他说，旧时学校"教导青年的方法通常都是非常严酷的，以致学校变成了他们的才智的屠场"。他自己"就是一个不幸的人，是千千万万人中的一个，悲惨地损失了一生一世的最甜美的青春，在教育的小节上面浪费了青春的鲜美的岁月"。所以他决心写出《大教学论》来"阐明把一切事物教给一切人们的全部艺术"，使青年们能够"迅捷地、快乐地、透彻地"进行学习。因为，既然人是一种"可教的动物"，教育的力量又是十分巨大的，可见教育办得不好的原因是教学方法不好，不是人的智力不够，也不是学科太难。"世界上没有一座岩石或高塔，高到在合适的位置放了梯子，或在合适的地方凿了阶级，装了防止跌落的危险的栏杆之后还爬不上去的"。固然，"在智慧方面，快乐地加入旅行的人很多，而能登峰造极的人是很少的"，"但是这并不能证明人类的心智有什么达不到的目的，只是证明阶梯排列不好，或是数目不够，有危险，没有修理而已——换句话说，就是方法有困难"。他认为旧时学校办不好的原因之一是"我们非常缺乏有方法的、能够主持公立学校并能产生我们所希望的结果的教员"，因而十分重视师范教育，主张设立一个"学校之学校"或"教学法学院"。夸美纽斯所说的教学方法包括教育方法与教学组织在内，不只是课堂讲课方法。我们如果不把他的意见简单化、绝对化，它是可以鼓舞我们钻研教育科学与教育艺术的信心的。

三、对于教学过程的主张

夸美纽斯对于怎样才能有效地进行教学提出了不少卓越的主张，他格外重视下列各点：

自觉。夸美纽斯认为人有发展的极大可能，问题在于使人得到发展的机会与动力，不必强迫，所以他首先反对强迫学生学习，"凡是强迫孩子们去学习功课的人，他们便是给了孩子们很大的损害"，因为，"知识的获得在于求知的志愿，这是不能够强迫的"。吸引学生爱好学习的办法有很多：可以通过起始课，向学生指出那门课是"如何的美善、有用、快意，否则又是如何的需要，这样去引起他们的爱好"；并把那门课的轮廓、目标、界限和结构告诉学生，这样去把求知的欲望彻底激发起来。可以通过父母，当着子女称赞学问，称赞教师等等。可以通过教师的循循善诱的态度，对于用功学生的表扬，和利用直观教具进行课外指导。可以通过教材的选择，使它适合学生的年龄特征。可以通过平素的课堂教学。教学方法首先要自然。"因为凡是自然的事就都无须强迫。水往山下流是用不着强迫的。……我们用不着劝说一只鸟儿去飞行；樊笼开放之后它就立刻会飞的。"其次要亲切，比如利用对话之类。最后，还可以通过考试和升级之类的仪式，在会上表扬用功的学生，发给奖品，"去激发学生的热忱"。总之是要通过多种多样的方式，引起学生求学的欲望，亦即学生的自觉。必须这样，教学才能有效地进行。

直观。夸美纽斯有个重要的论点，就是一切知识生于感觉。"一切知识都是从感官的知觉开始的。""存在心理里面的事情是没有不先存在感觉里面的，所以心智所用的一切思想的材料全是从感觉得来的。""感官可以比作密使与间谍，灵魂得了它们的帮助就可以支配身外的万物。"因此，学习要从事实出发。他最反对旧时学校只让学生死读书本，不让学生接触事实，他说那是"充满着空虚的鹦鹉似的空话"，他指责学校"没有把客观的世界指示给学生"，"结果，大多数人都没有知识"，他们的知识是引经据典地镶补成功的，就像"一张镶补成功的被褥一样"。其实"事物是主要的，文字只是偶然的；事物是本体，文字只是衣着而已；事物是核，文字是壳，是皮"。因此，他主张，我们应该"学着研究天、地、橡树和山毛榉之类的东西，去学会变聪明，但是不可依靠书本的研究"。他立下的法则中有一条，规定"一切知识都不应该根据书本的权威去灌输，而应实际指证给感官与心智，得到它们的认可"。这就是说，教学必须重视直观，即是，"尽量利用感官去施教"，而"视觉又是感官中最主要的一个"。

运用直观进行教学的理由，除了因为"知识的开端永远是从感官来到的，所以智慧的开端当然不只在于学习事物的名目，而在真正知觉事物的本身"以外；还因"科学的真实性与准确性"要靠感官来证明，因为"看就是信"；还因"感官是记忆的最可信托的仆役"，因为"十次耳闻不如一次目见"；还因为可使儿童得到"快乐"。

直观教材可以是实物，可以是模型，可以是图画，可以把图象、浮雕、表解、规则、教材提要挂在教室，此外"高级的事物可以由低级的去代表，不在跟前的可以由在跟前的去代表，看不见的可以由看得见的去代表"。此外，他对直观教具的使用方法也有详细的规定。

注意。眼睛看东西，先要有光亮；同样，学习必须集中注意。夸美纽斯是主张班级授课制的，他认为一班可以有几百个学生。在这样大的班级中，教师必须设法吸引学生的注意到学习上来，"除非全体学生都在静听，他决不可说话，除非他们全在注意，否则不可施教"。教师可以通过八种方式在教室里保持全班学生注意力的高度集中。一是在讲课时"不断地耐心地去介绍一些有趣的和实用的事情"；二是在开始新课时介绍它与旧课的关系，或暴露学生对于新课的无知；三是站在讲台上，目光注视全班学生；四是充分利用感官，使用直观教具；五是边讲边提问，对于没用心的学生当堂予以责备；六是顺序往下提问其他学生时，不必重述原来的问题；七是答得好的要当堂表扬，答错的要纠正，要指出错误的根源；八是课业准许学生当堂发问。

在这里顺便介绍一下他是主张怎样在大班中进行复习与练习等等作

业而又可以保持学生的注意与减轻教师的负担的。他认为，在叫学生复述课业时，应该好学生坏学生掺和着叫，如果一个学生答得毫不踌躇，可以相信他已全部掌握时，便不必等他答完，接着提问其他学生。在默写时，可以叫一个或几个学生宣读自己所默写的，其他学生跟着改正；教师只须巡看一下。在练习笔译时，每次可以叫起两个学生，一个逐句读出自己的译文，另一个逐句指出错误，全班也可提出批评，最后教师加以补充。其他学生跟着改正；然后两人交换地位，进行练习，然后另叫两个学生练习。

理解。夸美纽斯十分重视通过感官发展悟性，"知识的根源"，主张知识要经过理解再去记忆与应用。他斥责旧时学校只教学生呆读死记，不让学生接触实际，独立思考，说，"学校确是教我们用别人的眼睛去看，用别人的脑筋去希望自己变聪明的"。"他们不把科目对孩子们加以解释，却给他们无穷无尽的默写，要他们熟记功课"。结果，"如同伊索寓言上的乌鸦一样，只用别些鸟儿的羽毛去装饰它自己"。因此，他坚决希望，"人类这个理性的动物不要由别人的心智去领导，要由他自己的心智去领导"，就是说，要独立思考；"他不单只阅读别人的见解，把握它们的意义，或把它们记在记忆里面，再把它们背诵出来而已"，就是说，反对呆读死记；"他要亲自探求万事的根源，获得一种真能了解，真能利用所学的事物的习惯"，就是说，理解才能应用。所以说，学生首先应当学会理解事物，然后再去记忆它们。要到头两层已经经过训练之后，方才可以注重语言与笔墨的运用，"凡是没有被悟性彻底领会的事项，便都不可用熟记的方法去学习"，"无论什么事情，除非已把它的性质彻底解释给孩子们听了……便不可叫他们去做那件事情"。获得理解的根本条件当然是接触实际，独立思考。此外，教师教学时，还要注意"从事物的原因去解释事物"。因为"一切事物都是由它的原因使它存在的"，"解释任何事物的原因就等于真切地揭露了那件事物的本性"，"知识在于坚定地把握原因"，"原因是悟性的向导"。

应用。夸美纽斯认为知识的应用是教学中的一个重要问题。归纳起来，他的意思是说：第一，应用可以帮助理解，因为如果不把知识的用途告诉学生，"他的态度便会是信仰，而不是知识"，因此，他主张，"只有应用易于指证的事物才该教给学生"；第二，应用可以培养技能，例如，"一切语文从实行去学习都比用规则学习来得容易"。

在这个问题上，他提出了一个独特的主张，就是通过传授知识来巩固知识，有点像《学记》中所说的"教学相长"的意思，"教导别人的人就是教导了自己"。它的作用是可以巩固与加深自己的知识。因此，他主张，每次教课，教师讲完以后就应提问学生，"按照原来的次序，把刚才教师所讲的重述一遍，好像他是其他学生的老师似的"，错了就给改正。这样一个一个地提问，先问聪明的，直到每个学生都懂了那堂功课为止。他认为这种做法的好处是很多的：可以激发注意；可以检查教学效果；可以加深理解；可以巩固记忆。他主张教学以后，学生也应校对笔记，讨论学问，并应推出一个学生来代替教师，主持讨论。他同意约阿希姆·福尔丁斯的说法，"假如一个学生想求进步，他就应把所学的科目天天去教别人，即使他的学生需得雇来，也应去教"。

四、对于道德教育的意见

夸美纽斯认为道德教育是人的教育中不可缺少的。当然，他所说的道德教育的含义不可能跟我们所说的一样；但是，他所提出的进行道德教育的原则与方法却依旧是正确的。下列几点，就值得我们重视：

预防。"因为，假如你不把良好的种子撒在地上，它便生不出别的东西，只会生出最恶的莠草"，所以，"德行应该在邪恶尚未占住心理之前，极早就去叮咛"，也就是《学记》中所说"禁于未发"之意。预防的办法莫过于要求勤勉。孩子们总是爱活动的，"孩子只要有事可做，至于做的是什么事，或者为什么要做，那都没有分别"。因此，我们应使他们"不断地工作或游戏"，"同时避免一切过度的压迫"，"结果就可以产生一个勤奋的心情，使得一个人非常活泼，忍不住懒惰的安逸"。否则不是变得好逸恶劳，便会由于精力充沛，养成坏习惯，"就像一只磨臼一样，每个角落都布满了尘埃"。总之，"懒惰是绝对不可容许的"。

实践。德行只有通过实践才能真正获得。这个道理原很简单，因为，"孩子们容易从行走学会行走，从谈话学会谈话，从书写学会书写"，同样的道理，"他们可以从服从学会服从，从节制学会节制，从说真话学会真实，从有恒学会有恒"。一味叮咛告诫而不要求实践，在教学工作上不行，在教育工作上更不行。

榜样。所谓榜样，夸美纽斯指的是书本上的榜样与活生生的榜样二者，他尤其重视父母、保姆、教师和同学的活生生的榜样的力量，"因为他们所给的印象更强烈"。"孩子们是和猿猴一样的，爱去模仿他们所见的一切，不管是好是坏"。由于儿童的这种天性，利用榜样进行教育就显得特别重要，而教师的以身作则就不能不提到首要地位了。另一方面也要小心地避免不良的影响，"如同不良的社交，不良的谈话，没有价值的书籍一类"，"否则他们便会受到传染"。

纪律。严格的纪律、惩罚，在学习问题上是用不着的，因为如果学生不爱学习，"错处不在学生身上，错处是在教师身上"，教师的教学方法不好，教鞭是无能为力的，但在道德教育方面，惩罚却是必要的，并且"永远应该当场执行，使邪恶刚一出现就受到遏抑，或在可能的范围以内连根拔除"。

以上只就夸美纽斯的教育学说点滴介绍一些，夸美纽斯的教育学说本来有其完整的体系，从人生究竟谈起，一直谈到学校管理、分科教学方法。他的贡献又是多方面的：例如重视教育在个性形成中的作用，主张普及教育，女子教育，学前家庭教育，单一学制，国语教学，班级授课；要求人要受到周全的教育；注重感官经验，研究自然，仿效自然；提倡健康教育，提出直观、量力、理解、应用、循序渐进、发展悟性、新旧衔接等等教学原则，榜样、实践、预防等等教育原则，提问、练习等等教学方法；注意学龄分期，倡导编写教本及教学参考书；拟出教学内容，教学程序，学校作息制度；甚至连设立高等师范学校及大学如何进行课堂讨论，如何进行公开答辩等等问题都提出了他的卓越的见解。可见这里介绍的确是"点滴"，不足以见夸美纽斯的博大精深于万一。此外，我们对于他的一切卓越见解，也不可以片面化、简单化地去看待。例如，他强调重视教育方法是对的，但是不可以因此得出结论，认为只要改进教学方法就可以解决一切教学问题了。又如，在教学过程中，他重视综合法、感官作用、直接经验等等，这对我们是有启发的；但是要知道，他也重视分析法、悟性与基本原则。这一切，我就不及一一加以分析了。

（原载于《人民教育》1957年第5期）

有关办好师范学院的四点意见

　　我今天谈四个问题：第一个问题是对运动本身的意见。昨天在扩大行政会议上谈过的，这里就不重复了。要使这次运动搞得好，一定要坚持和风细雨的原则，只有和风细雨才能细致分析问题。我不相信两人互相大叫大骂后团结会更好一些，我认为指着鼻子大叫大骂后反而会产生新的问题。心平气和地来谈容易使对方接受。报上登载某教授发言说：过去你们粗暴对我们，我们是向你们学的，而且学的还没到家。这种态度我不同意。

　　第二个问题是关于师范学院地位问题，首先，我认为应由高教部来领导，在这方面我是支持同学们的。由高教部领导对办好师院有好处，理由有以下几点：

　　首先是便于调配师资。解放后师院扩充倍数最大，而高教部所属各大学扩充倍数较小，但师资力量雄厚。但过去从高教部所属各大学抽调师资很困难。其次从物力方面看，高教部也是底子厚，而本位主义还没有根除，教育部在物力上也是远远落在后面的。再从领导力量说，五十来个师院只由高师司一个司领导，力量自然就较薄弱，教育部主要是管普通教育，自然把主力放在领导中、小学教育方面，不可能更多的领导高师。此外，社会上不重视高师，教师不愿来师院，学生不愿考师院，与师院不归高教部领导也不无一定关系，因为从领导关系上看，高师好像不算高等学校似的。

过去为什么不归高教部领导？那是机械地学习苏联的。我认为不外三个理由，但均站不住脚。（1）说中小学与高师关系密切，所以高师归教育部领导。如果仅从关系上说，专业性学院如石油学院为什么不归石油工业部领导？苏联与我国的综合大学也为中等学校培养师资，为什么综合大学不归教育部领导？（2）说其他大学是专业性学校。如只从性质上来说，那么，高教部就应改称专业教育部，中央教育部就应改称普通教育部才对。（3）昨天听到一个新理由，说师院不是全国性的，而其他大学是全国性的。但三所师大服务对象并非地方而是全国，为什么不归高教部领导？以这个理由也站不住。

其次应对师范大学与师范学院平等看待。师院经费比师大困难，听说师大上缴经费近200万，师资配备也不平等，理由是三所师大是重点。所谓重点，目的不外为了总结经验推广至全面。如三个重点学校条件特别好，在优越条件下创造的经验，一定不可能适用于其他院校，认为条件不够只能先搞好几个，当然平均主义也不对，但只顾搞好几个的做法也有问题。

第三个问题是高师体制问题。现存党委制有一定缺点，如：（1）别校党委工作一把抓，一方面是忙不过来；另一方面高等学校工作面广，几个党委不可能胜任所有工作。据说个别学院几个党委同志没受过高等教育，自然不懂业务，不能领导业务。（2）以党代政，势必使学校民主成为形式，党委的决定交给会议讨论，实际只是布置工作而已，大家不可能提出不同的意见。同时非党领导同志会感觉有职无权，只参加演出，不参加排练。这涉及党能不能领导科学、文化教育和高等学校的问题，我认为在方针上党完全可以领导，这些方面也不能脱离党的领导。

至于具体业务能不能领导？这要具体分析，如某方面党有能领导的人就能领导，否则就得倚靠党外专家。

我不赞成教授治校理由有四：(1)解放前教授治校的主要是北大、清华，我只谈谈清华的情况，当时提出教授治校的方案意味着反对当时政府和当时的校长；当时也有宗派主义情绪，清华教师多是清华毕业美国留学的，有大清华主义。目前这个提法是不恰当的。(2)除历史原因外，教授治校也为本身条件所限。教授在业务上是懂得多一些，可是领导学校还有其他方面的工作，教授不见得能完全胜任。(3)过去教授治校有宗派主义，你争我夺。教授经过思想改造后觉悟大大提高，但是学校全由教授来管理，还可能缺乏全面观点，会削弱领导。(4)教授不只是不能完全胜任领导，实际上教授也不一定愿意管理许多行政事务。

我赞成民主办学，这不意味着过去不民主，民主办学的内容如何？我认为应该是"党委领导、校长负责、依靠教师、发扬民主"。

党委如何领导？领导方针、政策的实施，是起监督作用，不是执行；领导思想教育工作。如何实现领导？可参考中央办法，党委决定以建议形式提交校务委员会，通过出席会议的党员贯彻党的意图。

校长负责，一方面是对上级负责，负责贯彻上级的方针、政策决定；一方面是对校务委员会负责，负责执行校务委员会的决定。如做出与上级政策相反的决定，原则上接受上级决定；如做出的相反决定是结合实际的具体办法，原则上按决定执行。如校务委员会决定与校长意见不一致，由校长建议再讨论一次，如仍不一致，校长应服从会议决定。在行政会议上校长有最后决定权。

如何依靠教师？校务委员会应有各级教师代表参加，教授名额可多一些，讲师次之，助教再次之，但我院讲师是中坚，应多一些。有些权力要下放，如聘请教授可否由系务会议提出初步意见，再由院务委员会决定。

如何发扬民主？(1)教研组长、系主任等甚至教务长由民主选举产生，苏联莫斯科大学已这样做，这应当作为我们的方向，逐步实现；（2）院务委员会应采取多数表决办法，过去会议布置多，今后应多进行讨论；（3）党委决定通过党员贯彻，但当党员的看法与决定不一致时，应鼓励党员表示个人意见；（4）民主党派可联合选举一两名代表参加院务委员会，工会也要有代表，有人提出由共产党与民主党派联合决定学校大计，也不妥。

第四个问题是加强学术空气问题，这个问题首先要求思想上重视，虽然我院政治、业务两方面均重视了，但我总觉得重视业务少了一点。当然，新建院又赶上肃反，有客观原因，但主观上对业务重视是不够的。如去年暑假民进研究请贺麟来讲一次黑格尔的哲学，我写信去已征得贺麟的同意，我把来信给李成栋，李成栋交给陈兆年，陈兆年又交给冯甘霖，一年了渺无音信，也一直没有把信退还给我，当时我真发愁如何回复人家。当然不能从此例说明院里不重视学术研究，但至少说明有一部分同志不够重视。去年增添工友时，均要转业军人，使人感觉似乎只是重视政治条件。

培养学术空气不能急躁，我院目前学术空气不浓是自然的事，因为两年时间的确搞不出什么东西。应该重视它，但搞急了就会出问题，科学研究叫填进度表，其实科学研究是没法填进度表的，因为也可能几个月没进展。费孝通说：一间房、两本书。我再加上六个字：八小时，三五年。一年半载不能见效。

学术研究能否加第三条路线？综合大学钻研专业，师院提倡面向中学，研究教学法，是否可以有第三条路，即提倡师院教师大胆做教育实验，不能专靠苏联和领导布置的一套，这样使科学停滞不前。

附中问题和印刷所问题我愿意再一次提出，附中问题不大刀阔斧进行永远不会成功。

（原载于《北京师范学院整风专刊》1957 年第 14 期第 2、3 版）

《学记》译述

引 言

《学记》是《礼记》中的一篇。写作年代大约在战国末年与汉初之间，也就是两千年前。作者不详。郭沫若认为像是孟子的学生乐正克所作。①

《学记》是早期儒家学派的教育理论概括和教育实践总结，是我国最早的一本教育学。它是中国教育史上一篇极重要的作品，值得好好研究。为什么呢？第一，因为它是中国古代教育文献中很早而又很全面的一篇。它从教育的作用、教育的目的、学校制度、视导制度、教育原则、教学原则、教学方法以至教师问题等等方面，都做了系统的阐述。它是我们研究中国古代教育实践与教育思想的宝贵资料。除此以外，很难找出更有系统的材料。第二，因为它有许多有益的经验和意见，虽然相隔两千多年，对于今天的教育工作，还是富有现实意义的。例如，教学相长与藏息相辅的道理，豫、时、孙、摩与注重启发等原则，以及提问和答问的方法等，无不给我们以极大的启示。第三，它不只是中国的

---

① 参见郭沫若：《十批判书》，人民出版社 1954 年版。

一篇很早很全面的教育文献，也是世界上一篇很早很全面的教育文献。这是人类的宝贵财富，是我国的骄傲。我们没有理由不重视这份祖传的宝贵遗产。

但是，我们对于《学记》的估价应该是实事求是的，既不可以估计不足，也不可以过分夸大。《学记》的内容实际上包括三种成分：第一种成分是古代教育现实的反映。例如它所称誉的"大学之教"和"大学之法"以及它所指责的"今之教者"，就不可能是纯粹的虚构，不可能没有一定的事实依据。这一种成分是有实际史料与借鉴价值的。第二种成分是作者对于教育的意见。例如它所提出的"继志""博喻""善问""听语"等等主张，就是作者个人及其同派儒者的意见。这种成分是具有思想史料与参考价值的。这两种成分中好的东西很多，但也不能一概搬用，只能批判地加以继承与发扬。第三种成分则是出于一般传述，事实真相尚待考证，我们只能存疑的。例如援引"古之教者，家有塾，党有庠，术有序，国有学"的说法，就是一例。古代似难有如此整齐划一的行政区划与学校配备，这是不可遽尔置信的。

把《学记》译成今文，与译其他古籍一样，是有一定困难的。《学记》虽则只是一篇二千多字的短文，但对某些章句，人们的看法是很分歧的。前人今人，都是如此。甚至句读也不一致。例如："大学之教也，时教必有正业，退息必有居学。不学操缦……"王夫之却认为应该读作"大学之教也时。教必有正业，退息必有居。学，不学操缦……"① 又如"今之教者，呻其占毕，多其讯言，及于数进而不顾其安"。郑康成原读作"今之教者，呻其占毕，多其讯，言及于数，进而不顾其安"②。因此，很多地方，各家说法极不一致。近人中以邱椿教授的译解较为精允，可惜只译解了一小部分，不完全。最近有顾树森教授的译文，其中

---

① 王夫之：《船山遗书·礼记章句》。
② 郑康成注，孔颖达疏：《礼记注疏》。

尚有可以商榷之处。所以，斟酌取舍，颇不容易，只好力求在"文""理"上说得过去。因为在"文""理"上说得过去才有可能符合作者的本意，正如王引之引他父亲所说的："说经者期于得经意而已。前人传注，不皆合于经，则择其合经者从之。其皆不合，则以己意逆经意，而参之他经，证以成训，虽别为之说，亦无不可。"① 这段话很使人向往，可惜自己学力不够，达不到这个境地。

译　注

本文	译文
发虑宪②，	［执政的人对于国家大事如果能够］深谋远虑，
求善良，	［并且］罗致好人，［帮助自己来治理国事］
足以谋闻③，	是可以博得一点小小名气的，
不足以动众④。	［但是］还不能够打动众人的心。
就贤体远⑤，	［如果］礼贤下士，亲近远人，

---

① 王引之：《经义述闻》。

② "发"是发动的意思。"虑"是思虑的意思。"宪"字自郑康成起一般解作法式，说这句话应解作"发计虑，当拟度于法式也"。俞樾则说，"宪"也是思的意思。"发虑宪"正好与"求善良"相对，都是连字同义。我从俞说。这句话的主语是下文的"君子"二字，不是泛指一般的人。孔颖达谓："君子，谓天子、诸侯及卿大夫"，即执政的人。执政的人发生思虑，即深谋远虑地考虑国事之意。

③ 谋，郑康成说："谋之言小也。"闻，孔颖达说："声闻也。""谋闻"就是小有声誉的意思。

④ 动众，朱熹说是"耸动众听""致大誉"，也就是获得大名声的意思。也有人说，"动众"是指感动众人，也通。

⑤ 就贤，孔颖达说："贤，谓德行贤良，屈下就之。"体远，朱熹说："远，谓疏远之士"，"体远"就是"亲远"。孔颖达说："远，谓才艺广远，能亲爱之。"可见"体"就是亲近的意思。"远"可译作"远人"，包括疏远的人与远方的人。一说"体远，言体其远大者而行之也"，与孔说"才艺广远"都不好解。我以为就贤是指接近的对象而言，"体远"是指接近的范围而言。

足以动众，	就可以打动群众的心了，
不足以化民。	［但是］还不可能教化人民。
君子如欲化民成俗，	执政的人如果想要教化人民，培养良好的风俗，
其必由学①乎。	看来只有通过学校教育才行。

*   *   *

玉不琢，	玉石不经过雕琢，
不成器；	是不能成为玉器的；
人不学，	［同样，］人们不通过学习，
不知道。	就不能够懂得道理。
是故，	所以，
古之王者，	古时候的帝王，
建国君②民，	建立国家，统治人民，
教学为先。	无不先从教育入手。
兑命③曰	《尚书·兑命篇》说：
"念终始典于学"④，	"念念别忘教育"，
其此之谓乎！	就是这个意思吧！

*   *   *

虽有嘉肴，	即使有了美味的菜肴，
弗食不知其旨⑤也；	不吃是不能知道它的美味的；
虽有至道，	［同样，］即使有了最好的道理，

---

① 学，朱熹说是"教学"，戴岷隐说是"学校"。朱熹所说的教学就是今日所说的教育，不是今日所说的教学。综考二说及全篇论旨，可译作学校教育。

② 君，动词，统治之意。

③ "兑"应当作"说"，音悦。《说命》是《尚书》中的篇名。

④ 典，孙希旦说是"常也，言人君当始终思念常于学而不舍也"。全句是要人君念念不忘教育之意。

⑤ 旨，郑康成说："美也。"

弗学不知其善也。	不学习是不能知道它的好处的。
是故,	所以,
学然后知不足,	只有通过学习才能知道自己的不够,
教然后知困。	只有担任教学工作才会真正感到困惑。
知不足,	知道不够,
然后能自反①也;	才能回头鞭策自己;
知困,	感到困惑,
然后能自强②也。	才能不断努力钻研。
故曰:	所以说:
教学相长也。	教与学是相互促进的。
兑命曰:	《尚书·兑命篇》说:
"学学半"③,	"教与学是一件事情的两方面",
其此之谓乎!	正是这个意思!

*   *   *

古之教者④,	古时候的教育制度是:
家有塾⑤,	在［每二十五］"家"的"闾"设立"塾",
党有庠⑥,	在［每五百家的］"党"设立"庠",
术有序⑦,	在［每万二千五百家的］"遂"设立"序",
国有学。	在国都设立大学。

———————

① 自反，郑康成说："求诸己也。"即反躬自省，严格要求自己之意。

② 自强，郑康成说是"修业不敢倦"。

③ 学学半，第一个"学"字音效，是教的意思；半者，一物的两半，也就是一件事的两方面。

④ "教者"不必解作教人的人，可以解作教人的制度。

⑤ 家，指二十五家的闾，"塾"是学校名。

⑥ "党"是五百家的行政区划；"庠"是学校名。

⑦ 术，郑康成说："术当为遂，声之误也。"遂，是万二千五百家的行政区划。序是学校名。

*　　　　*　　　　*

比年入学①，	大学每年招收学生，
中年②考校。	每隔一年考查学生的成就一次。
一年视离经辨志③；	第一年考查学生分析课文的能力和志趣；
三年视敬业乐群④；	第三年考查学生的专业思想是不是巩固，同学之间能不能相亲相助；
五年视博习亲师⑤；	第五年考查学生的知识是否广博，学生对于教师是否敬爱；
七年视论学取友⑥；	第七年查学生研讨学问的本领与识别朋友的能力；
谓之小成⑦。	［合格的］就叫作"小成"。
九年知类通达⑧，	到第九年，学生对学业已能触类旁通，
强立而不返⑨，	他们的见解行动已能坚定不移，
谓之大成⑩。	这就叫作"大成"。
夫然后足以化民成俗，	这样才能收到教化人民、移风易俗的效果，
近者说服而远者怀之，	使跟前的人心悦诚服，远方的人向往来归，

① 比年入学，郑康成说："学者每岁来入学也。"
② 中年，郑康成说："中，犹间也。间岁则考学者之德行道艺。"
③ 离经，张载说："离析经之章句也。""离"是分析之意，"经"是当时所学的课文。辨志，郑康成说："谓别其志意所趣向也。"
④ 敬业乐群，朱熹说："敬业者，专心致志，从事其业也。乐群者，乐于取益，以辅其仁也。"
⑤ 博习亲师，朱熹说："博习者，积累精专，次第该遍也。亲师者，道同德合，爱敬兼尽也。"
⑥ 论学取友，朱熹说："论学者，知言而能论学之是非。取友者，知人而能识人之贤否也。"
⑦ 小成，小有成就的意思。
⑧ 知类通达，朱熹说："闻一知十，而触类贯通也。"
⑨ 强立而不返，朱熹说："知止有定，而物不能移也。"
⑩ 大成，大有成就的意思。

此大学之道也。	这就是大学施教的过程。
记曰：	古书上说：
"蛾子时术之。"①	"小蚂蚁总是跟着大蚂蚁走。"
其此之谓乎！	岂不正好说明了这层道理吗！

*   *   *

大学始教，	大学开学的时候，
皮弁②祭菜，	[官吏要] 穿着礼服，备办祭菜，举行祭祀，
示敬道也。	为的是表示尊师重道的意思。
宵雅肄三③，	[学生常常再三] 诵习小雅，
官其始也④。	[为的是使他们] 从开头就培养做官的兴趣。
入学鼓箧，	学生上学，要按鼓声打开书箧，
孙⑤其业也。	为的是使他们重视学业。
夏楚⑥二物，	[大学里备有] 教鞭，
收其威也⑦。	为的是维持整齐严肃的秩序。

---

①"蛾"同"蚁"。这句话一般从郑康成的解法，就是："蛾，蚍蜉也。蚍蜉之子，微虫耳，时术蚍蜉之所为，其功乃复成大垤。"王夫之则解作："术，径也。蚁之后行者踵先行者，接迹相继，则径不迷而远至。民虽愚而上以教倡之，则顺从而乐道矣。"两说都通，现从王说。如照郑说，就可译作："小蚂蚁不断学着衔土，也能衔成大蚁垤。"

②皮弁，郑康成说是"天子之朝朝服也"，王夫之说是"士之祭服"，总之，是一种礼服。至于是谁穿着礼服去举行祭祀呢？孔颖达说是"天子使用司服皮弁"，王夫之说是"士弁而祭于公"，可见不是天子自己去祭。

③宵雅肄三，一般采用郑康成的说法，就是："宵之言小也。肄，习也。习'小雅'之三，谓'鹿鸣''四牡''皇皇者华'也。"一说，宵如字，言夜间令习"小雅"三章。一说，雅训为常，三是再三之意。都通。

④官其始也，郑康成说："所以劝之以官。"朱熹、王夫之等人都主此说。一说，官是训练管束之谓。

⑤孙，恭顺的意思。

⑥夏楚，王夫之说："夏与榎同。'尔雅'云，榎，苦茶，盖今之茶茗，其枝条可为杖以扑人。楚，荆条也。"总之，是体罚用的杖棒。

⑦收，是收敛约束的意思。威，是威仪，即仪容举止，学习纪律。

未卜禘①不视学，	［教官］不到夏祭以后不去考查学生的成绩，
游②其志也。	为的是使学生得以按照自己的志趣从容学习。
时观而弗语③，	教师对学生的学习经常加以检查指点，但不（叨唠）灌输，
存其心也。	为的是培养学生自己用心思考的习惯。
幼者听而弗问，	年幼的学生只听不问，
学不躐等也④。	为的是使他们［循序渐进地而］不越级地学习。
此七者教之大伦⑤也。	这七件事就是大学教育的基本纲领。
记曰：	古书上说：
"凡学，	"在教育这件事上，
官先事，	教师的责任首先在于尽职，
士先志"⑥，	学生的责任首先在于立志"，
其此之谓乎。	就是这个意思吧。

          *   *   *

大学之教也：	大学进行教育的办法是：

---

①卜禘，朱熹说："禘者，夏祭之名。言卜禘者，禘必先卜也。"

②游，是优游、从容的意思。

③时观，焦循解得较好，他说："当其可之谓时。观者，示也。""弗语"是孔颖达所说的"不叮咛告语"的意思。

④这句话的意思，朱熹解得较详。他说："年有长幼，则学有浅深，故其进而受教于师，使长者谘问，而幼者从旁听之。所以教之使循序渐进，而不可逾越等级也。"

⑤伦，是道理之意。大伦就是基本的道理。

⑥这句话一般根据朱熹的解法，就是："官，已仕者；士，未仕者。官与士之所学，理虽同而分则异。故一以尽其事为先，一以尚其志为先。"意思是说，"官"是指做了官的学生，"士"是指还没做上官的学生。我觉得不然。"官"是指教官，即官师，正如王夫之所说："盖自州乡庠序以及大学，必专有官师，而今亡矣。""士"是指学生。

时教必有正业①，	在规定的时间进行正课，
退息必有居学②。	休息的时候也有种种课外作业。
不学操缦③，	［因为，课外］不习杂曲，
不能安弦④；	［课内］就学不好琴瑟；
不学博依⑤，	［课外］不习歌咏，
不能安诗；	［课内］就学不好诗；
不学杂服⑥，	［课外］不习洒扫、应对、进退等杂事，
不能安礼；	［课内］就学不好礼仪。
不兴其艺⑦，	［总之，］如果不提倡课外技艺，
不能乐学。	学生就会学不好正课。
故君子之于学也，	所以，善于学习的人，
藏焉修焉，	学习的时候努力进修，
息焉游焉⑧。	休息的时候尽兴玩弄杂艺。

---

① 时教，朱熹说："时教，如春夏礼乐，秋冬诗书之类。"意思就是在规定时间内所进行的教育。正业，陆佃说："时教之所教也。"就是正课。

② 居学，孙希旦说："谓私居之所学也。"即课外作业的意思。

③ 操缦，郑康成说："杂弄也。""操"当动词用，"缦"指杂声之和乐者。王夫之说："操，琴瑟曲名。缦，引也，今曲中有慢者，即其义。"总之是旁涉乐曲之意。

④ 安弦，"安"是学好的意思；"弦"指琴瑟之类，在这里代表音乐一科。

⑤ 博依，解法分歧。郑康成说："博依，广譬喻也。"王夫之加以解说，说是"依犹譬也，谓依彼以显此也。博依，谓博通于鸟兽草木天时人事之情状也"。孙希旦说："博依，谓杂曲可歌咏者也。"因为他认为依是"声之依永者也"。前说比较转弯抹角，姑从后说。

⑥ 杂服，郑康成说是"冕服皮弁之属"。孙希旦说是"私燕之所服，若深衣之属也"。张载说是"洒扫应对投壶沃盥细碎之事"。从张说。

⑦ 兴，王夫之说："兴，尚也。"即重视之意。艺，就是上文所说的操缦、博依、杂服等事。郑康成说："艺，谓礼乐射御书数。"迁就六艺之说，似失之迂。

⑧ 这句话孙希旦解得较好，他说："藏，谓入学就业也。修，修正业也。息，退而私居也。游，谓游心于居学也。"

夫然后安其学而亲其师，　　　这样，他们才能搞好学习，亲近师长，

乐其友而信其道，　　　　　　乐于交友，坚持信念，

是以虽离师辅①而不反也。　　日后离开师友也就不会违反师友的教诲了。

兑命曰：　　　　　　　　　　《尚书·兑命篇》说：

"敬孙务时敏②，　　　　　　"唯有重视学业，按部就班，及时努力，

厥修③乃来"，　　　　　　　学业才能有所成就"，

其此之谓乎！　　　　　　　　正是这个意思！

　　　　　＊　　　　＊　　　　＊

今之教者，　　　　　　　　　现在的教师呢，

呻其占毕④，　　　　　　　　[只知道] 朗读课文

多其讯言⑤，　　　　　　　　大量灌输，

及其数进而不顾其安⑥。　　　只顾赶进度，不管学生能不能接受。

---

① 辅，就是友。

② 敬孙，前人解说不一。郑康成说是"敬道孙业也"。孙希旦说是"孙则其心虚"。王夫之说是"孙，有序也"。我以为结合这段大意讲，"敬"可以按郑说解作敬业，即重视课业；"孙"可以解作顺序，即按部就班之意。"时"指及时，"敏"指迅疾，也就是王夫之所说的"无时不敏，言不息也"。

③ 厥，其也；修，所修之业也。

④ 呻，吟也，就是朗读。毕，简也，就是古人所用的书。占，一般根据郑康成的说法，解作"视"。译成今文就成了"朗读他所看的书"。迂。王引之说："占，读为笘。颍川人名小儿所书写为笘……占亦简之类。故以占毕连文。"王说较好。

⑤ 郑康成以"多其讯"为一句，说："讯，犹问也。……多其问难也。"就是说，教师提问太多。提问属于启发，正是《学记》作者所主张的，为什么在这里反受责备呢？王引之的解法较好，他说："讯字又作谇。'尔雅'曰：'谇，告也。'……多其讯言，犹云多其告语，谓不待学者之自悟而强语之。非谓多其问难也。"

⑥ 郑康成读为"言及于数。进而不顾其安"。说是"其发言出说，不首其义，动云有所法象而已"。又说是"务其所诵多，不唯其未晓"。后句还好，前句解得十分模糊。王引之则说："及，犹汲汲也。'尔雅'曰：'数，疾也。'……及于数进，谓汲汲于求速进也。"从王说。进，孙希旦说："谓进学也。"就是进行教学之意。

使人不由其诚①，	他们不考虑学生的内心的要求，
教人不尽其材。	不能使学生的才智得到充分的发展。
其施之也悖，	他们进行教学的办法既不合理，
其求之也佛②。	提出的要求也不符合实际。
夫然，	以致，
故隐其学而疾其师③，	学生厌恶学习，怨恨师长，
苦其难而不知其益也，	只感到学习的困苦，不知道学习的好处，
虽终其业，	即使勉强结业，
其去之必速。	很快就忘得一干二净了。
教之不刑④，	教育没有成效，
其此之由乎！	原因就在这里！

        ＊   ＊   ＊

大学之法：	大学进行教育的原则是这样的：
禁于未发之谓豫；	事情没有发生就先防止，这叫作预防；
当其可之谓时；	抓住时机，进行教育，这叫作及时；

---

① 使，王夫之说："使，亦教也。"诚，孙希旦说是指"教者之诚"。邱椿引延平周氏的解释"盖世之必由其诚，而不强其中心之所不欲也"。解为"中心之所欲"，意甚切题，从之。

② 孙希旦："悖佛，皆谓不顺其道也。"求，一般认为是指求学。根据上下文意，我以为是"要求"之意。

③ 隐，郑康成说："隐，不称扬也。"朱熹从之，说："隐其学，谓以学为幽隐而难知。"就是把学问看得很奥妙的意思，可以讲得通。但是王引之的解法似乎更好。他说："隐其学，病其学也。……隐其学，疾其师，苦其难，三者文义相承，则隐非不称扬之谓。"

④ 刑，是成功的意思。郑康成说："刑，犹成也。"

不凌节而施之谓孙①；	［循序地而］不越级地进行教育，这叫作顺应［自然］；
相观而善之谓摩。	相互学习，取长补短，这叫作观摩。
此四者教之所由兴也。	这四点就是教育成功的因素。

* * *

发然后禁，	［如果］等到事情发生以后才去禁止，
则扦格②而不胜。	就要遭到阻力，不易纠正了；
时过然后学，	［如果］时机错过以后才去学习，
则勤苦而难成。	学起来就会劳苦不堪，不易有成就了。
杂施③而不孙，	［如果］不知顺应［自然］胡乱施教，
则坏乱而不修。	［教育工作］就会陷入混乱的境地，不能获得成效。
独学而无友，	［如果］孤独地学，没有朋友，
则孤陋而寡闻。	见解就会狭隘，见闻就会不广。
燕朋逆其师，	［如果］交友不慎，就会违背师长的教诲；
燕辟废其学④。	［如果］三朋四友，尽谈不正经的事情，就会荒废学业。
此六者教之所由废也。	这六点就是教育失败的原因。

----

① 凌，是超越的意思。节，王夫之说："教者浅深之次第。"不凌节，郑康成说："谓不教长者才者以小，教幼者钝者以大也。"孔颖达说："谓年才所堪。"总之，是按照教材难易，学生年龄和接受能力进行教育之意。孙，顺也，就是顺应上列各项情况进行教育的意思。

② 扦格，孔颖达说："扦，谓拒扦也，格，谓坚强。"王夫之说："扦格，相抵牾也。"就是抵触抗拒。

③ 杂施，是不凌节的反面。

④ 朱熹说："燕朋，是私亵之友，如损者三友之类。燕辟，谓私亵之谈。"王夫之说："燕朋，狎昵游嬉之友……燕辟，女子小人，导以淫佚。"燕朋，指交友不好，燕辟，指言行不好。

*　　　　　*　　　　　*

君子既知教之所由兴，	教师只有懂得了教育成功的因素，
又知教之所由废，	同时又懂得了教育失败的原因，
然后可以为师也。	然后才能胜任教师的工作。
故君子教喻①也：	所以优秀的教师是善于通过诱导进行教育的，
道②而弗牵；	［就是：］引导学生而不牵着学生走；
强而弗抑③；	策励学生而不推着学生走；
开而弗达④。	启发学生而不代替学生做出结论。
道而弗牵则和；	引导学生而不牵着学生走，师生关系才会融洽；
强而弗抑则易；	策勉学生而不推着学生走，学习起来才会感到安易；
开而弗达则思。	启发学生而不代替学生做出结论，学生才能独立思考。
和易以思⑤，	师生融洽，学习安易，学生又能独立思考，
可谓善喻矣。	就是善于诱导的结果。

*　　　　　*　　　　　*

学者有四失，	学生的缺点有四种类型，

---

① 喻，是《学记》中一个重要的词，孔颖达释为"晓也"，就是通常说的"晓喻"。根据全文意旨，应当译作诱导。

② 道，就是导，是引导的意思。

③ 强，焦循说："勉也。"就是策勉的意思，比孔颖达转弯抹角地解作"谓师微劝学者使神识坚强"，或王夫之解的"强，刚也，谓刚严以莅之也"，都好。但焦循把"抑"字解作"排挤"已知已能，却又不如郑康成注的"抑犹推也"好。

④ 这句话王夫之解得扼要，他说："开者，启其端；达者，尽其说。"

⑤ 王夫之说："和，为之有绪而悦也。易，师易亲也。思，使自思而得之也。"他对"思"的解释是对的，但是"和易"二字可照字的本义解释为和洽与安易，不必多绕圈子。

教者必知之。	教师不可以不知道。
人之学也，	在学习中，
或失则多，	有些学生的缺点是贪多务得，
或失则寡，	有些学生的缺点是狭隘寡闻，
或失则易，	有些学生的缺点是轻率勇为，
或失则止①。	有些学生的缺点是畏难而止。
此四者心之莫同也。	这四类缺点的根源是因为学生的心性不同之故。
知其心，	必须了解学生的心性，
然后能救其失也。	才能矫正学生的缺点。
教也者长善而救其失者也②。	教育的作用就在于发扬学生的优点，克服学生的缺点。

* * *

善歌者使人继其声；	优秀的歌手能使听众［自然而然地］跟着他唱；
善教者使人继其志。	［同样，］优秀的教师能使学生［自觉自愿地］跟着他学。
其言也，	他的讲解，
约而达，	扼要而又透彻，
微而臧，	精微而又妥善，

---

① 这四句从王夫之解，他说："多，泛记而不亲也。寡，专持而不广也。易，果为而不知难也。止，循分而不能进也。"

② 仍可参考王夫之的说法，就是："多寡易止，虽各有失，而多者便于博，寡者易以专，易者勇于行，止者安其序，亦各有善焉。救其失则善长矣。"又"或失则易"句，按俞樾《群经平议》："易当读为变易之易，谓见异而迁，此事未竟，又为彼事也。"也可译为"见异而迁"。

罕譬而喻①，	举例不多，却能说明问题，
可谓继志矣。	这就能使学生［自觉自愿地］跟他学了。

*   *   *

君子知至学之难易	教师知道学生的程度有深浅，
而知其美恶②，	资质有好坏之分，
然后能博喻③。	然后才能多方诱导。
能博喻然后能为师，	只有善于多方诱导的人才能当教师。
能为师然后能为长，	能当教师才能当官长，
能为长然后能为君，	能当官长才能当君王，
教师也者所以学④为君也。	所以教师是一种可以从他那学习统治权术的人。
是故择师不可不慎也。	可见选择师资是不可不慎重从事的。
记曰：	古书上说：
"三王四代唯其师"⑤，	"从前三王四代的时候最重视师资的选择"，
其此之谓乎！	就是这个道理！

*   *   *

凡学之道，	在教育工作中，
严师为难⑥。	最难得的是尊敬教师。

———————

① 约是简约，简单；达是通达，透彻；微是精微，不显；臧是美好，妥善；罕是少；譬是譬喻、比方、例子。这几句吕东莱解得扼要，他说："教者之言甚约，然本末贯彻，未尝不达。教者之言甚微，然渊深粹美，其味无穷。曲为之喻，使学者自得于言之表。"

② 孙希旦说："至学之难易，谓学者入道之深浅次第。美恶，谓人之材质不同。"

③ 博喻，王夫之说："所喻者众也。"孙希旦说："博喻谓因学者之材质而告之，而广博譬喻，不拘一途也。"

④ 学，照原字可以讲得通，当教字讲也可以。

⑤ 三王，指夏、商、周，加虞为四代。唯其，王夫之说："慎择之辞。"

⑥ 严，尊敬的意思。为难，辅广说："言尽严师之道为难。"王夫之说："惟尊德乐道者乃能忘势而尊师，是以难也。"

师严然后道尊，	[因为，] 尊师才能重道，
道尊然后民知敬学。	重道才能使人重视学习。
是故君之所不臣于其臣者二：	所以，君王在两种情形之下是不以对待臣子的态度对待臣子的：
当其为尸①	[就是，] 当臣子在祭祀中扮演受祭者的时候，
则弗臣也；	是不以对待臣子的态度对待他；
当其为师，	当臣子担任教师的时候，
则弗臣也。	也不以对待臣子的态度对待他。
大学之礼，	按照大学的礼节，
虽诏于天子无北面②，	教师给君王讲书是不行君臣之礼的，
所以尊师也。	就是尊师之意。

*　　　　*　　　　*

善学③者师逸而功倍，	善于学习的人，教师花的精力不多而收效很大，
又从而庸④之。	对于教师又能表示感戴之忱。
不善学者师勤而功半，	不善学习的人，教师花的精力很多而收效很少，
又从而怨之。	反而会埋怨教师。
善问者如攻坚木；	善于发问的人，[发问如同] 砍伐坚硬的木材；

① 尸，郑康成说："尸，主也。孝子之祭，不见亲之形象，心无所系，立尸而主意焉。一人，主人兄弟。"就是祭祖先时孝子的兄弟所扮演的，代表祖先受祭的角色，如同后世所用的画像与神位一样，不能译作主祭。

②"诏"是告的意思。天子上朝时面向南，臣子面向北。但天子若到大学向教师请教时，他就不面向南而面向东，教师就不面向北而面向西。王夫之说："天子入大学而亲有所问则东面，师西面，所谓弗臣也。"

③ 学，一般照原文解译，如译文。但我觉得《学记》全篇都是从如何进行教育着眼，这几句话的前前后后也都是讲教师方面的事，突然讲几句有关学生学习的话，前后文气不能照应。因此想到，这个"学"字可作教学讲。译出来就是："善于教学的教师往往费力小而收效大，还可以博得学生的感戴。不善教学的教师往往费力大而收效小，还容易引起学生的埋怨。"但是若从每一句话的文法上看，则又以仍照原字解释为妥。

④ 庸，归功的意思，与下句"怨"字相对，不能解作效用。

先其易者而后其节目①，	先从容易砍的地方砍起，随后才砍木材的关节；
及其久也，	久而久之，
相说以解②。	［关节］随手就可以砍开了。
不善问者反此。	不善发问的人恰恰与此相反。
善待问者如撞钟：	善于答问的人，［对待发问］如同对待撞钟一样：
叩之以小者则小鸣，	撞得轻就响得小，
叩之以大者则大鸣；	撞得重就响得大；
待其从容③，	从容地撞，
然后尽其声，	从容地响。
不善答问者反此。	不善答问的人恰恰与此相反。
此皆进学之道也。	这都是有关进行教学工作的一些方法。

*   *   *

记问之学④，	单凭一点死记硬背得来的学问，
不足以为人师，	是没有资格当教师的，
必也听语⑤乎。	必须善于根据学生的问题来讲解才行。

---

① 王夫之说："易者，疏理易析处。节目，本枝节所自出，坚撑处也。"

② 说，王夫之说："谓节目随理而脱也。"孙希旦说："说当读为脱。相说以解，谓彼此相离脱而解也。"

③ 从容，郑康成说："谓重撞击也。"朱熹说："从容，正谓声之余韵从容而将尽者也。言必尽答所问，然后止也。"孙希旦说："从容义如从容中道，从容以和。……然必问者不急迫，从容闲暇，然后尽发其旨意。"从容二字，郑说转折而迂，朱、孙照字面讲大体是对的。但他们解释原文含义就有问题了。因为朱说"尽答所问"与前文"开而弗达"的主张前后矛盾；孙说解作要求问者"从容闲暇"又与主语"善待问者"矛盾。王夫之则说："从容，犹言良久，声余韵也。因问而答，大者不吝，小者不溢，而意味有余，使人思而得之，引伸于无穷。"实际就是从容听取问题，从容答复问题之意。

④ 记问之学是指不求理解，不能融会贯通，仅仅依靠机械记忆的知识。

⑤ 听语，王夫之说："听其所问之语，而因量以善诱之也。"孙希旦说："谓听学者之问，而因而语之。"

力不能问，	[只有] 当学生没有能力提出问题的时候，
然后语之。	才可以直接讲给他听。
语之而不知，	如果讲了不懂，
虽舍之可也。	就不必讲下去了。

*　　　　*　　　　*

良冶之子，	优秀的冶匠的儿子，
必学为裘；	一定先学会用皮子镶嵌成衣；
良弓之子，	优秀的弓匠的儿子，
必学为箕①。	一定先学会用柳枝编织成箕；
始驾马者反之，	小马初学驾车 [与我们习见的情形] 相反，
车在马前②。	它是跟在车子后面的。
君子察于此三者，	人们懂得这三层道理，
可以有志于学矣。	就懂得怎样做学问了。

*　　　　*　　　　*

古之学者，	古时候做学问的人，
比物丑类③。	善于从事物的类比中体会出事物的关系。

---

①良，优秀；冶，冶匠；裘，皮衣；弓，弓匠；箕，受土的器具。这两句话是说明耳濡目染、循序渐进的道理。

②"始驾马者反之，车在马前。"有些本子作"始驾者反之，车在马前"。意义相同。孔颖达说："始驾，谓马子始学驾车之时。反之者，驾马之法，大马本驾在车前，今将马子系随车后，故曰反之。车在马前，所以然者，此驹未曾驾车，若忽驾之，必当惊奔。今以大马牵车于前，而系驹于后，使此驹日日见车之行，惯习而后驾之，不复惊也。"这也正是我们所习见的。王夫之解为"始学御者，马反向舆，曳车却行，使易就御而不骋"。此说迂而不合事实。

③比物丑类，郑康成说："以事相况而为之。丑，犹比也。"孔颖达说："比方其事以丑类。"都不好讲。所以朱熹以为"仍有阙文"。邱椿说："比物丑类即比较事实以综合普通原理的意思。"解法很新颖，但与下文仍然没有密切扣合。我把"比"字解作"类比"，把"丑"字照王夫之解作"齐也"。试译如此，可能不妥。有人认为"比物丑类"是一个教学原则，还值得商榷。

鼓无当于五声①，	鼓并不等于五声，
五声弗得不和；	但若没有鼓，五声就不和谐；
水无当于五色②，	水并不等于五色，
五色弗得不章；	但若没有水，五色就不鲜明；
学无当于五官③，	学习并不等于五官，
五官弗得不治；	但若不学习，五官就不能发挥作用；
师无当于五服④，	教师不在五服之列，
五服弗得不亲。	但若没有教师，五服之间的关系就不亲密。

* * *

君子曰：	所以说：
大德不官⑤；	德行最高的人不限于担任某一官职；
大道不器⑥；	普遍的真理不限于解释某一具体事物；
大信不约⑦；	最守信用的人不立约就能守信；
大时不齐⑧。	最守时刻的人无须划一就能守时。
察于此四者，	懂得了这四层道理，
可以有志于本矣。	就懂得［做学问］要从根本着手了。
三王之祭川也，	［古时候］三王祭祀江河的时候，
皆先河而后海，	都是先祭河，后祭海，

① 当，郑康成解作"犹主也"。其实就是相当、相等之意。五声指宫、商、角、徵、羽。

② 五色指青、赤、黄、白、黑。

③ 五官指耳、目、鼻、口、心。一说指百官。前说较妥，后说较牵强。

④ 五服指斩衰、齐衰、大功、小功、缌麻等五种丧服，我国古时以此表示血统亲属中的亲疏等级关系。

⑤ 大德，郑康成以为是指"君"，孙希旦以为是指"圣人"，朱熹以为是泛指"大德者"，从朱说。不官，也从朱说，"言大德者不但能专一官之事"。

⑥ 大道，郑康成解为"圣人之道"，王夫之解为"事物之本，为事物之所共由"。从王说。器，王夫之解为"有形"，就是具体事物的意思。

⑦ 约，约定、誓约之意。

⑧ 齐，王夫之说："有恒期而无参差也。"

或源也，	就因河是本源，
或委也①。	海是归宿。
此之谓务本。	这就是重视根本的意思。

述　义

《学记》是值得我们好好研究的，译注完以后，尤有此感。但是就我自己说来，译注绝不等于研究，只是研究的起点罢了。不过花过一番功夫以后，不能不有一些"体会"，乃想趁此机会，记录下来。凭借古书发议论，本是一件不易讨好的事。一则古书的句读、字义、文意等等，我们解得未必正确。训诂家之所以聚讼纷纭，就足以说明这一点。这还是就字面讲。至于字面背后的"深意"，我们不是写书的古人，即使根据文意，参考旁证，考虑背景，也未必真能道出古人的本意。寻章摘句，大发议论，究其实，恐怕还是论者的意思多，古人的意思少。倒不如老老实实，承认是自己的"体会"吧。

我感到《学记》谈了以下一些内容：

一、教育作用与教育目的

《学记》是从教育的必要性与可能性两方面来谈这个问题的。

《学记》论述的是统治阶级内部的"大学"教育。在必要性方面是纯从统治阶级的要求来谈的。它单刀直入地告诉我们，教育是为了"化民成俗"，为了使人"知道"，也就是说，为了掌握统治人民的治术。"俗"是统治阶级所要的"俗"，"道"是统治阶级所定的"道"，教育的作用就在于把人民教化成这样的"俗"，教化于这样的"道"，以收

---

① 郑康成说："源，泉所出也。委，流所聚也。"孔颖达说："源则河也，委则海也。"

"近者说服而远者怀之"之效。为的是有利于"王者"的"建国君民"的事业。求学的目的是"学为君也"。在这里，政治与教育的关系是说得很清楚的。

在可能性方面，《学记》是从性善论的角度来谈的。所以它用"玉不琢，不成器"来做比方。玉的本质是好的，雕琢的作用在于揭示它的美好的本质，根据人们的要求，做成玉器。同样，人性是善的，教育的作用就在于发展它的善的本质，使它合乎统治阶级的要求。《学记》全文在教育、教学的原则与方法方面，一贯主张启发诱导，就是因为相信人性本善，只要加以培育发展，就可合乎要求之故。雕琢与教育都是一个把可能性变成现实性的过程。

《学记》首先从必要性与可能性两方面论证了教育的作用与目的，还怕人们看了全文以后，只去注意枝节问题，所以最后还再三叮嘱，要人"务本"。也就是说：教育原是可以帮助"王者"来"建国君民"的，学习是为了"学为君也"，你们千万别忘了教育与求学的本意啊。

二、教育制度与学校管理

在这两方面，《学记》有其有益的东西，也有其不足为训的地方。可以分成几点来说。

（一）学制。《学记》只是重述了"家有塾，党有庠，术有序，国有学"的流传中的一般旧说，没有什么新的材料。《学记》全文都是讲的"大学之道"，可见作者所关心的只是最上层的贵族教育。这一方面无甚可取。但是从这里也可看出古人对于学校设置，是主张按照行政区划层层设校的。这也是政教关系十分密切的一种反映。

（二）年级雏形。大学学生入学有一定的期限，即是"比年入学"；对于学生的要求，每年都有重点，即是从"离经辨志"直到"知类通达，强立而不返"；学习时限大体有个规定，就是"九年"；学习期内大体分成两个阶段，就是前七年为"小成"，后二年为"大成"。这些当然并不就是今日的学年制度，但是似乎可以说是有了一点年级制度的雏形。如果能够这样看，那是很可贵的。当然，《学记》所说的这种情形可能是事实，也可能是理想，也可能是事实理想各半。因此，所谓雏形，也许是事实上的，也许是理想中的。

（三）视学制度。大学每两年要由政府派人考查学生成绩一次。制度是比较正规的。这表现在：视学有定期，就是隔年一次，"中年考校"；是在秋天，"未卜禘不视学"；视察有重点，就是从第一年的"离经辨志"直到第九年的"知类通达，强立而不返"。重视视学制度这一点，精神和用意是好的，订出正规的办法也是好的。

（四）开学仪式。大学的开学仪式是很隆重的。前人注解，有把"皮弁祭菜""宵雅肄三""入学鼓箧""夏楚二物"通通看作开学仪式的，那当然可以显出仪式隆重之一斑。我个人认为"入学鼓箧"及"夏楚二物"是开学的事，也是平时的事；"宵雅肄三"，照一般注解讲，也是一样，如作"晚上再三肄习学业"讲，则是平时的事。不管怎样，仪式总是够隆重的。目的当然是想通过仪式，引起学生对于学习的重视。事实证明，在一定程度上重视开学仪式是有好处的。

（五）目的教育。"宵雅肄三，官其始也"，在开学时就提醒学生，学习是为了做官，管理国事。今天看来，这目的的本身是不好的；目的教育也不专靠开学那一天。但重视目的教育却是对的，在隆重地开学那一天及时进行目的教育是可以产生深刻的印象的。这也可见古人对于教育目的的重视与用心的周密。用今天的话来说，这是古人进行专业思想教育的一种方式。

（六）上课规则。我以为"入学鼓箧"不只是开学的事，也是平日的事。就是说，平日学生按着鼓声开始学习，正如今天学生按着铃声上课一样。并且要等听到鼓声才许打开书箧，可见学习纪律是严格的。

《学记》作者懂得上课规则不是一种无用的形式，而是可以通过这种形式使学生"孙其业也"的。

（七）体罚。所谓"夏楚二物，收其威也"，这是依靠体罚来维持秩序的最生动的说明。无须说明，这是不足为训的。

总之，在教育制度与学校管理方面，由于时代的局限性，有些地方今天看来显然是不合适的，这不足为奇。所可贵的是，有些地方，到了两千年后的今天却仍然是有意义的。不过这些还不是《学记》的精华，它的精华在以下各个方面。

三、教育与教学的基本原则

这一部分是《学记》的精华所在，是值得我们细心体会的。归纳起来，一共有八个原则。现在逐一整理述说于下：

（一）教学相长的原则。这个原则主要包含两层意思：一是学习是一种实践，学习使人虚心，虚心使人进步；二是教的过程就是学的过程。

学习是一件好事情，同时也是一件困难的事情，只有通过学习的实践才能体会学习的好处与困难。没有做过学问的人，往往以为学问之道，不过尔尔，没有什么了不得，对于做学问也就不感到什么兴趣。一旦做过一番努力，这才眼界渐开，兴趣渐浓，知道学问的领域原来如此宽广，问题如此众多。于是愈研究，兴致就愈浓厚，眼界就愈开阔，同时也就愈加感到自己的渺小、无知与不足。愈是有学问的人就愈谦虚，对自己的要求就愈严格，因而他在学问上的进步就愈快，成绩就愈大。所以说，学习就是一种实践，因为"虽有至道，弗学，不知其善也"；学习使人虚心，"学然后知不足"；虚心使人进步，"知不足，然后能自反也"。要使学生获得学习的好处，就只有通过实际的学习活动，使他们"知不足"，"自反"。

同时，教的过程就是学的过程。这是因为人们在求学的时候，虽则由于一天天知道学问的深广，一天天知道自己的不够，一天比一天更努力、更深入，但是，所学的多半是一些书本知识，是前人的间接经验，没有经过工作实践与生活实践的检验与印证，印象总是比较抽象、比较模糊的。一旦教起书来，这才感到原来以为不成问题的成了问题，原来以为懂了的却似懂非懂了，原来以为浅显、容易明白的，却没有办法给学生讲明白了。总之，原先自以为满腹经纶、满有把握的，一旦教起书来，却遇到不少困难，产生不少疑惑了。到了这个时候，才恍然大悟，原来自己还是十分不够的，需要不断进修，不断学习，需要边教边学才行。由于"教"才"知困"，由于"知困"才能"自强"，可见教与学是相互促进的，是一件事情的两方面。

一句话，这个原则说明两个问题：一是做学问要从学习中反复提高；一是教也要学习，教也是一种学习。至理名言，永远适用。

（二）藏息相辅的原则。也就是课内与课外相结合，劳与逸二者相结合的原则。课内是在规定的时间以内传授正课，就是"时教必有正业"；课外是在正课以外的休息时间进行课外作业和游戏活动，就是"退息必有居学"。正课学的是"弦"（即乐）、"诗"、"礼"，总之是"学"；课外做的是"操缦""博依""杂服"，总之是"艺"。课内课外是相辅相成的。为什么呢？《学记》的理由是课外可以帮助课内，课外是课内的准备，又是课内的延伸。比如：如果不在课外杂弄乐器，练习手指，仅靠课内来学琴瑟，就很难学好；如果不在课外唱唱歌曲，练练嗓子，课内的"诗"就不容易学好；如果不在课外经常练习洒扫、应对、进退等等礼节，课内的"礼"也是空话。可见课外应当好好利用。

课外不仅有作业，而且有游戏活动。杂弄乐器，练习唱歌当然都是一种游戏。所以"息焉游焉"的"游"字有两重含义：一层含义是游于课外作业的意思，另一层含义是游戏之意。

《学记》的作者由此得出了结论：学习的时候要尽心学习，休息的时候要尽心游乐，"藏焉修焉，息焉游焉"。其原因就在于两者是相辅相成的，不是相反的、对立的。唯有把两者结合起来，学生才会喜爱学习，搞好学习，"安其学"；同时也才会感到师友切磋之乐，"亲其师""乐其友"。这样，学来的知识才是牢固可靠的，"信其道"，"虽离师辅而不反"。

在旧中国，一般读书人是不懂得课外安排的重要的，他们以为只有成天伏案，才算读书求学。这种想法是错误的，但却是相当普遍的。《学记》能在两千年前提出这一点来，确实是难能可贵的。

（三）预防性（豫）原则。教育工作不外在积极方面培养好品质，在消极方面消除坏品质。为了培养好品质也需要消除或防止坏品质，因为要立就得破。但是消除坏品质要比防止坏品质困难得多。所以，为了培养好品质，为了消除坏品质，我们都应采取预防为主的办法。坏品质跟害人的疾病是一样的，害了病再治疗就困难，没害病先预防就容易。品德方面是这样，学习方面也是这样。比如撒谎是一种坏品质，如果当孩子没有养成撒谎的习惯以前，就从道德上与榜样上预防这种品质，孩子是不容易沾染它的。倘若平日不注意教育，一旦孩子染上这种习惯以后再去消除，就很费力了。又如弹琴，从头就应跟好琴手学。教一个从来没有弹过琴的人，比之教一个乱弹过一通琴的人要容易得多。因为对于一个从来没有弹过琴的人，怎么教都可以；而对于一个乱弹过一通、养成了坏手法的人，教起来还得先花一分力气消除他的坏手法，才能重新教起。所以，《学记》要求"禁于未发"，因为"发然后禁，则扞格而不胜矣"。

（四）及时性（时）原则。《学记》很明智地告诉我们，进行教育要及时。所谓及时有两层意思，一是从学生的年龄方面说，一是从学生的心情方面说。及时就是抓住时机，既反对过时，也反对不到时候。

从学生的年龄方面说，既不可以过早地进行教育，更不可以过晚才进行教育。过早地进行教育，让儿童超越了身心发展的条件学习，势必接受不了，而且势必损害儿童的身心健康。如果过晚才进行教育，那时儿童年岁已大，分心的事已多，跟着年幼儿童学习内容粗浅的教材，势必格格不入。《学记》引"兑命"的"敬孙务时敏，厥修乃来"句中的"时"字，也是说明这层道理的。从这方面看，《学记》作者是很重视教育学生的时机的。

从学生的心情说，教育最好在儿童自觉要求的基础上来进行。这就是孔子所说的"不愤不启，不悱不发"，也是《学记》全文的中心思想。如果学生对于求知并无自觉的要求，他们心里并没有某些问题想求得解决，那么，教师想以灌输的方式把知识注入到儿童心里，必然是劳而无功的。同时，如果学生有了自觉的要求，教师不抓住机会及时指导，等到学生的自觉要求烟消云散之后再去进行教育，也是一样地费力不讨好。唯有不先不后，不迟不早，看准儿童心情，及时进行教育，才是好办法。在这方面，《学记》重视启发，重视自觉，反对"使人不由其诚"，都是对的。但是不能把它绝对化，绝对化就会成为兴趣主义。

所以，《学记》要求"当其可"，因为"时过而后学，则勤苦而难成"。

（五）顺应性（孙）原则。《学记》要求教育时"不凌节而施"。这句话郑康成解为"不凌节，谓不教长者才者以小，教幼者钝者以大也"。孔颖达解为"不凌节，谓年才所堪，不越其节，分而教之，所谓孙顺也"。依照他们的解法，这个原则包括三个内容，就是：考虑年岁长幼；考虑接受能力；要求循序渐进，实行因材施教。

首先要考虑年岁长幼，就是不教长者以小，不教幼者以大。换句话说，对于年长的学生，教材不可以太容易，说理不可以太简单，否则他们不会感到兴趣与满足；对于年幼的学生，教材不可以太困难，说理不可以太艰深，否则他们接受不了，因而对于学习便会丧失信心。

其次要考虑接受能力，就是不教才者以小，不教钝者以大。这是因为学生的才智不一样，有些人聪敏些，有些人迟钝些。对于聪敏的学生就应该多教些，教高深些；对于迟钝的学生就应该少教些，教浅近些。这样，他们才能各得其所。如果反过来，对聪敏的学生教得少、教得浅，对迟钝的学生教得多、教得深，前者便会不满足，后者便会不消化。我们要懂得"学者有四失"，要考虑"至学之难易"。以上两点就是《学记》所说的"节"。

怎样才能不"凌"节呢？那就要在"节"的限度以内，循序渐进地进行教育。《学记》主张"幼者听而弗问"，就是因为要循序渐进，因为"学不躐等也"。"良冶之子"之所以"必学为裘"，"良弓之子"之所以"必学为箕"，"始驾马者"之所以要"反之，车在马前"，都是说明要在"节"的限度以内循序渐进而不"凌节"的意思。《学记》反对"及其数进而不顾其安"，就因为那种办法违背了循序渐进的道理，"凌"了"节"。为了按照学生的年龄与接受能力循序渐进地进行教育，根据孔颖达的看法，那就要充分运用个别教学来因材施教。因材施教就可能避免一般化。一般化的结果势必使"长者才者"感到"小"而"幼者钝者"感到"大"。这就是孔颖达所说的"分而教之"。

至于因材施教的贯彻，在今天说来，是不可能也不必要专靠个别教学的。

（六）观摩性（摩）原则。《学记》是很重视同学、朋友之间的相互影响的。所以视学的时候要考查"论学取友"，讲到藏息相辅那一原则的作用时说它可以使人"乐其友"，并把"师""辅（友）"并称。为什么同学、朋友对于一个人的学习影响如此大，关系如此密切呢？那是因为同学、朋友之间可以"相观而善"，相互学习，相互切磋之故。人人都有优点，"三人行，必有我师焉"，只要善于"择其善者而从之"，自己在进德修业上就可以得到好处。一个人"独学而无友",冥思独行,有问题无处可以商量,有缺点没有人帮助指出,久而久之,必致不知天地之大,学问之广及他人的长处,成为"孤陋而寡闻"的井底蛙。

但是,不是任何同学与朋友都可以使人获得"相观而善"的好处的。相反,如果结交的是些酒肉朋友,整天言不及义,那就不徒无益,而且有害了。害在使人忘却老师的教训,忘却学习。这就是"燕朋逆其师,燕辟废其学"。所以,为了增进学习效果,应该结交好朋友,发挥朋友之间的好影响,不交坏朋友和避免坏朋友的影响。

(七)启发性(喻)原则。这是《学记》最中心和最紧要的一个原则。《学记》恭维"君子之教"的特点是"喻也",即善于启发或诱导。它认为"时观而弗语"是教学的基本纲领之一。

什么是启发性原则的具体内容呢?它的具体内容有三:

一是"道而弗牵"。学生求学是向未知的领域行进,所学的是他所不知的东西,是他所没有到过的境界。因此,他需要引路人给他引路,这就是教师。没有教师或者教师不负责,学生就失去了引路人,他就无法或很难向未知的学问领域行进。所以,对于学生说来,教师的引导是十分必要的。但是,引路不等于代替走路,也不等于强迫别人走路。当我们走到一个陌生地方的时候,我们会感到困惑,如果这时得到一个引路人给我们从容指点,我们的困惑就可以消除,我们就可以跟随那引路人前进。但是如果那位引路人不识相,不许我们饱览景色,自觉前进,却摆起引路人的架子来,不顾我们的意志,不许我们休息,迫着我们赶路,甚至拖着我们高一脚低一脚地向前奔跑,难道我们会愿意吗?即使被迫着跑,跑过那个地段以后,我们对那个地方的景色一定也是一无所见的。一个好引路人是不可以这样拖着别人勉强跟他走的。教师教导学生,也是一样。要引导学生,但是不要牵着学生的鼻子走。这就叫作"道而弗牵"。

二是"强而弗抑"。强不是强迫的意思，是策勉鼓励的意思；抑者，推也。学习如同登山，中途不能没有困难。独行踽踽，面临困难，是容易使人丧失信心，欲行又止的。这时如果有个识途的人跟在后面，随时给他打气加油，说：前面不远就是山顶了，或者，前面不远就是平地了，再努一把力就到了。这就是很大的鼓舞，可以使人增加勇气，克服困难，达到目的地。尤其这种鼓励的话出自一个识途的人，力量更大。在学习的道路上，教师就是识途的人，由于他的勉励，学生在困难跟前就可以增加勇气，找出办法。但是要注意，对于一个精疲力竭的爬山人，打气固然是好的，却不可急躁地在打气之外猛力推他一把。如果这样，那人一定会停步骂你的，再不然就会由于你这一推而摔倒在地，再也不想往上爬了。教师教学生也是一样，要勉励学生，但是不要强迫学生。这就叫作"强而弗抑"。

三是"开而弗达"。就是指点引导，但是不要代替达到目的地。这是因为，学习主要靠自己用心钻研，教师只应加以引导、策勉与指点。讲课的时候应当引导学生自己思考，自己得出结论，千万不能嚼碎了喂给学生吃，使他自己毫不费力，毫无可以独立思考之处。靠喂得来的知识不是真正可靠的知识：这样教导出来的学生，决无独立思考与独立工作的能力。回答学生的问题的时候也是一样，学生如果在学习上遇到了困难去问教师，教师当然应该予以指点，但是教师的指点应当适可而止，只应做到"开"的限度，不应做到"达"的程度。比如，在一个学生遇到一道数学难题时，给他在关键处指点一下，开导他的思路，这就够了，而演算仍旧应当让学生自己去进行。这才是高超的教育技巧，对学生有好处。如果教师替学生把整道题从头到尾全给算出来，表面好像很负责，其实是害了学生，因为这是剥夺了学生独立思考的机会。

贯彻启发性原则的好处是很大的。如果教师能够"道而弗牵"，学生便会欢迎这样的引路人，因而师生关系必然很好。如果教师能够"强而弗抑"，学生便有勇气克服学习上的困难，从而学习便会成为一件安易的事情，而不再是一件艰苦的、高不可攀的事情了。如果教师能够"开而弗达"，学生就会习惯于独立思考，这样就能获得真才实学了。你想，启发性原则是多么重要的一个原则。

我们都知道，旧中国的封建式的教育是以灌输为能事的。《学记》却能相反地主张启发，这是多么难能可贵。今天，我们都懂得学生自觉学习的重要了，《学记》倡导的"道而弗牵""强而弗抑""开而弗达"，可以说就是《学记》作者启发学生自觉学习的办法。

（八）长善救失的原则。《学记》作者观察到一般学生在学习中有四种类型的缺点，就是"或失则多，或失则寡，或失则易，或失则止"。为什么会出现这四种缺点呢？《学记》作者的答复是，"心之莫同也"，也就是说学生的心性不同之故。针对这种情况，我们就得实事求是地去了解学生的心性，就是要做"知其心"的了解工作。只有面对不同实际才能解决实际问题，只有了解学生才能教育学生。这是《学记》要求我们认识，并在认识的基础上进行工作的第一方面。

其次，《学记》告诉我们，事情有其坏的方面，同时也有其好的方面。例如：贪多务得是坏事情，但也有其好的一面，这就是渊博；狭隘寡闻是坏事情，但也有其好的一面，这就是专一；轻率勇为是坏事情，但也有其好的一面，这就是勇于进取；畏难而退是坏事情，但也有其好的一面，这就是适可而止。教师一定要全面看问题，要懂得事情总有两方面。这样，就可以针对不同对象，不同材料，根据他们"至学"的"难易"，资质的"美恶"，培养积极因素，克服消极因素。因而《学记》肯定地告诉我们"教也者，长善而救其失者也"。教育的作用本来就在于培养积极因素，克服消极因素，依靠优点，克服缺点。心性人人不同，应该多方诱导，应该"博喻"来"长善""救其失"。这是这一原则要求我们认识，并在认识的基础上进行工作的第二方面。

四、教学方法

《学记》对于教学方法的见解也是很精辟的。总的精神是诱导、启发、潜移默化，反对外铄、注入、急于求成。为了说明方便，仍用现今通用的名词：问答法、讲解法和练习法三者，分别说明于后：

（一）问答法。这个方法包括两方面，一方面是如何提问，一方面是如何答问。

提问的要诀是由易到难。由易到难的好处是易者容易解决，通过易者的解决，久而久之，难者也就好解决了。比如砍硬木头，应当先砍松软的地方，后砍木头的关节。必须这样，关节才能砍通。如果反过来，先从难处问起，问题是得不到解决的。这个方法是正确的，讲授新课时是理当如此运用的。但是，这也不可以绝对化，在某些场合，有时是需要单刀直入，提问难点的。

答问要注意两点：一是大小得当，就是说，如果学生问的问题小而浅，教师就不可以自炫博学，小题大做一番；如果学生问的问题大而深，教师就不可以偷懒藏拙，敷衍了事。浅显的问题就应浅明地答复，深刻的问题就应深入地分析。学生答复教师的提问也是一样。这就叫作大小得当。比如打钟，小打就小响，大打就大响，万没有打得轻而响得大，打得重而响得小的道理。二是要求从容问答。听问要从容，答问也要从容。唯有从容作答，才能把道理说透。正如钟响一样，只有从容地响，才能"尽其声"。答问原要解决疑难，如果说理不透，如何能解决疑难呢？为了说透道理，从容答问是必要的。

这就是问答法的基本要求，这些要求是正确的。

（二）讲解法。教师教学，除了问答以外，永远离不开讲解。讲解，看来容易，做得好可不简单。讲得好坏，关键在于教师的口头表达能力与教材组织。因此，《学记》在这两方面向教师提出了三项要求。

首先要求"约而达",就是教师讲话应当扼要,但又能将主要意思充分表达出来。从这一角度来看,教师讲课的技巧大体可以分成三等:最好的是讲话扼要,论点都能够说清楚,这是符合"约而达"的要求的;次一等的是讲话虽则啰嗦一些,但是意思总算说清楚了;最坏的是说得既啰嗦,意思又没有说明白。可是人们常有一种错觉,以为要把意思说清楚就得多说话。其实这是不对的,二者之间并不一定成正比,有时甚至成反比。《学记》"约而达"的要求值得我们深思力行。

其次要求"微而臧",就是既要扼要,又要精辟。拿今天的话说,就是讲解要有重点,而所讲的重点又要真是教材的精华所在。平均使用力量是不对的,轻重倒置当然更是不对的。

最后,要求"罕譬而喻"。就是说,为了学生易于理解,应当采用具体的例证来说明抽象的道理。因为用概念解释概念是解释不透彻的,用例子解释概念就使人容易理解。所以,例子,"譬",是必要的。但是"譬"是手段,是为了使人"喻",它本身不是目的。我们讲书举例,不是为了举例而举例,乃是为了说明一种道理或者一个概念而举例。所以,例不在多而在精。如果举例恰当,例少也能说明问题;如果不恰当,多了也无用处。并且,用例应以能够说明问题为度。不恰当的例子固然愈多愈不好,例子恰当,也只要说明问题就够了,多了反而不妥当。因为例子太多就会淹没论点,就会反客为主,结果学生只记得例子,记不得论点了。可见例子固然必要,但是质量上要能说明问题,数量上不可过多,以免淹没论点。这就叫作"罕譬而喻"。有些教师只会抽象说教,有些教师用例不当,有些用例过滥,都可以从"罕譬而喻"获得很好的启发。

以上谈话和讲解两种方法的基本精神都是注意启发,注重自动。

(三)练习法。《学记》举了"良冶之子,必学为裘;良弓之子,必学为箕;始驾马者反之,车在马前"三个例子,作出结论说,"君子察于此三者，可以有志于学矣"。究竟是什么意思呢？我以为这是说明耳濡目染、逐步练习的必要性。关于练习，《学记》没有正面提出要求或说明，只是打了三个比方，比较难做进一步的分析。但从这三个比方中，也可以看出两层意思：一是在练习法中范例是很重要的，作用是很大的，良冶、良弓、大马就是起的范例作用；二是练习只能逐步进行，养成习惯，所以良冶之子先学为裘，良弓之子先学为箕，小马先学跟车。

五、教师问题

教育工作离不开教师。教师的好坏在很大程度上影响教育的效果。《学记》是很重视教师问题的。它从教师的作用，优秀教师的基本条件，尊师的必要等三方面论述了这一问题。

《学记》首先论述了教师的作用。"师也者，所以学为君也。"原来教师是教育人们，使之能管理国家大事的。为什么教师有这么大的作用呢？那是因为"能为师然后能为长，能为长然后能为君"，管理人民需要教育人民，能够教育人民才能管理人民。教师这一工作，表面看来似乎无关紧要，而实际上则关系很大。例如家族之间，"五服弗得不亲"，由此可见一斑。因为作用如此巨大，所以地位十分重要，以致"三王四代唯其师"，足见"择师不可不慎"。

既然教师的作用这么巨大，地位如此重要，所以，教师不是随便什么人都可以当的，当教师的资格是很严的。比如要懂教学原则，要懂教学方法等等，其中有两项很重要："听语"与"博喻"。这是当教师的人不可不具备的。

教师是知识的传授者，首先自己得有丰富的、透彻理解了的、融会贯通了的知识。如果一个人知识并不丰富、自己没有透彻理解、不能融会贯通，只是上课之前把要讲的教材背个滚瓜烂熟、现炒现卖，那是不够资格当教师的。这样的教师学问差，除了把事先备课时准备好了的那一点点知识倾吐给学生以外，再也没有本领了。他们经不住学生的质询，因为质询的内容可能超出他们事先准备好的那一点点货色。他们更不能够根据质询，进行启发，"听语"，那是需要渊博深刻的知识与纯熟的教学技巧的。做一个称职的教师恰恰需要这种"听语"的本领，而不是一点点"记问之学"。这是《学记》对于教师在学力方面的根本要求。

教师在教学技巧方面，必须具有多方诱导，"博喻"的本领。所谓"博喻"，是要懂得学生的心理，善于因材施教，多方诱导。"能博喻然后能为师"，这是《学记》对于教师在教学艺术方面的根本要求。

教师的作用既然如此巨大，担任教师工作的条件又是如此严格，那么，尊重教师就是当然的了。尊重教师等于尊重学问，因为教师是学问的传授者。尤其在上的人更应尊师，因为在上的人尊重教师，就可以引导人民尊重学问，爱好学习。所以，连拥有最高权力的国君，对于教师也不以臣礼相待，就是以身作则之意。《学记》如此提倡尊师，自然是为统治阶级献计，想通过教师，利用教育来巩固统治。从实质上说，古代封建的师道尊严与我们今天所提倡的尊师是不同的。但从一般意义上说，尊师就是尊重教育，就是尊重知识，这是有积极意义的。

六、当时教育的五大弊端

《学记》主要是从正面来谈教育的。为了加强正面理由的说服力，它很生动地指出了当时教育的五大弊端及其不良后果。这五大弊端不仅是《学记》作者那一时代的现象，也是旧的传统教育的共同现象。是哪五大弊端呢？

（一）"呻其占毕"。这是中国旧教育的典型的教学方法。教师只把课文朗诵给学生听，不求学生理解课文的意义；学生的责任也只在于没头没脑地跟着朗诵，一点也不懂朗诵的是什么，就似道人念咒般地。这种教学方法，对于学生没有丝毫益处。这是以机械背诵代替思维与理解，以朗读为学习的唯一形式。这是封建的教育方法，我们必须彻底肃清它的残余影响。

（二）"多其讯言"。教师讲书是注入式的、填鸭式的，只顾自己的主观意愿，不考虑学生的自觉性和积极性，一味叮咛灌输，唠叨不已。这种方法在精神上是与《学记》所主张的"时观而弗语""博喻""道而弗牵""强而弗抑""开而弗达""善问""善待问""约而达""微而臧"以及"罕譬而喻"等等要求背道而驰的。教师教学，必须善于培养学生的自觉性和积极性；把学生当作容器去注入是错误的。两千年前，《学记》就斥责了注入式教学，真是难能可贵。

（三）"及其数进而不顾其安"。这就是不管学生能不能接受，只顾赶进度。它也是教学工作中主观主义的一种表现，是注入式教学方法的另一形式。在不能理解，没有消化的情形下，赶完进度并不等于完成了任务，甚至比没有完成任务还坏，因为这种做法必然会加重学生的"消化不良"。

（四）"使人不由其诚"。这就是进行教育不从学生的要求出发，它也是"多其讯言"与"及其数进而不顾其安"两大弊端的思想根源与总的概括。

（五）"教人不尽其材"。这就是不因材施教，不发展智力，埋没人才。我们每一提到因材施教，就容易想到个别教学，好像班级授课就不能够因材施教，而个别教学才能因材施教似的。其实不然，在班级授课制度下贯彻因材施教，工作是比较艰巨的，但是并非不可能；在个别教学制度下，如果教师不懂得根据对象的具体条件进行教育的重要性，不能好好了解学生，不能"博喻"，因材施教也是得不到贯彻的。《学记》这一批评不就是很好的证明吗？

由于当时的教育工作中有这五大弊端，所以教育的效果是与人们的愿望不相称的。具体说来，就是以下几点：

（一）厌恶学习。学习本来是一件愈钻研就愈能引人入胜的事。但是，要能引人入胜，应有一定的条件。例如从学习中懂得以前所不懂得的事，就是从不知到知，从不理解到理解；又如，学习在内容与进度上有一定的难度，但又是力能胜任的，通过困难的克服，能够引起自信力的增长等等。倘若学起来老是由不理解到更不理解，由困难到更困难，学习当然就会变成一件可怕的事情，不能不令人望而生厌了。旧式教育恰恰就是这种情形。

（二）怨恨教师。师生关系本来应跟引路人与接班人一样，该是融洽无间的。师生之间，唯有融洽无间，才能相继前进，共同探索学问的宝藏。所以《学记》强调"亲其师""严师为难"。师是有可能被尊敬，也有可能被怨恨的。关键在于教师对学生的学习有没有真正的帮助。不给学生解决疑难，不从学生实际出发，使得本来具有无限吸引力的学习活动变成令人头痛的事情，探本究源，学生哪能不怨恨教师呢？

（三）苦于学习的困难，"苦其难"。并没理解教材，却要熟读死记；讲解不能解决问题，却要恭坐静听；前面的没有掌握，后面的又压上来；不想学，却又不能不学；有才能，却又不得发展。试问，难道这还不使人苦恼不堪吗？

（四）不知学习的用途，"不知其益"。本来，只有有目的的学习才是有效的学习，只有理解了的知识才是有用的知识。既不知道为什么要学习，学来的知识又是死的知识，无法应用，这不是最大的浪费吗？在上述的教育情况之下，结果是必然如此的。

最后总的结果是可想而知的，这就是即使毕了业，很快会忘得一干二净，学了等于没学，"虽终其业，其去之必速"。教育弄到这种境地，岂非大大失败。究其原因，就是教育作风中的五大弊端之故。由此可见教育不得法的后果确是很严重的。

总的说来，《学记》作者是从两个方面来论述教育问题的。他批判了当时教育的缺点，从积极方面提出了自己的主张。他的批判是透辟的，他的主张很多是中肯的，值得我们在"弃其糟粕"之后去"取其精华"。《学记》的重要性与现实意义主要就在这里。

（本文完成于 1956 年 12 月 19 日，新知识出版社 1957 年 12 月初版，1962 年 9 月新一版，1982 年 3 月新二版；上海教育出版社 1982 年版，2021 年版。本文为上海教育出版社 2021 年版的《〈学记〉译述》）

洛克和他的《教育漫话》

　　洛克的全名是约翰·洛克（John Locke），是有名的英国资产阶级思想家和教育家，1632 年出生于一个小地主家庭，父亲是一个严格的清教徒，内战中站在议会一边。他们父子关系极好，父亲对他的政治态度和教育思想很有影响。1644 年入韦士敏士特学校受中学教育，那里的经院主义教育使他十分反感。他在《教育漫话》中反对机械地学习、反对靠文法学语文，就出自他的切身体验。1659 年入剑桥大学攻读哲学、自然科学，深受培根和笛卡儿著作的影响，一度爱好化学和气象学实验。他喜神学，因无真正的职业性神职机会，转而习医，打算以医为业。1661 年毕业后留校任教。1667 年，结识了反对国王的辉格党领袖沙夫茨伯里伯爵阿什利。两人均醉心于世俗的、宗教的和哲学的自由，交谊很深。他担任了伯爵的心腹秘书和家庭教师。1675 年，由于伯爵失势，他又健康不佳，因而不得不退出英国政治舞台前往法国，住了三年，结识了一些科学家和文人学者。1683 年，随伯爵前往向往自由而被放逐者视为庇护所的荷兰政治避难。1688 年，革命以资产阶级和封建贵族之间的妥协而告终，英国建立了君主立宪政体。次年，洛克回国，并几次担任政府要职。晚年在佛兰西斯·马沙姆爵士家度过，1704

年逝世。他生活在英国资产阶级革命的年代。恩格斯在《致康·施米特》信中评价他"是 1688 年资产阶级妥协的产儿"。

洛克的著作有《文官论》(1660)、《论自然的法则》(1663)、《论宽容》(1667)、《政府论》(1689)、《人类理解论》(1690)、《教育漫话》(1693)、《论基督教的合理性》(1695)、《关于理解的指导》(1706)、《自然哲学基础》。此外，还为工业和殖民地事务委员会拟了一份《工作学校草案》。

洛克的哲学观点有唯物和唯心两重性。他着重研究了认识论。他在他的《人类理解论》第一卷中探讨了观念起源问题。他认为，观念和原则同艺术和科学一样，不是天赋的。心灵原像一块白板入一个暗室、一个空箱或一张白纸，其中没有任何字样、任何观念。它的装备和知识材料来自经验。人类的知识都建立在经验之上，发源于经验。人类的观念来源首先是感觉，此外还有反省。人类理解首要的机能是心灵能接受所感受的印象，这是外在的对象通过感官所造成的，或它本身反省那些印象时所造成的。他是一个唯物主义的感觉论者，又是一个感觉论的二元论者。

洛克的政治态度完全是站在新兴资产阶级一边的。从他追随反封建王权的辉格党领袖并随他避难到荷兰，从他在英国建立君主立宪政体以及多次任职政府，从他在他的《工作学校草案》中主张三岁以上的贫苦儿童即应参加学徒劳动，自食其力，并当忍受剥削，都鲜明地说明他的新兴资产阶级政客立场，但又是歧视劳动人民的。

洛克的教育思想除散见《人类理解论》和《工作学校草案》的以外，集中在他的《教育漫话》(Some Thoughts Concerning Education) 一书中。他的教育思想主流是进步的，但也有反人民的因素；他提出的许多具体措施有很多正确的可供参考的地方，但也有不正确的成分。概括以下各点是值得注意的：

一、他对教育的力量怀有极大的信心。他认为人们"之所以或好或坏，或有用或无用，十分之九都是他们的教育所决定的。人类之所以千差万别，便是由于教育之故"。他差一点成了个教育万能论者。但他又认为"我们不应该希望完全改变儿童的本性。……稍微改变一点点是可以的，但很难把它们完全改成一个相反的样子"。这才又给教育的力量加上了一点制约。

二、他十分重视早期教育的关键作用。一是因为儿童少小时的可塑性最大。二是因为幼小时的印象"都有极重大极长远的影响"。像水源一样，稍加引导，"便可以把它导入他途，使河流的方向根本改变"。因此，越是早期教育越要谨慎从事，因为教育上的错误"像配错了药一样"。第一次错了，以后就难补救了。

三、他替资产阶级贵族设计的教育是一种延师课子的家庭教育方式。理由是父母应当负起教育子女的责任；可以避免学校同学的腐蚀；导师个别教育效果大于学校教师集体教育学生。用这种方式教育后代是有钱人的优越感和残余手工业生产方式的反映。这种个别教育的办法尽管教学效果自然会大一些，其实已经不适应工业革命后大生产的形势了。

四、他正式确认他设计的这种教育叫作绅士教育，是为资产阶级贵族子弟设计的，以别于为穷人即劳动人民子弟设计的工作学校，那样肯定剥削童工的合理性的教育适成对照。这是他维护资产阶级统治、主张剥夺穷人子弟受教育权的资产阶级反人民的教育思想的鲜明表现。

五、他像其他资产阶级教育思想家一样，主张身心和谐发展。他在书中分别谈了体育、德育和智育三个方面，以适应资产阶级管理企业全才的需要。

六、他把体育放在首位，作为一个攻研过医学的人，他实质是在谈健康教育。他提出了"健康之精神寓于健康之身体"的有名号召，这是很有远见的。因为身体健康是精神健康之本，也是人生幸福和事业成功之本。他提出的具体要求是：儿童要多过户外生活，接受空气、日光和水的锻炼；生活要有规律；饮食要清淡；睡眠要充分，睡硬板床，要早起；衣着要适体；药物要少用，要多运动，等等。但他又主张用餐"最好不必在一定的时刻"，主张"最好不让他们看见"、不吃"某些水果"，主张"在三四岁以前完全禁止肉食"，早晨不可吃得太饱。他强调儿童应该习于吃苦耐劳、善于克制自己的欲望，父母对他们不可娇生惯养；强调要给他们以原则性的指导，使他们在生活上养成良好的习惯。

七、他随即用了较多的篇幅转入德育问题，他认为"教育上难于做到而又具有价值的一部分目标是德行。唯有德行才是真实的善……德行愈高的人，其他一切成就的获得也愈容易"。在这方面，他重视培养儿童克制自己的欲望，和纯粹顺从理性所认为最好的指导的能力，反对溺爱或纵容；重视从小养成儿童的良好习惯，以免难于纠正；从小使儿童畏惧和服从父母，树立父亲的威信，一俟年龄渐大"便愈当假以辞色"，使其小时候成为"顺从的臣仆，以长大了成为亲昵的朋友"，而不可相反；重视惩罚问题，认为严酷的惩罚"在教育上的害处很大"，尤其鞭打，更为有害，它使儿童更好做不该做的事情，更不喜欢他们应做的事情，"这种奴隶式的管教，其所养成的也是一种奴隶式的脾气"。即使不能不偶一采用，也当重在养成儿童的羞耻之心，而不在使儿童害怕痛苦；重视奖励问题，认为不可用奖品去取得儿童的欢心，不可把奖励作为鼓励儿童去做某些该做的事情的条件，而应以培养他们的荣誉心为指归；重视利用儿童的兴致，把儿童应做的事也都变成一种游戏似的，这样去诱导他们；不能靠规则，要靠练习；重视使儿童心地里有礼貌，而不必过早计较举止上的礼貌，要避免不良伴侣的污染和注意榜样的作用。但他又认为礼仪与懂得人情世故之所以重要，乃是可以为其

"获得一切与他接近的人的尊重和好感"，儿童获得了这种美德，日后所得的好处是很大的。他凭着这一点点成就，门路就可以更宽，朋友就可以更多，在这世上的造诣就可以更高。这是一套资产阶级的处世哲学，是它的接班人所必备的！他重视择师问题，认为家长不可吝惜金钱而应该千方百计聘请一位称职的导师，要以身作则地尊重导师，并让全家都尊重他。导师本人除了学问以外，还要善于亲近学生，倾听学生的意见，要善于使学生用理智去思想，要能以身作则，要精通并娴习他所要教给学生的一切。洛克还提出了上帝问题作为德行的基础，要儿童爱上帝、服从上帝。这就暴露了他的两重性哲学思想中的客观唯心主义的一面。

写出体育和德育之后，他最后才写到智育。他认为德行和智慧比学问重要得多，前二者有助于学问，而徒有学问但无德行与智慧则反而无用。不要把读书当作一种任务强迫儿童去学，而要把读书当作一种游戏、消遣、光荣快乐的事情或对良好表现的奖励，他们就会自己要求学习的，儿童刚会说话时就可以在玩具上贴上字母，让他们在玩耍时学会字母；给他们的课本要选容易、有趣而又适合儿童能力的书，书中的乐趣就可促使他们前进；好奇心是一种求知欲，应当予以鼓励；要及早在约束最少的时候去了解儿童的气质；要重视儿童的兴趣，"因为儿童兴致好的时候，学习效率要好两三倍"，等等。此外，他还简单谈了其他各科教学法的要点，就是习字、图画、速记、法文、拉丁文、作诗、地理、算术、天文学、几何学、年代学、历史、伦理学、民法、法律、修辞学、逻辑、文体、自然哲学、希腊文、跳舞、音乐、击剑、旅行、园艺、细木工、技艺、商业算学等。可以看出，除了传统学科以外，他是重视实用学科以适应资产阶级社会的阶级需要的。最后，他还根据他的哲学观点特别指出：儿童是"一张白纸或一块蜡，是可以随心所欲地做成什么式样的"。

　　总之，洛克的《教育漫话》是一本饱含哲理而又写得深入浅出、生动感人的书。除了时代和阶级所带来的缺点以外，其他主张，如对教育力量的深刻信念、对父母的教育责任和早期教育的重视以及好些具体教育工作的见解，时至今日，还是可以发人深省的。

　　（本文写于 1980 年，原载于魏泽馨编《傅任敢教育译著选集》，湖南教育出版社 1983 年版）

中国传统教育的倡导者

师范教育私议

实现四个现代化这个相当长期艰巨的任务要有大量科学技术人才和全民族教育科学技术水平的提高，而这就急需大量的合格中小学教师来提高中小学的教学质量，这大量合格中小学教师的培养和提高要靠各级师范学校。所以，办好师范教育就成了实现四个现代化和提高全民族的教育科学技术水平的一个带有根本性的问题。

但是我们现在的师范教育还面临着不少亟待解决的问题，解决这些问题是当务之急。

第一个问题是学生来源问题。由于林彪、"四人帮"极左路线的干扰破坏，整个社会对于教师工作的重视还是很不够的，因此报考师范院校的考生比例是比较小的，人们不愿意学师范，甚至怕当教师，师范院校招收学生的选择性比较小，学生素质不高。为了扭转这种情况，除了大力提倡尊师爱生以外，还需要采取一些实质性的措施加以配合。我国对于师范生历来有种种优待，这个老办法还是可以起到一定作用的。比如，师范生的助学金不妨稍多一点，师范生的工资起点不妨稍高一点，这样就不仅可以鼓励那些经济条件较差的学生学师范，而且这些措施也能表明国家和社会对于师范生的重视，从而扩大师范院校考生的比例，扩大师范院校择优录取的机会，并使师范生得以更好地安心学习，安心工作。

第二个问题是师资来源。按理，师范院校对教师的要求应该比其他院校更高，因为他们不仅应该具备专门学科的知识，而且要具备教学的艺术手段；不仅要教书，更要教人去教人；不仅要精通专业，而且还要深知中小学的实际。可是一般教师的心理却愿教其他院校而不太愿教师范院校。看来，今后师范院校的教师应当多从下一级学校的优秀教师中选拔。这样，他们就既懂得理论又懂得实际，既懂得专业又懂得教育了。这就不仅解决了师范教师的来源问题，而且还解决了师范院校的教学质量问题。

第三个问题是师范院校的系科设置和中小学的要求不对口。现在师范院校的分科太细，除了语文、数学、外语三种学科以外，其他系科的毕业生往往由于一个中小学对于他所学的专业没有那么多课可教，不得不改行。这样就不仅浪费人才，而且也影响质量。我国师范院校有个老传统，就是学生要有个主修科，同时还要有个副修科，他们到了工作岗位以后有两门专业课可教，就可以避免这个毛病了。

第四个问题是师范生在学期间很多人缺乏各种课外兴趣的培养和课外活动的能力，可是中小学的教师要完成教人的任务，就得有一套参与学生活动、成为学生群众中的一员、做学生群众的带头人的本领，否则就不易做到这一点。所以，师范院校的学生是不是可以加一门共同必修课，在体育、音乐、美术、手工中选修一种，或鼓励他们组织多种课外活动小组来培养他们的兴趣和能力，以适应中小学工作对他们的共同要求。

第五个问题是师范生在教育科学课程上所受的训练也不能满足工作的需要。例如他们学了心理学，可是他们没有学过如何把心理学的道理用到教育工作上来，他们没有学过生理卫生，更没有学过心理卫生。他们所学的教育学也是空论太多，实际知识太少，一旦工作以后，就很不够用了。这些问题是否也应该在师范院校的课程设置和课程内容上加以改进？

第六个问题是师范生的实际教学能力需要提高。现在的师范院校同过去一样，都有一次教育实习，但这么一次教育实习是不能完全解决问题的，是不是可以强调一下师范院校的各科教师的教学示范性？通过四年的耳濡目染来提高学生未来的教学能力。本来，师范院校只靠一门教育学来学会怎样教学；只靠一次兴师动众的一两课背台词式的教学表演是无法使学生真正掌握这既是科学又是艺术的教师工作的。

第七个问题是附中附小的作用问题。师范院校一般都有自己的附中附小，但一般说来，这些附中附小都没有得到应有的重视和利用。今后从高一点的要求来说，应该使它们成为师范院校的实验场所，从低一点的要求来说，应该使它们成为学生经常见习的场所，并且师范院校应该动员教育科学和专业教师共同投入附中附小的工作来把附中附小办好，否则一个师范院校连自己的附中附小都办不好是说不过去的，而且附中附小也就成为徒有其名了。

以上几点小小设想不一定都对，亦各抒所见而已。

（原载于《对教育计划、教育体制献计献策的情况简报》1980 年第 8 期）

关于办好高师院校的一些设想

    一、最近教育部召开了师范教育工作会议，做出了一些很好的决定，并由领导同志做了许多正确切实的指示，这对师范教育事业是一个很大的促进，对师范教育工作者是一种极大的鼓舞和鞭策。但是，历史经验告诉我们，最好还要采取一些具体措施才能改变师范教育历来不受重视的积习，才能清除"四人帮"所造成的灾难。

    二、实际措施中最主要的一项是领导问题。在中央重视师范教育精神的指引下，师范教育必能保持其独立的体系，师范院校的校数和人数必将扩大，因此，教育部有必要把师范教育的领导工作从高教司划分出来，恢复师范教育司，最好有一位副部长专抓这项工作，才能顾得过来。师范院校的领导班子，只能强于而不能弱于综合大学的领导班子，才能改变这个重灾区的局面。

    三、师范教育必须大力发扬它的师范性，就是，既要提高它的学术和教学水平，又要提高它的示范性和教育研究水平，还要提高它的教学艺术水平。

    四、要明确高师院校的目的任务。我国的高师院校有两种类型，一种是全国性的或大区性的师范大学，它的任务应该是培养合格的中学、中师的合格教师和干部，以及教育科学的研究人员，学制至少要有五年才够；第二种是地区性的师范学院，它的任务是培养合格的中学和中师的合格教师和干部，学制应该是四年到五年。前者应设教育系和从幼儿园到中学的全套附属学校；后者应设附属中学。

五、在课程设置方面可以考虑设三类学科。第一类是公共课，除政治课和体育课外，每个学生都要学一门自然科学或一门社会科学和一门文体艺术课，这样来扩大学生的知识面和通过跟中学打成一片来以同志的身份领导学生前进的能力；第二类是专业课，学生除学一门专业主科以外，最好还学一门专业副科，以适应规模较小的中学的实际教学需要。

六、高师院校的师资可以有三个来源，一是师范大学毕业，并有两年以上中学教学经验的学生，可以称为教员；二是从中学或中师选拔优秀教师，可以称为讲师；三是和其他高等院校的合作和互通有无，可以按原职称，称为兼任教授或副教授或讲师，这样来提高教学水平和充实教学力量。

七、学生来源改为提前录取这个办法很好，希望长期采用。

八、高等师范院校应该大力开展科研工作，但要面向教学，面向中学。科研题目不拘一格，可以在专业上再攀高峰，可以在教育学科上解决理论和实际问题。主要有三个优先：第一个是优先解决被"四人帮"颠倒了的理论问题，拨乱反正再颠倒过来，使广大教师不至陷于思想混乱之中；第二是优先弄清楚社会主义教育的教育规律，以便大家都能按照教育规律办教育；第三是解决教学工作中的疑难问题。

九、师范院校应当加强教师和干部的进修工作，不仅教师要不断进修，领导干部和一般干部也要不断进修，缺什么就进修什么，要结合工作进修，解决实际工作问题。

十、教学实践是师范院校的突出问题，解决这个问题，既要简便易行，又要切实有效。可以这样办：（一）见习经常化，就是，各科教师本身的教学都应该符合科学性、思想性、艺术性三个方面的要求，使学生在几年的学习期间经常耳濡目染，上一堂课就是见习一堂；（二）实习，可以学习医学院的办法，任课教师都当指导教师，每个学生应在毕业前每周在附中或特约中学实习教学三小时，共教 15 小时，作为一门课程记分，不必全校同时进行，以免过分兴师动众，打乱院校和中学的教学秩序；（三）试用，学生分配工作后，第一年作为试用教员，主要由所分配学校的对口教研组指导和评定成绩，合格者才算正式毕业，才能转正。

十一、要解决专业课和教育课争时间的问题，高师在专业课方面应该达到综合大学同一专业课的同等水平，但所谓同等水平是指专业课的基本知识，不要求学习那些专题性质的提高课，教育学科方面，则要教得精炼一些，有针对性一些，和教育系的学生要有所区别，此外，外语可以改为选修。这样学习时间的矛盾就基本可以解决了。

（原载于《对教育计划、教育体制献计献策的情况简报》1980 年第 85 期）

孔子说的"有教无类"到底是什么意思

　　《论语·卫灵公篇》上载，孔子说过一句话，叫作"有教无类"。对于这句话的解释，说法不一，大体可以分为两种意见。一种意见认为这句话表达了孔子的一种重要教育思想，它是有进步意义的。例如：郭老在他的《十批判书》95 页说："他也不分贫富贵贱，不择对象，他是'有教无类'。"冯友兰教授在他的新版《中国哲学史》第一册 118 页上说："他招收学生'有教无类'，就是说不限于贵族出身的子弟。"任继愈教授在他的《中国哲学史》第一册 84 页上说："孔子'有教无类'，他的弟子中有贵族，也有比较贫苦的城市居民（如颜渊等），当然不会有奴隶，但比起春秋以前，至少孔子收纳了奴隶主贵族以外的类，扩大了受教育的面。"这种说法基本上是正确的，尤其扩大教育面的提法好。但是他们的提法突出地提到了阶级性的类，容易被人错误地引申为孔子的教育思想是超阶级的，或者说孔子是一个全民教育家。另一种看法是赵纪彬教授在他的三版《论语新探》中"有教无类"节提出的。他从考证字义入手，旁征博引，作出判断，大意是说："这句话是说奴隶主贵族不分族类地对域内的奴隶施行教化、教令以及军事技能的强制性教练。""与孔丘的教育宗旨风马牛不相及"。其言甚异。但他的研究方法和结论还有可以商讨之处。

从字义考证入手，当然是一种办法，但更重要的是要考虑孔子的全部教育思想和活动。

孔子既是一个伟大的教育家，又是一个有政治"抱负"的政治思想家，他那个时候周室衰微，诸侯并起，政权下逮，征伐不已，分崩离析，他反对那种分裂和混乱的局面，他说："天下有道，则礼乐征伐自天子出；天下无道，则礼乐征伐自诸侯出。自诸侯出，盖十世希不失矣，自大夫出，五世希不失矣；陪臣执国命，三世希不失矣。天下有道，则政不在大夫。"（《论语·季氏篇》）分裂和安定太平是不能并存的。他希望出现一个统一安定的局面，但他不可能懂得由奴隶制过渡到封建制是一种历史的进步。他只是迫切希望实现统一与安定，而把希望寄托在恢复旧的政治社会秩序上，甚至对"管仲相桓公，霸诸侯，一匡天下"的权力比较集中局面也歌颂"民到于今受其赐。微管仲，吾其被发左衽矣。"（《论语·宪问篇》）这种求治心情是符合人民的利益的。他热衷于获得一官半职，甚至迫不及待地说要"沽之哉！沽之哉！我待贾者也"。（《论语·子罕篇》）他教育他的学生也是为了训练他们去得到做官的机会，即所谓"学而优则仕"，蛮想通过这种办法去实现他的政治"抱负"。所以他的教育思想和活动是为他的政治"抱负"服务的。也就是说，他搞教育实际上是为他的政治"抱负"做宣传准备工作的。因此他的教育面越大，就是他的宣传面越大。他的学生越多，就是他的政治助手越多，在这种情况下，他对来学的人有什么理由横加种种类别的限制呢！有什么理由不尽量扩大他的教育面呢！

就他的教育活动而言，他突破了"学在官府"的限制，进行私人讲学就是扩大了教育面，他对来学者的类别也确实是不挑不拣的。在贫富的类别上，他的学生中既有富家子弟，也有颜回那样"居陋巷"的城市贫民；在学力的类别上，他并不嫌弃没有文化的"鄙夫"；在来学的态度上,他不拒绝"难与言"的互乡的童子;在年龄的类别上,他的学生中既有只比他小四岁的老学生秦商,也有比他小五十三岁的小学生孙龙;在地区的类别上,他的学生虽则因为近水楼台先得月,鲁国人的人数多一些,但卫、卞、陈、南武城、齐、宋、蔡、秦、郑等国或地区的人都有;在德行的类别上,他说,公冶长这个人虽然曾被关在监狱之中,却不是他的罪过,他不仅收了他做学生,还把自己的女儿嫁给了他(见《论语·公冶长篇》);在性格这个类别上,欲望太多的申振、愚笨的高柴、迟钝的曾参、偏激的颛孙、鲁莽的仲由,他都一视同仁,兼收并蓄。所以连他的学生也说:"夫子之门何其杂也!"可见他的教育对象实际上是并无什么类别的限制的,只要带点见面礼表示自己求学的诚意就行了。

由此可见,孔子施教确实是"有教无类"的,是主张扩大教育面而不用种种类别来限制教育对象。"有教无类",意如其文。这句话和他的教育思想是风马牛不相及的,既不足以说明他是超阶级的全民教育家,更不是唯成分论的阶级教育家。至于说"教"是对奴隶的"民"的教练,那也不见得。《论语》上载的"子以四教:文、行、忠、信"的提法只能理解为是孔子主张对民也实施文化教育,因为文是智育,行是德育。孔子总是把行与文相对而言的,而把行列在第一位,他说的"行有余力,则以学文"可证。忠是就下对上而言,信是就上对下而言的一种德、行,孔子说的"忠焉能勿诲乎"和"君子以其主忠信"可证。这句话适足以说明孔子确实是"有教无类"的,是不分任何类别的。无论诲人或教民,都有这"文、行、忠、信"的内容,同样是教育。

(原载于《教育研究丛刊》1980年第二辑总第3期)

教学是最渊博最复杂的艺术

——谈谈教学有方

教育学家乌申斯基曾不止一次地把教育学称之为艺术，称之为"一切艺术中最渊博、最复杂、最高和最必需的艺术"（《教育史讲义》）。教学是教育学的重要组成部分，因此，乌申斯基的这句话对于教学来说，是具有同样意义的。教师在教学中怎样体现出这一要求呢？用一句简明的教育成语来说，就是要做到教学有方。

凡是上过学的人常有一种感触，就是，上某些老师的课很受罪，想打瞌睡又不敢打，好不容易才熬完一堂课；但上另一些老师的课则恰恰相反，越听越爱听，越学越觉得津津有味，上课竟成了一种享受！有人甚至由于某科老师教得好，后来自己也学了那一科，成了那一门学科的行家！这是为什么？

上过学的人常有另一种感触，某某同学当初学习成绩很好，不考第一也出不了前三名。可于今，一事无成，工作上、学术上都"四十、五十而无闻焉"！而某某同学呢？当初学习成绩很平常。可于今，却成了业务上的尖子、工作上的骨干！这又是为什么？

这两个为什么，反映的是课堂教学的有方抑是无方，是掌握了教学艺术，抑是缺乏教学艺术，是有关教学质量的大问题。

关于第一个"为什么"，这要到教师身上去找。要从教师知识的深度和广度去找，要从教师教学方法的得当与否和熟练与否去找。从根本上说，教师的学识是第一位的，方法是第二位的，因为教课主要是传道、授业、解惑。教师必须自己有见解有道可传，有专业知识才有业可授，知识既深且广才有可能解学生之惑。但教学又是一种艺术。优秀教师的教学，使人如欣赏名画、名曲一样，乐而忘倦，并能做到潜移默化。善于讲课的教师，不是照本宣科，平铺直叙，而是不仅讲得清楚，又使学生听得生动有趣，引人入胜，讲课富于启发性。那就要求教师不仅要有广博的知识和丰富的经验，还要注意语言、声音、表情和态度等等，以便能用形容、描写、比喻、联系实际等方法，使书中的人物、情景、法则、定律等等都活现出来；或讲得条理清楚，以强有力的逻辑性使学生惊服；或以强有力的感染力，引起学生感情的共鸣，以达到艺术的境界。

关于第二个"为什么"，那就除了上述学识及方法两方面以外，还要进一步从教师的教学思想上去找。你的教学对象是活生生的机体还是僵死的器皿？是储存什么才能复现什么的机器还是具有主观能动性的人？你觉得你的责任只是传授还是更要发展？从而认定是循循善诱地启发好还是只求死记硬背、囫囵吞枣地灌输好！不同的教学思想产生不同的教学原则，进而导出不同的教学方法，终于教出不同的结果。就是，有人教出的是后来有作为、有成就的人才，有人教出的却是考分虽高但后来默默无闻的庸才。如果你的教学思想里面，没有发展学生才智的观点，你就不可能运用发展的教学艺术去发展学生的聪明才智。

原来，教育或教学工作既是一门科学，又是一门艺术，就像捷克教育家夸美纽斯所引述的那样，人是最复杂的对象，教材是人类知识的精髓，要把人类知识的精髓在有限的时间内使学生在愉快的气氛中彻底学会，而且越学越想学，越学越聪明，不掌握教学的艺术怎么可能呢？

教学是一种艺术，而艺术既是易学难精的，又是熟能生巧的。打个粗浅的比喻：譬如烹饪，只要有作料、原料、油、盐和火，一个孩子也能炒好一盘鸡蛋，可谓易学矣。然而要能做出一道名菜，却非有多年的经验不可，又可谓难精矣。一旦成了名厨师，就能回过头来，写出菜谱，传之后人了。可是初学的人单靠一本名菜谱还是做不出一道名菜来的，必也实践乎。熟才能生巧。比如掌握火候问题，没有哪个师父能告诉徒弟，做什么菜在什么阶段要用摄氏多少度的火力，而这要靠长期的实践、细心的体会，才能玩味出来。教学这门艺术也一样。先进的教学论思想、正确的教学原则都不能不掌握，成功的教学方法也不能不多参考，但这些还不能使人成为一个优秀教师，而且还需要在平日听课时，在实习时，在工作时，处处留心，看人家有什么优点，有什么高招，细心琢磨，从自己的实际出发去试用改进。教学这门艺术，也是要理论联系实际的。

教师是做塑造人的工作的。教师的工作不仅影响每个学生的未来，而且影响整个社会文化的发展。教学既要合乎科学，也要把它看成是一种艺术，才是教学有方。一位音乐家的演奏使得乐曲能活现出来，人们认为是一种艺术。人类积累的知识要通过教师的工作，在学生头脑中活起来，并且各科教师是使一切知识都活现出来，把人类全部遗产教给整个一代人的创造性的工作，并用此改造客观世界，使人类生活得更美好。这怎能不说它是最渊博、最复杂的艺术呢？

（原载于《北京师院》1981年1月20日第2版）

《论语》教育章句析解

——孔子教育思想初探

　　孔子是我国古代的伟大思想家和教育家。他的哲学观点是唯心的，主要表现为唯心主义；他的政治态度，好古守旧，都无可取。但他的教育思想却有可贵之处。所以，挖掘孔子教育思想这份库藏，取其精华，弃其糟粕，加以提高发展，是一件重要而有意义的工作。近来我重温了《论语》有关孔子教育的章句，更有这种感触，觉得《论语》中所反映的孔子教育思想中有不少重要的观点值得提出来讨论。

一、"庶富教"的教育治国和先富后教的观点

　　《论语·子路篇》记载，孔子到了卫国，高兴地说，人丁多么兴旺啊！因为人丁兴旺意味着国家安定，是一个兴旺发达的标志，同时，人多又说明了卫国的潜力很大。冉有听了就问：人丁兴旺了还该怎样？孔子说：还要进一步使人们富裕起来。冉有又问：人们富裕了以后又该怎样？孔子说：还要教育他们。这一段问答可以说是孔子的教育治国论。人是最基本的，没有人就谈不上什么立国、治国，但人既有口要消费，

又有手能生产，所以，第二步就要发挥人手的作用，使他们富裕起来，以满足他们消费的需要。物质生活满足以后，最后还要发展教育，以满足他们的精神文化需要，只有达到这个境界以后，一个国家才算完全治理好了。同时，他的先富后教的提法，说明了他认为教育是受经济制约的。只有经济发展了，教育才能发展。因为人们吃不饱，穿不暖，哪还顾得上学习哩。这是显而易见的。我国近代史的经验不也证明了吗？建国以前，国困民穷，政治紊乱，民不聊生，那些空喊发展教育的人岂不是徒然空喊了一阵吗？今天，我们十分重视教育，教育岂不也要在国民经济发展的基础上才能大力发展，才有发展的物质条件吗？不足之处是：孔子的时代使他不能认识经济对教育的全部制约性和教育对经济的促进作用。

二、"有教无类"的知识扩散观点

孔子有句名言，叫作"有教无类"。孔子的意思是说，不要只收某一类学生，不收另一类学生，而要一视同仁，不加歧视；要扩大教育面，而不要限制教育面；要扩散知识，而不要垄断知识。所以，他又说过，只要"自行束修以上"去向他求教，他就没有不教的。他还说过，事先不进行教育，就要下层的民去打仗就等于让他们去送死，又说：民做得到的事情，就让他们去做，做不到的事情，就先教他们怎样去做。他这些话的本意也是要扩大教育面，扩散知识。孔子的教育活动也证实了"有教无类"的本意。他的学生里面，可以说是形形色色，无所不有。他并不按贫富、贵贱、特长、态度、老小、远近种种类别而有所偏向或歧视。至于孔子首创私人讲学，把学在官府的文化知识，从官府垄断下解放出来，扩散到官府以外，那就更从根本上说明"有教无类"这句话的真意了。

三、"仕而优则学"的不断学习观点

孔子的学生子夏说过:"仕而优则学,学而优则仕。"第一句的意思是说,做官的人有了余力还要不断学习,来充实自己的知识和提高自己的能力,才能办好事情,把事情办得越来越好,以免尸位素餐,贻误工作。它对人们富有积极的教育意义。第二句是说,要学好了才能做官,要把知识和才能作为用人和进入仕途的标准。它有两层积极的意义,一方面使那些不学无术之徒不得幸进;另一方面使那些有了真才实学的人得以脱颖而出,发挥他们的聪明才干。这是对任人唯才迈出的一大步。但这话也产生了副作用,就是使人认为这是孔子所主张的教育目标;认为求学的唯一目的,就是为了做官,因此流毒不浅。其实,就整句话来说,主旨就是一个学字,一个知字,学业还没有成就的人们就要努力学习,求得知识,才有资格做官,凭借别的是不行的,即使有了学问,做了官,也不能就可以不再学习了,而是应当不断学习,才能应付新问题,解决新问题,把事情办好。不能把学问当作敲门砖,门敲开了就把砖扔了。总之,是说学识是做官的主要条件,而不是其他,即使做了官也要不断学习。这种主张岂不很好吗?现在是我们阐明这两句话的积极意义的时候了。

四、"性相近习相远"的人性论和后天作用于先天的观点

中国古代教育家纷纷就人性问题发表过各种意见,他们重视从教育对象的素质入手来研究教育,这个方向是好的。可惜那时候没有研究的科学手段,他们只能泛泛谈谈自己的观察和理解,以致连人性是什么都没有弄清楚。近代教育家对遗传、环境、教育三者之间的关系问题提出各种主张。孔子在这方面发表的简单扼要的意见是比较高明的,他说过,"性相近,习相远也"。在性的问题上,他比较后来的孟子和荀子

高明得多。孟子说，"口之于味也，目之于色也，耳之于声也，鼻之于臭也，四肢之于安佚，性也"。荀子也说，"今人之性，生而有好利焉，……生而有疾恶焉，……生而有耳目之欲，有好声色焉……"。并且明确地说"不可学，不可事，而在人者，谓之性……"好像性纯然是先天的本能。可是孟子又说"恻隐之心，人皆有之"等，好像性又属于后天获得的道德观念了。这样一来，性到底是什么就弄得混淆不清了。同时，孔子也不像孟子那样主张性善，不像荀子那样主张性恶。主张性善的结果必然把教育看成一种任苗自长的工作，任其自生自灭，不"揠苗助长"就行了；主张性恶的结果，必然把教育看成一种"化性起伪"的改造工作。殊不知，教育既有培养的方面，也有改进的方面。正反两面，不可偏废，以致把教育的作用弄得莫衷一是，倒不如像孔子那样说得概括一些，使人自然了解到，性就是本性是先天的东西，习就是习染，是环境和教育影响人性的结果。孔子的这个观点，不能不有两种正确的含义，第一，人生来是大体相似的，那么，不论贫富贵贱，人生来就应该是大体平等的，没有贵贱、智愚、贤不肖之分，这也就为他的"有教无类"提供了理论根据；第二，他也意识到人的个别差异问题，这种个别差异主要是由于人们的环境、习染各不相同之故，是后天作用于先天的结果，不完全是先天命定的。教育是一种有目的、有计划安排的环境影响，当然它的力量就比一般自发的环境的力量更大了。这就肯定了教育的可能性与必要性。

五、"君子不器"的通才教育观点

孔子的时候，社会分工还很粗糙，孔子进行教育的主要目的，又在于培养治国的人才，所以他希望他心目中的理想人才，要什么知识都懂一点，什么工作都能抓得起来。换句话说，知识要广博，而不要求专精。这是他的时代背景所使然的。今天的社会就不同了，社会分工越来越细，学科门类越来越专，我们所需要的人才是有专门知识的人才，不是万金油，但若只顾专而不顾通，这种片面性也有问题。所以，孔子的通才教育思想还是值得我们适当考虑的，因为，知识既是分门别类的，又是互相联系、互相渗透的。宝塔的顶又尖又小，但宝塔的基础是又广又厚的。没有广博的基础，就没有高尖的塔顶。由博方能返约，而且事情总是不断发展变化的，新事物、新知识总是不断涌现的，过分专而不博的知识是不足以满足社会进步的需要的。站得高才能看得远，知得多才能专得深。从这个意义上说，孔子的这个观点还是有一定的启发意义的。

六、"君子欲讷于言而敏于行"的笃行观点

在孔子的教育思想中，德育占了很突出的地位。总的来说，他的德育内容无非是周礼的那些等级观念和烦琐礼节，没有什么价值。他教育学生进德修业的具体办法则有些个别可取之处，例如，他要学生"见贤思齐焉，见不贤而内自省也"，要"过则不惮改"等等，但他在德智方面的最重要的主张，则是他的"君子欲讷于言而敏于行"的观点。孔子认为德育不只是让学生懂得一些道德规范以及为什么有些事情应该照做，有些事情不该做的道理，而且知道了、懂得了以后要切实去实行。所以他最反对只说不做，或者说一些不一定真正做得到的漂亮话。他甚至现身说法，说出了他在这方面所受到的教训："始吾于其人也，听其言，而信其行；今吾于其人也，听其言而观其行。"他最初没有经验，以为人们都是言行一致的，不至于言行不一，他就相信了人家的话，结果上了当，才恍然大悟，口头上说得好听的人，行为上常不一定跟得上。因此他就不再根据一个人说得好不好听来判断一个人的好坏，而要根据一个人的行为的好坏来判断一个人了。所以孔子对他的学生说过不少不要说假话、不要说空话、不要说了不做、不要不一定能做到就先说出来等等教导。概括起来说，宁可说话迟钝一点，行为却要扎扎实实。

也就是说，学了道德教育的理论和知识以后，应该扎扎实实在自己的行为上体现出来，决不可只说不做，说得好听。我看，撇开他的道德内容不说，他这种"君子欲讷于言而敏于行"的德育观点，今天仍然是值得提倡的，甚至是值得大大提倡的。

七、"循循善诱"的发展智力的观点

孔子的得意学生颜回歌颂孔子"循循善诱"这句话表明，孔子教人不是把学生当作一种容器来看待，单纯进行授业，把现成的知识交给学生就算完成任务了，而是把学生正确地看成有思维能力的机体，他的责任在于启发学生，诱导学生，让他们独立思考，自己得出结论。他主张"不愤不启，不悱不发"。就是说要抓住学生有了学习的主动性和自觉性的时机，由教师加以启发诱导，教师的作用在于诱导，不要越俎代庖，代替学生去想，代替学生去学。他反对教师怎样讲学生就怎样信，而自己不独立思考。颜回总算是他最得意的一个学生了，孔子有时候也对他表示不满，说"回也非助者也，于吾言无所不悦"，又说"吾与回言终日，不违如愚"。他原来以为讲了一天的课，颜回既没有反对的意见，也不质疑问难，一切都相信他的，因此，说他像个傻瓜一样。后来仔细了解，才知道情况不是这样，才又改口说他"回也不愚"。孔子主张学习要能做到举一反三，就是希望学生自己要动脑筋，要做到闻一以知十，对于能朝这个方面去做的学生，他就大加表扬。例如有一次，子贡说：贫穷却不巴结奉承，有钱却不骄傲自大，怎么样？孔子说：可以了；但是还不及虽贫穷却乐于道，纵有钱却谦虚好礼哩。子贡说：《诗经》上说"要像对待骨、角、象牙、玉石一样，切磋它，琢磨它（精益求精）"。那就是这样的意思吧？孔子说：子贡呀，现在可以同你讨论《诗经》了，告诉你一件，你能有所发挥，推知另一件了。又有一次，子夏问孔子，有酒窝的脸笑得美呀，黑白分明的眼流转得媚呀，洁白的底子上画着花卉呀。这几句话是什么意思？孔子说：先有白色底子，然后画花。子夏说：那么是不是礼乐的产生在（仁义）以后呢？孔子说：卜商呀！你真是能启发我的人，现在可以和你讨论《诗经》了。认为他受到了学生的启发，在这个问题上，孔子有句概括性的名言"学而不思则罔，思而不学则殆"。他认为：只学习现成的知识，自己不去用心思考，那就等于白学，只冥思幻想而不先去掌握资料，也很危险。可见他对发展学生的思维能力是十分重视的。但是，他又说过："吾尝终日不食，终夜不寝以思，无益，不如学也。"这句话表面看去，他又不那么重视思维了，实际不然，他是说要先掌握资料才能有效地进行思维，资料是思维的基础，多多掌握资料，才能好好进行思维，表面说的是"不如学也"，实际是要更好地发展思维。现在科学技术日新月异，只掌握80年代的现成知识，没有思维创造能力，就无法面对90年代的科学技术，因此，我们的教育除了把知识传授给学生以外，更重要的是发展学生的智力，使他们善于思考问题，以适应时代进步的需要。这层道理现在懂得和同意的人越来越多了，但孔子在两千多年以前，就注意到了这一点，而且有了一些具体办法，我们今天的教育工作者，是一定能有所发展和创造的。

八、"学而不厌、诲人不倦"的学好才能教好的观点

孔子由于十分注意教育工作，同时由于自己从事了几十年的教育活动，他深深地体会到教师的重要性和当一名好教师是很不容易的，所以他对教师提出严格的要求，首先是要学而不厌，其次在学习方法上还有个要点，就是温故知新。他曾说过："温故而知新，可以为师矣。"为什么他把温故知新作为一条可以为师的条件哩？这是因为除了不断学习新的知识以外，还要不断温习旧的知识，通过温习来不断提高和加深对于旧的知识的理解，这样来做到"日知其所亡，月无忘其所能"的境地，才能教好学生。正像孔门后学在《学记》中所说的"记问之学不足以为人师，必也听语乎"，就是说：现学现教的知识是没有融会贯通

的，自己的知识是不透不广的，怎样能教好学生呢？《学记》接着说："必也听语乎"，就是说，要能随时解释学生所提出的问题，才算是个好教师。这是很不容易做到的，一个小小的孩子可能提出种种难问题，教师底子不厚，固然无言以对，教师教法不好，也不能深入浅出地说清楚。唯一解决的办法，就只有平日多学，不断地学，学习新的也温习旧的，才能做到这一点。所以做教师的人必须学而不厌，学好才能教好。另一方面，还有一个对待教学的态度问题，就是要耐心，要立下终身从事教育工作的决心，使自己愈教愈提高，愈教愈有乐趣。这层道理是值得我们的现职教师和未来教师细细玩味身体力行的。

九、"毋意、毋必、毋固、毋我"的反主观学习态度的观点

孔子的学生们曾经记下孔子学习态度的要点说，孔子有四不，一是不主观臆测；二是不凭空武断；三是不固执己见；四是不自以为是。总之一句话，他反对主观主义的学习态度，而主张要实事求是、求证、求教。孔子说过一句很有意思的话，他说："知之为知之，不知为不知，是知也。"孔子主张做学问要有根有据，他说过：夏代的礼，我能说出来，它的后代杞国不足以作证；殷代的礼，我能说出来，它的后代宋国不足以作证，这是它的历史文件和贤者不够的缘故。若有足够的文件和贤者，我就可以引来作证了。孔子一贯主张多见、多闻、多问，他对古代的礼，本来是很熟悉的，但他进了太庙还要"每事问"，这一切都说明了孔子反主观、四不的谨严的治学态度。

十、教学全过程的观点

孔子对教学过程有个全面的、一条龙式的整体看法，他认为教学过程有三个环节：第一个环节是学；第二个环节是思；第三个环节是行。在学这个环节上，他主张多闻、多见、多识，要"博学于文"，要"敏而好学""不耻下问"。在思这个环节上，他要求独立思考，择善而从，

不盲从，有创见。在行这个环节上，要根据所学、所见，扎扎实实在自己的行为上体现出来，懂了还不算，要懂了之后又做到才算。所以从教师的角度说，他的责任不只是要根据学生的接受能力，组织好教材，选择好教学方法，使学生获得知识，还要充分培养学生的思维能力，使他们通过自己的思维，自己进行分析，自己得出结论，把知识化为自己的血肉，真正成为自己所有，并且使它们成为自己的一体，在自己的行为上扎扎实实体现出来。任何一个环节没有做好，都算是教学过程没有完成。后来孔门后学对这种观点又更具体细分为五个环节，分为"博学之，审问之，慎思之，明辨之，笃行之"。博学和审问属于学；慎思和明辨属于思；笃行属于行。这五个环节的提法就是孔子三个环节的进一步划分，是从学生学习的角度来说明教学全过程的，任何环节上的欠缺，就是整个教学过程的欠缺、不完整。

以上提出的孔子教育思想的各种观点，是能用来启发我们的思路、扩大我们的眼界、供我们借鉴的。

（原载于《教育研究》1981年第3期）

"夫子之门何其杂也？"（另二则）

  《荀子·法行》篇载：南郭惠子问于子贡曰，"夫子之门何其杂也？"子贡曰，"君子正身以俟，欲来者不拒，欲去者不止。且夫良医之门多病人，檃栝之侧多枉木。是以杂也。"从这一段对话可以看出：在南郭惠子的心目中，像孔子这样的学者和教育家，其门下一定都是些富贵聪颖子弟，可是事实并不如此。孔子的门生中固然有端木赐那样长袖善舞、"亿则屡中"的阔学生，但更多的是像颜回那样"居陋巷""屡空"，像仲由那样"衣敝缊袍"，像原宪那样被孔子称为"贫也"和需要同学"冉有为其母请粟"以补助伙食的公西赤之类的穷学生或并非富有的学生。同时，孔子的门生固然有闻一以知十的颜回和闻一以知二的子贡那样的聪颖学生，但也有高柴那样"愚"，曾参那样"鲁"和冉求那样公然自认在学习上"力不足也"的并非聪颖的学生。实际情况出乎惠子的想象，夫子之门品类是很不齐的。因此，他就不能不向子贡提出"夫子之门何其杂也"的问题，而子贡也就给他作出了正确的解释：正因为孔子是个有名望的学者和教育家，来学的人就多，人多了品类就不齐，就杂，而孔子收学生又抱定一个"来者不拒"的态度，抱定一个"有教无类"的宗旨，"是以杂也"。这段记载是孔子"有教无类"真义的一个有力旁证。"有教无类"是一个教育观点，是不容把它歪曲成一个政治观点从而否定孔子教育思想中这份可贵思想和实践的！

"不愤不悱"怎么办？

"不愤不启，不悱不发"，这是孔子的一个重要教育教学观点，这是一个十分重视学生的自觉性和积极性，十分重视学习内因的观点，是值得大力发扬的。可惜孔子只说："不愤不启，不悱不发"，而且紧接着还说了一句"举一隅不以三隅返，则不复也！"重点不清楚。这就发生了一个问题：学生不愤不悱怎么办？是任其自然，不去"启"，不去"发"？还是通过教师的诱导使他"愤"，使他"悱"？按前者办，那就是只顾学生的主动作用，不顾教师的主导作用。按后者办，二者才全顾了。可是孔子的后学错把重点放在后面那几个"不"字上了，以致把一个积极主动的观点曲解成一个消极被动的观点了！他们甚至喊出了"礼闻来学，不闻往教"的口号（《礼记·典礼》），认为只有学生主动去向老师求教，没有教师主动去教学生的道理，并且辩解说，"君子有教无类，然必有求道之心，而后我之教育有所施。若往而教之，则道不尊而教不行矣"。（孙希旦注）这就真有点装腔作势、强词夺理了。因为这种说法明明是要教师假"不愤不启，不悱不发"之名，不去循循善诱，履行教师的主导作用，把孔子这一正确的、全面的教育观点片面化了，作出了错误的引申！

"民可使，由之；不可使，知之"

古时没有标点符号，古人的文章往往要靠读者各自去断句，因而引起了对文义的不同甚至相反的理解。孔子说的"民可使由之不可使知之"就是一个突出的例子。传统的读法是"民可使由之，不可使知之"。有人因此得出结论，说孔子是主张愚民政策的。另一种读法是"民可，使由之；不可，使知之"。又好像孔子是十分民主的，凡事要征得民的同意。正确的读法应当是"民可使，由之；不可使，知之"。民不必教就能供使唤，就不必再教了；不能供使唤就应当先教会他们再使唤他们。他说过，"善人教民七年，亦可以即戎矣"，就是这个意思。他是有条件地主张开通民智的。到底哪种读法对？那只有把它放在孔子的全部思想和一生活动的背景下来判断，没有其他办法。

（原载于《教育研究》1981 年第 9 期）

尊师更应爱生

现在社会尊师思想有所增长，但尊师和爱生是一个问题的两方面，爱生的思想也要同时上涨才好。我要反映几件亲见亲知的事，希望个别不爱生和不知如何爱生的老师注意一下。

1. 挖蛹是好事，但要告诉学生注意安全和卫生，更不可规定指标，以免学生群趋粪坑等处，轻则传染疾病，重则掉进坑里！

2. 要求学生作文进步是好事，但规定文作好后，必须家长动笔改好再由老师判分，却未免有转嫁责任之嫌！也太强某些家长之所难了。

3. 布置家庭作业指望全照自己讲的作答做题，不许走样，否则就批评。其实走了样的只要思路对，还应该加以表扬，以启发学生的思维和智力。不然就是把学生教成木头人，是摧残他们的智慧！

（原载于魏泽馨编《傅任敢教育译著选集》，湖南教育出版社1983年版）

"刺激人们创造和应用——最有效的教学方法"

——谈谈教学效果

苏联教学论专家赞可夫的理论在当今是引人瞩目的，他的中心思想是要通过教学结构和教学方法的改革来使学生在掌握双基的基础上，着重发展一般能力。他说过："刺激人们创造和应用，在促进学生心理发展上是最有效的教学方法。"他的这句话，使我们引起许多联想，教学方法是广大教师在理论指导和实践基础上，八仙过海地创造出来并传播开的。可是实际上，却有许多优秀教师的良好教学方法得不到重视和传播，个别教师的错误方法也得不到纠正。

例如，教师出一道题：7+7+7+7+7+4 让孩子们算。A 生一个个加；B 生用 5×7，再加 4；C 生用 6×7，再减 3，得数都对。怎么评呢？不得法的教师可能会简单地说都算得对，甚至可能会说，A 最按部就班，B 最简便，而不提 C。但得法的教师则会指出 C 的才智，因为这个学生看出了一个看不见的 7，即差 3 的 7，这就刺激和启发了所有学生的才智。那些在答题上要求学生和自己一字不差，否则就批评或扣分的教师，他们不是在进行教学，而是在雕刻木偶，不是在发展学生才智，而是在挫伤学生的才智。

又如，给学生讲光学时，得法的教师会把光的折射原理当作主要的一环教给学生，不得法的教师就可能疏忽过去。有人做过试验，让学生射击水中的靶子，先射离水面1.2寸的靶子，成绩倒差不多；然后射水下4寸的，懂折光原理的学生，成绩大大胜于不懂的。这就是理论知识指导了具体问题的解决，可见，教学固然要重视从直观到抽象，从个别到一般，同时也要重视理论知识的指导作用，随时启发学生运用所学的理论，才有利于学生才智的发展。

在我国的中小学教学工作中，这种得法与不得法的例子，是比比皆是的。得法的教师早已实行，在课堂上叫起一批学生同时上黑板做习题，然后当场指出共同的或个别有代表性的优缺点，这样的教师指导针对性强，既减少无效劳动，学生印象也深，同时避免了堂下抄袭之弊。但这样一个好办法，至今很不普及。习字课不教以从上到下，从左到右的笔顺和笔法，而成了涂鸦。其实教学得法的老师们不是已在识字教学上取得突破，收到了多快好省的效果吗？例如方块字虽难学，但有的教师抓住"象形、指事、形声、会意、转注、假借"这些汉字形、声、义的规律。在识字教育时，随时指出这些规律，日久，学生自然能运用这些规律，举一反三了。虽然后两种规律孩子们难懂一些，但前四种，至少前三种是能懂的，这样就能够帮助他们自己学会新字，在教学上收到事半功倍之效。这种提纲挈领，使人触类旁通，提高教学效果的方法，可惜学习和采用的人不多。这一切只不过是极少的例子。

分析上述事例说明了好几件事情：第一，教学的好坏要从教学的效果去检验，而影响教学效果的关键因素之一则是教学方法的得法与否。第二，教学并无现成的一成不变的方法，但是，目的明确，总是可以从实际出发，根据理论，开动脑筋，创造一些适用办法，以提高教学效果。创造并不是什么神妙不可捉摸的东西，只要有了基本理论知识，有了实际体会，能从实际出发，加上信心、决心与勤奋，任何一位教师都可以想出也就是创造出一些办法的。我们的格言应该是：开动脑筋靠自己！谓余不信，请尝试之！第三，在我们自己动脑筋创造的同时，还要看到，我们教师队伍中的优秀分子早已创造了不少好方法，我们要积极去学习、取用或借鉴。问题只在人们要肯用脑筋，创造性地去利用罢了。

（原载于《北京师院》1982 年 2 月 24 日第 2 版）

谈谈高师教育

我国教育工作，尤其是师范教育工作正在进入一个前所未有的兴旺发达的新阶段，这是因为中央领导同志已经明确指出了发展教育、培养现代化人才，乃是实现我国四个现代化的主要条件之一，又指出了师范教育是教育工作的母机，还号召全社会都要尊师爱生。可以断言，从今以后，我国的教育工作一定会日益兴旺发达，日益培养出更多适应现代化要求的人才，尤其是广大教师将日益受到重视，做出应有的贡献。在这种大好形势下，我愿就高师教育问题谈谈个人的一些不成熟的想法。

高师教育在师范教育工作中占有更突出的地位，负有更重要的责任。要办好高师教育，除了领导重视以外，还要有社会的重视，还要有高师院校全体师生员工的通力合作，还要有一些具体切实的实际措施和内部改革。就拿尊师这一点来说吧，建国以前，人们空喊了几千年的尊师重道。人们把我国教师的代表人物孔子尊称为大成至圣先师文宣王，家家户户的神龛上都贴着"天地君亲师"五个大字，表示做教师的人死了以后可以分享各家各户上供的冷祭肉，表面上对教师可说是尊到极点了，可是由于没有具体措施，尤其是少数人空喊尊师而社会上却流传着一句人所共知的话，叫作"家有五斗粮，不做孩子王"，尊了几千年，人们还是把做教师工作看作一件不得已而为之的事。所以，师范教育要普遍被全社会真心看作教育的工作母机，还得在宣传上大大努力一番才行，至于具体措施那就更不待说了。在具体措施中，我个人初步想到的有以下这些问题，需要研究解决：

一、高师院校的设置问题：现在高师院校的师生，都有一个思想问题，就是认为高师院校不如综合大学，总想向综合大学看齐。于是有人就觉得高师院校的教育学科占去了不少时间，妨碍了他们向综合大学看齐；有人就觉得高师院校如果不单独设置，而附属在综合大学内作为综合大学的一个系院，这个问题就可以得到解决。前一种想法实际上是对高师院校的师范性重视不够。其实这个问题，是可以通过内部调整得到解决的。后一种看法则不是凭空出现的。在我国清末废科举兴学校的时候，南洋公学就设立过师范馆，创办京师大学堂之初，就有过附设师范馆的拟议。在国外，确实也有些师范学院是作为综合大学的一个学院而存在的，例如，美国的哥伦比亚大学师范学院就很出名。但我国高师院校后来一直是独立设置、自成系统的，最初叫作优级师范，后来叫作高等师范，现在叫作师范大学或师范学院。据说原因是附属在综合大学之内，事实上就成了综合大学的附庸，不能体现它的独立性和师范性。至于国外的情形，则附属和独立的优劣还没有看见有人做出比较。看来我们现行的设置办法，师范大学是全国性和大区性的，师范学院则是地方性的，师范大学除了培养中学师资和干部以外，还有培养教育研究人才的任务，师范学院则基本没有后一项任务，这种设置办法还是比较好的。至于向综合大学在学术水平上看齐，这一良好愿望还是可以通过其他途径来解决比较现实。

二、如果师范教育（包括高师教育在内）还是作为一个独立系统，那就有一个大力加强领导的问题。在中央，是否可以考虑恢复和加强教育部的高师司，而不由高教司兼管。因为，高师院校是一个有特点的、庞大的独立系统，不如此，就会影响师范院校的特点。除此以外，还有一个加强各个师范院校的领导班子的问题。因为高师院校是"四害"横行时期的一个重灾户，面临的问题格外多，领导班子至少不能次于综合大学的领导班子，最好除具有一般领导条件以外，还要有点教育理想、教育事业心和教育上的创见。记得在 20 年代中期。陶行知在艰苦条件下创办晓庄师范学校，清华大学教育心理系一位姓操的同班同学，由于向往陶的教育理想就毅然放弃了条件优越的清华而奔赴陶的门下，听说教育部的董副部长也是放弃了光华大学而转投他的门下的。为什么？就是由于陶的教育理想和教育实践深深地吸引了他们之故。今天我们的教育工作者，本来都应有一个共同的理想，这就是忠诚党的教育事业。次之，也要有点教育创见。清华改大学之初的教务长是张彭春，也算得上是有点创见、不受一些框框所限制的人，那时候各方面很重视一个人的学历，可是清华大学第一班学生中既有已经上过大学一二年的，也有只读完初中的。那时候，谁也不重视劳动，可是清华大一的学生却有手工劳动课，每人要用自己的劳动做出一个书架。那时候，一般大学从第一年级起就分系，可是清华的大一大二是普通科。打算学文的也要学一两门自然科学和科学发达史，打算学理的，也要学一门综合性社会科学和历史。他这些做法，到底好不好还可以讨论，但也说明了他不是一个因循守旧的人，而是一个敢于打破框框的有教育创见的人。因此，办教育也要敢于发扬民主，善于集中，既不独断专行，也不筑室道谋三年不成，要有点干劲，有点魄力，不然，重灾户怎么能变成工作母机呢？

三、高师院校有个专业课和教育学课争时间的问题。没有时间，专业课就无法达到综合大学的水平，教育课就无法体现高师院校的师范性。看来，高师院校的专业课要达到的是基本知识、理论和技巧的水平，因为这是中等学校教师所必须具备的，在这方面，不仅要达到而且比综合大学还要学得更扎实一些才够用。但在提高课方面，就不必去看齐了，比如，历史系的专题课就可以不设了，顶多设一门历史研究法，如果学生今后自己进修，指点门路就够了。在教育学科方面，如果改革一番，也可以省出不少时间，同时还可以提高教学质量，例如教育学，现在学生们感到讲教育方针政策，他们同样听了报告看了报纸，讲教学常规，他们从小学到中学早已司空见惯，总觉得学了得益不多。是不是可以改一下，增加点知识性，讲透几个关键问题就可以了。又如心理学，学生一般感觉概念多、针对性少，是不是可以用青少年心理学和教育或学习心理学来代替普通心理学？还有教育见习和实习占用的人力和时间不少，效果还不够理想，是不是可以加强各科教学的示范性来取代全部或部分集中的见习和实习？这样，两方面都不会觉得时间不够了，而两方面的教学质量又可以得到提高。

四、高等学校既是教学中心，也是科研中心。这个方针对高师院校当然也是适用的，但是，高师院校的科研工作和其他高等学校的科研工作是应当有所区别的。我个人觉得，高师院校的科研工作，一要面向教学，以便首先提高教学质量；二要面向中学，以便更多结合实际，更好地为中学服务。至于科研内容，倒不要一刀切，专业课教师可以再自攀本专业的高峰，也可以研究本专业的教材教法等等。教育学科的教师，我以为应当有两个优先，一要优先研究被"四人帮"颠倒了的理论是非，拨乱反正，把它们再颠倒过来。二要优先研究社会主义教育科学，除全面发展这个总的规律以外，到底还有些什么其他规律，以便逐步建立我国自己的教育科学。

五、高师院校既然是独立的师范教育体系的顶点，它们就理应模范地把师范性体现出来。

1. 全体教师要力争既教书又教人。俗话说经师易得，人师难求，师范院校的学生是未来的人民教师，他们是要既教书又教人的，他们的老师当然应该用这个标准去教育他们。但是，言教不如身教，严格要求不如以身作则，这一点大概可以算作师范性的基本点吧，因为，师范者，教师之模范也。

2. 在教学过程中，应该强调全体教师的示范性。如果每一位教师的每一堂课都做到科学性、思想性和艺术性的统一，那么，学生经过几年的耳濡目染，他们也就能做到这一点了。我相信如果做到了这一点，或者大体做到这一点，教育见习就不必单独集中来搞了，而且其效果比集中来搞不知要好多少倍。这应该说是师范性的另一个重要点吧！顺便说一下教师能力强弱最根本的要看他的学识的高低。会教课的不一定真有学问，有学问的不一定能教好课，就像壶里煮饺子，里面有货色，但是倒不出来，没法让别人吃到。但就教学的效果而论，年级越低艺术性越重要。当然这里所说的艺术性决不是说相声那样的艺术，也不是要教师口若悬河，讲得动听，而是要求教师在掌握学生的身心特点和精通教材的基础上循循善诱，以达到既授了业又发展了学生智力的目的。

六、师资来源问题。高师院校本身的师资，首先应该是从下一级学校择优选拔，因为这样选拔来的教师，既有理论基础，又有实际经验，这是一个最好的来源，事实也证明了这一点。被选拔的教师所在的学校当然有点损失，但他们一旦被选拔到高师院校以后，母鸡孵小鸡，他们所发挥的作用就更大得多，小局就只好服从大局了。其次是其他高等学校的优秀毕业生而又在中等学校任教过两年以上的。最后一个也是最重要的一个来源是，发扬院校与其他科研学术团体的协作。有一位同志说得好：在这个问题上，也要像搞经济一样发挥优势，保护竞争，促进联合，联合有困难，至少也可以协作吧。

七、高师院校工作人员的进修问题。最好不限于教师，干部也有个进修问题，人人都应该缺什么补什么，从实际出发解决实际问题。学校的管理和后勤也是一门科学，也要不断提高，不能狭隘地认为，只有教书才有个进修问题，正像经济工作一样，技术要提高，管理也要提高。

八、最后谈一下，高师院校的任务和附属学校问题。师大和师院主要都是培养中学的师资和干部，但师大还有一个培养科学研究人才的任务，因此，师院应该有附属中学，师大应该有附属的中学、小学和幼儿园一整套。附属学校一定要办好，要作为院校的实验场所，至少要作为中学的样板，最不济，也要成为学生经常见习实习的场所。办法是，专业教师都要在附属学校教他所长的那门课，让院校学生随班听课，这是一种最经常、最扎实、最不兴师动众、对附属学校最有帮助的办法。这里面当然有个院校教师精力和负担问题，但只要大家思想通了，总还是可以想方设法加以解决的。

以上只是一些个人想法，很不成熟，可能很片面，还可能有错误，不过是愚者一得之见而已。

（原载于《北京师范学院学报（社会科学版）》1983 年第 3 期）

试论"智育第一"（商榷初稿）

十年内乱中，在教育理论方面，林彪、"四人帮"为了贬低十七年的教育成就，实行愚民政策，培植夺权打手，大肆攻击马克思提出的"智育第一"的观点，诬蔑它是修正主义的，并为炮制"两个估计"开路，大树特树他们的白卷英雄。大谈特谈"知识越多越反动"的文化愚昧主义。谁要抓文化教育，谁就被扣上"智育第一"的所谓修正主义帽子；谁要遵照毛主席"以学为主"的指示用功学习，谁就成了"五分加绵羊"的修正主义苗子。广大教育工作者慑于他们的淫威，欲教不能，以致教育质量严重下降，和先进国家文化科学水平的差距越来越大。也有少数不明真相的同志以为"智育第一"的观点真是修字号了。

为了拨乱反正，弄清这件事情的是非，我们就必须依次弄清下列一些问题：

一、马克思原来是怎样说的？

马克思 1866 年在《给临时中央委员会代表的关于几个问题的指示》一文中谈到"男女儿童和少年的劳动"时说，"我们把教育理解为以下三种东西：第一：智育。第二：体育，即体育学校和军事操练所传授的东西。第三：技术教育……"（《马克思恩格斯全集》16 卷 218 页）马克思这个指示原来是用英文写的，有人查过《第一国际文献》（*Document the* 1*st International* 第 1 卷第 340-351 页），原文是："By education we understand three things firstly, mental education, secondly physical educa-tion..."中文译文完全没有错。那么，马克思所说的"第一，第二"到底用意何在呢？它们当然不像十字路口"一慢、二看、三通过"的交通标语牌那样，指的不是时间顺序，不是说先进行智育，然后再进行体育。它们也不像王杰所说的"一不怕苦，二不怕死"那样，只是一种"既不……也不"（neither...nor）的语法结构，换成"一不怕死，二不怕苦"意思也是一样。它们既是一种条目顺序，又指智育在教育中的地位，firstly 意为 in the first place，指所处的地位，把"第一：智育"解释成"智育应占第一位"或"智育第一"是不违背马克思的文意的。

二、马克思所说的智育的具体内容是什么？

马克思在 1869 年 8 月的《关于现代社会教育的发言记录》中说："无论是小学还是中学，都不应该开设那些容许进行政党的阶级的解释的课目。只有像自然科学、文法等这样的课目才可以在学校里讲授……容许得出相互矛盾的结论的课目应当从学校里删去。"并以宗教和政治经济学为例（《马克思恩格斯全集》16 卷，656 页）。在这里，从表面上看，马克思反对了中小学教那些有阶级性的课目。其实他正是从保护童工免受资产阶级宗教等等课目的毒害出发的。在这里，马克思自己解释得最清楚。他说，"公民米尔纳的建议不值得同学校问题联系起来讨论。（注：他建议当时的资产阶级学校给学生讲授政治经济学方面的知识）这个建议实际上会加强占统治地位的资产阶级对正在成长的一代的思想影响"（同上书 824 页）。

三、马克思为什么要说这些话呢？

马克思的话是在资本主义条件下针对在资本家工厂劳动的儿童和少年的教育问题说的。在那种情况下，青少年工人由于生活所迫，整天在工厂做工，根本没有上学的机会，受不到教育，尤其受不到的是智育，所以他提出了"第一：智育"。又因他们的工作的单调性质，"而使工人变成了畸形人"（《资本论》第 1 卷，转引自《马克思恩格斯论教育》，第 200 页）。身心发展固然畸形，身体发展也是畸形的，所以他提出了"第二：体育"。而且，他们在技术操作方面也是畸形发展的，他们只知操作，不知原理，知其然而不知其所以然，甚至"大部分从幼小的年龄起，就被束缚专门从事一种最简单的操作，但经过多年的剥削，还是不能学会任何一种有用的，甚至如果在同一手工制造厂或工厂内有用的劳动"（《资本论》，第 1 卷，转引自《马克思恩格斯论教育》215 页）。所以他提出了"第三：技术教育"。旨在弥补分工所造成的缺陷，因为分工妨碍学徒获得本身业务的牢固的知识（《马克思恩格斯全集》，16 卷 65 页）。总之，马克思是针对青少年工人没有机会获得知识、身心或体脑发展不全面和分工使人畸形发展，替他们争取受教育的权利和摆脱畸形发展状态而说的。应在智育的基础上同时大力进行德育教育，首先成为"有社会主义觉悟的有文化的劳动者"。

四、马克思为什么没有提德育？

马克思在指示中没有提德育不是认为德育不重要。相反，马克思主义全面发展的教育思想从来都是十分重视德育的，毛主席提出"使学生在德育、智育、体育几方面都得到发展"的教育方针就是明证。但马克思所处的时代不同。

马克思讲智育不直接用 intellectual 而用 mental，显然是要表明身心或体脑的全面发展。mental 这个字有心理（如心理卫生）、精神（如精神生活）、内心（如心算）、才智（如智力缺陷）等等意义。苏联教育学提到"智育，即教育"（48 版 159 页），教育一词不用 ВОСПИТАНИЕ 而用 Образование（亦译教养）是对的。前者有吸取之意。后者有形成、塑造之意。显然，mental 不仅指知识的吸取，而且有形成道德审美等观念和塑造人格之意，德育已在其中矣。

再则，马克思既然是在资本主义条件下针对童工教育问题说的，在资本主义社会中，工人是没有可能开办本阶级的学校来进行本阶级的教育的，他们只能在资产阶级的学校受到教育，恩格斯在《英国工人阶级状况》一文中说得好，"工人比起资产阶级来，说的是另一种习惯语，有另一套思想和观念，另一套习俗和道德原则，另一种宗教和政治"。（《马克思恩格斯论教育》，89 页）马克思在《工资》一文中概括了资产阶级德育的本质说，"资产者认为道德教育就是灌输资产阶级的原则"（同书，151 页），在这种条件下，工人既不可能设立自己的学校，进行本阶级的德育，那就至少不要提倡他们去接受"资产阶级的道德教育"，被灌输以"资产阶级的原则"了。马克思的用心是可以理解的。

五、"智育第一"的功过问题

我国建国后的头十七年，在毛主席教育思想光辉照耀下，培养了大批社会主义革命和建设人才，现在成了各方面的骨干力量。那时在具体教育工作方面是以苏联教育学为依据的，"智育第一"起过提高教育质量的有益作用，但千百年来"唯有读书高"的旧思想趁机干扰，也一度出现过不重视政治思想教育和学生负担过重、健康下降的副作用，出现过死读书、读死书、分数挂帅、升学第一的副作用。有功有过，功过参半。"无产阶级文化大革命"以来，林彪、"四人帮"一伙借口批判苏联教育学，借口批判"智育第一"，反对毛主席的革命教育思想和

"学生以学为主，兼学别样"的光辉思想，以及毛主席的教育方针，致使青年人浪费了青春，中年人虚度了盛年，老年人更是心怀恐惧，有书不敢读。结果，教育质量一落千丈，科技差距越来越大，"四人帮"在教育战线和科技战线所造成的损失较之生产战线更难弥补。实践证明，只要我们结合我国实际全面贯彻马克思关于全面发展教育和"第一：智育"的学说，教育质量和科技水平就可以提高，把马克思的教导当作修正主义来批，教育质量就会愈来愈低，科技差距就会愈来愈大。教育就不仅不能适应新时期的要求，而且会扯四个现代化的后腿！

六、"智育第一"的现实意义

马克思的指示原是针对童工教育问题的，也就是说，是在特定的资本主义条件下针对特定的在工厂劳动的儿童和少年的教育问题提出"第一：智育"的，是为儿童争取受教育权的。今天我们在社会主义制度下，在没有童工问题的条件下，它还有没有现实意义呢？答复是有。因为，马克思在世时，工人的文化科学水平远远落后于资产者；现在，我们的文化科学水平则大大落后于先进工业国人民的水平。在这个主要点上，两个时代的两种社会是有其共同点的，因此，马克思"第一：智育"的观点对我们仍然具有指导意义。我们要实现四个现代化，我们就要赶上世界先进科学技术水平。我们要极大地提高整个中华民族的科学文化水平，我们就更有大量的提高工作要做。赶上世界先进科学技术水平也好，提高全民族的文化科学水平也好，都靠提高智育质量，我们要在树立全面发展的教育思想的同时树立"智育第一"的观点，提高智育教学的质量来实现四个现代化的宏伟目标。恩格斯在《给国际社会主义者大学生代表大会的信》中说，"我们还需要医生、工程师、化学家、农学等等专家，因为问题是我们不仅要去管理政治机器，而且要管理全部社会生产，所以需要的不是响亮的口号，而是充实的知识"（同书，352 页）。列宁、斯大林和毛主席也作过类似的论述。我们现在再不认识智育的重要性并正确地执行这一马克思主义观点，使学生从小掌握"充实的知识"，我们能赶超世界先进水平吗？

七、"智育第一"不容曲解

我们把马克思说的"第一：智育"放在全面发展的教育的背景上来全面地正确地理解。也就是：

（一）马克思说的"第一：智育"不是智育"唯一"。他提过智育之后，紧接着就提到体育，意思是说要使学生两方面都得到发展。为了抢回被"四人帮"所浪费的时间，缩短在智育质量方面与先进国家的差距，从而为四个现代化从根本上做出贡献，我们在解除林彪、"四人帮"一伙强加给我们的精神枷锁之后，理所当然地应当大力提高教师的教学质量和学生的学习质量。但我们也千万不可忘记，马克思接着还提到了体育，也就是说，身心两方面的教育缺一不可。如果以智育为主导，那就要以体育为基础，没有基础，主导也就落空了。青少年是长知识的时候，同时也是长身体的时候。我们万万不能在重视智育的同时丝毫损害青少年的身体健康！提高智育质量主要靠师生双方的自觉性和积极性，靠改进教与学的方法，靠教材与教学手段的改进等来取得，不能靠拼健康来取得。那样做，结果必然是牺牲了学生的健康却得不到智育的提高，不是身心都发展，而是身心两遭损害！

（二）马克思主义有一条基本原则，就是，理论联系实际。比如，马克思在这个指示中提到技术教育时，就说"要使儿童或少年了解一切生产过程的基本原理，同时使他们获得使用一切最简单的生产工具的技能"，前者指理论，后者指实际（或实践），也就是说，理论要联系实际，智育不是死读书，更不是读死书。理论来源于实践而又要受实践的检验。书本知识来源于前人的实践，这种间接知识是要学的，否则人类的文明就无从延续和积累，但一味学习书本上的间接知识而不联系实际，那样的知识就是不完全的，甚至是无用的。那样读书是死读书，不是马克思主张"第一：智育"的本意所在。

（三）智育除了通过理论联系实际给学生以必要的切实有用的知识以外，更重要的是发展学生的才智，提高他们的认识能力，分析问题和解决问题的能力。要像敏·卡·哥尔布诺娃——卡布鲁科娃写给恩格斯的信中所说的"不是对他们进行机械式的训练，而是发展他们的智力"（同上书，408 页），我们进行智育教育决不可以要求学生死记硬背，而是要用启发的方式来发展他们的智力。有些知识例如外语课的单词，数理课的基本原理以及史地课的重要地名等，记是要记的，但主要的还是启发思维、发展智力。即使有些不能不记的东西，也要找出它们的各种联系，引导学生在理解的基础上去记，万万不能机械地去训练他们。

（四）智育也是德育的基础。学生只有在掌握了科学知识的基础上才能树立科学共产主义的人生观和辩证唯物主义的思想方法，养成共产主义的道德，要在智育教育的基础上进行道德教育，所以教学也要十分重视教材、教法的思想性。专要有助于红，而不能搞成只专不红，这一点是十分值得警惕的。

最后提一个设想。

今天，为了使马克思全面发展的教育思想在社会主义中国的条件下通俗易懂，而又不引起分歧的理解，可不可以不用"第一、第二"的提法，而参照毛主席关于发展国民经济总方针的提法，用"以德育为前提，以体育为基础，以智育为主体，以综合技术教育为补充"呢？

（本文写于 1981 年，原载于魏泽馨编《傅任敢教育译著选集》，湖南教育出版社 1983 年版）

教育中的几育应以哪一育居首

古今中外的伟大思想家和伟大教育家无不把教育分为几个方面或几育，划分的结果是大体类似的。但以哪一育居首则有较大分歧。

孔子不提几育之名，但实际上他把教育分成了德育、智育、体育三个方面，而以德育居首。他以礼、乐、射、御、书、数六艺教人。礼乐是德育，射御是体育，书数是智育。他的学生说："子以四教：文、行、忠、信。"文是智育，行是德育，忠和信也是德育范围。他自己主张"行有余力，则以学文"。可见他自己认为，德育居智育之先，不同意他的学生认为他把智育居首的看法。总之，孔子认为教育是分为德、智、体三育的，而以德育居首。

马克思说："我们把教育理解为以下三种东西：第一智育。第二体育。……第三技术教育。"他把教育分为智育、体育、技术教育三个方面，而以智育居首。

毛泽东同志早年说："体育一道，配德育与智育……体育于吾人实占第一之位置。"他在晚年则说"要使学生在德育、智育、体育等方面都得到发展"。可见他把教育分为德育、智育、体育三个方面。在他早年和晚年是一贯的，但三育之中哪一育居首则早年和晚年的提法就不一样了。英国资产阶级思想家洛克在 1693 年出版了他的《教育漫话》，首先谈的是体育，或者说得更正确一点，是健康教育。其次谈的是德育，最后才谈智育。英国的另一个思想家斯宾塞在 1861 年出版了他的《教育论文集》一书，副题是"智育、德育和体育"。由此可见，在教育应当分为哪几育方面，他们的意见是大同小异的。大同在于，他们基本上都把教育分为德育、智育、体育几个方面；小异在于，马克思还提了技术教育，我国以前有人还提出过美育和群育。至于哪一育应居首位，则各不相同了。德育、智育、体育都被人当作第一位提出过；美育、群育、技术教育则都没有被人当作第一位的东西提出过。看来，把德育、智育和体育当作教育的组成部分是可以得到人们的同意的；技术教育的重要性则还没有得到人们应有的认识！美育部分地属于智育的范围，部分地属于德育的范围；群育就是集体主义教育，本来就是德育的一部分。它们似乎没有自称一育的必要。但在几育之中应以哪一育居首，他们的意见就大有出入了。这是为什么呢？我们不妨分别看看。原来孔子所处的时代春秋末年是一个由统一的周王朝分裂成了五伯争雄的分裂局面，孔子反对分裂，希望统一，但又不向前看而向后看，主张"克己复礼"，恢复西周的等级秩序。他自己周游各国为的是想实现他的政治理想，他设帐授徒也是为了实现他的政治目的。因而他认为首要的任务是培养学生的道德政治品质，使之符合西周那种等级秩序的要求。所以他把他心目中德育排在教育的首位是可以理解的了。马克思的主张是在 1886 年给第一国际中央的信里提出的，由于当时在资本家工厂工作的童工没有机会受到智育教育，变成了畸形发展的人，他是为了要使工人阶级子弟得到全面发展而替他们争取受到智育教育的权利，而突出智育的。至于洛克，他所关心的只是英国绅士阶级子女的教育，只是他们的

"幸福"，只是健康之身体和所谓健康之精神。斯宾塞生活在工业革命以后的英国，资本家需要有具备实科教育知识的人为他效劳，因而他首先提出智育，要用他所谓"最有价值的知识"来武装学生，那就是必然的了。

（本文写于1980年，原载于魏泽馨编《傅任敢教育译著选集》，湖南教育出版社1983年版）

古者胎教

对后一代的教育，开始得越早越好。人们已从学校教育注意到学前教育了，其实还应从产前教育就开始，这就是胎教；还应从婚前教育就开始，这就是优生学教育。这样，后代的质量才能提高。就说胎教吧：我国古人就注意到了。《大戴礼记·保傅篇》就说过："古者胎教，王后腹之七月，而就宴室。"贾谊《新书·杂事篇》说："周后妃妊成王于身，立而不跋，坐而不差，独处不倨，虽怒不詈，胎教之谓也。"就是说，古代皇室是很重视孕妇的生活、举止和情绪的，要求孕妇生活有节制、举止合规范、思想情绪宁静安详，以此去感染胎儿的身心发育朝好的方面而不朝坏的方面发展。近代思想家康有为在他的《大同书》中谈到他心目中的大同世界时，主张为所有的孕妇设立人本院。他认为"凡物质已坚壮，难于揉屈"。因此要"反本溯源，立胎教之义，教之于未成形质以前"。"源既清矣，流自不浊。"人本院的任务就是"专为胎教以正生人之本，厚人道之原"。他并且拟定了一套具体措施。一是院址要设在环境优美、气候宜人的地方。二是工作人员应由女医务人员充任。三是孕妇应"以高洁、寡欲、学道、养身为正谊"。四是医生应每日视察孕妇二次，"务慎之于未疾之光，令有胎时无使小疾之侵，以弱其体而感其胎"。五是孕妇饮食应选"最能养胎健体者"。六是孕妇居室应选环境清新，室外要有园林游观之所。七是孕妇衣服冠履要合体，要合气候之需。八是要"每月有女师讲人道之公理、仁爱慈惠之故事，高妙精微之新理，以涵养其仁心……发扬其智慧"。九是要"令孕妇不视恶色……身不近恶人，心不知恶事"。十是"务令四肢、百体、血气、心知，皆由顺正，皆由中和"。十一是孕妇"所读之书，所见之画……与胎无损，乃许学习"。十二是孕妇出游，不得往有异形、怪事、恶言、恶声之地。十三是充实音乐设备，终日要闻乐声。十四是孕妇与人交游时，不得接触不正之业、不正之人；不得以恶言相闻、恶事相告。此外对助产、护理、育婴也作了具体的规定。

他的人本院一时未必可行，但他对胎教的重视是足以发人深省的，他的胎教内容也是值得参考的。

最近巴西报纸报道，专家认为，平静愉快的孕期以及前几月的细心照料能保证有一个正常、适应性强的婴儿，也是同一个意思。

让我们的教育从早开始，从学前、从产前、从婚前开始，以提高我们的人口质量和奠定教育的良好基础吧！

（本文写于 1981 年，原载于程禹文编《傅任敢教育文选》，教育科学出版社 1990 年版）

古代年龄分期

现代心理学是按人的身心发展情况把人的发展阶段分期的。现代教育学也是按年龄分期来规定各级学校的起止年限的。巧得很，我国古代也早就有了年龄分期及其特征和任务的记载。

《礼记·曲礼》上说："人生十年曰幼，学。二十曰弱，冠。三十曰壮，有室。四十曰强，而仕。五十曰艾，服官政。六十曰耆，指使。七十曰老，而传。八十、九十曰耄……百年曰期颐。"瞧，分得也有道理，并反映了古代一些史实。十岁为幼年期，"出就外傅，居宿于外"，正式入学，比现在上小学晚三四年；二十为成年期，行冠礼，比现在的十八岁为成年晚两岁；三十为壮年期，结婚，比现在更晚婚；四十老识坚强有主见，为盛年期，入仕途；五十两鬓已白，经验丰富，为盛极期，当领导；六十为届老期，指使他人；七十为老年期，传授知识经验；八十、九十为衰老期，不干什么了；百岁为暮年期，保养而已。有趣的是一百正好是二十的五倍，和现在人们说的动物寿命为成年期的五倍一致。

（本文写于1981年，原载于程禹文编《傅任敢教育文选》，教育科学出版社1990年版）

研究孔子的前提（节录）

　　孔子是我国古代最伟大和影响最深远的思想家，在中国的文化教育史上和世界的思想史上都占有重要的地位，值得我们好好加以研究。历来研究孔子的人很多，看法也很分歧，捧他的人把他捧成"至圣先师"，贬他的人贬得连他的名字都要叫成孔老二，甚至别有用心要借批孔的名义来批当代的大儒，以达到其篡党夺权的目的。事实教训我们，要研究孔子和孔子的教育思想，必须确立三个前题，一是要用一分为二的观点，不能好就是绝对的好，坏就是绝对的坏；二是要实事求是，该批判的就批判，该肯定的就肯定，没有借鉴价值的就抛弃，有借鉴或启发意义的就肯定，在古为今用这个原则方面，只能为社会主义所用，不能为我所用，为帮派所用；三是研究孔子的思想也要对孔子的思想和实践全面地、完整地来研究，只有这样才能逐渐得到共同的认识，关于这些意见，我们可以举出一个小小的例子来说明，就是孔子所说的"有教无类"的真正意义究竟何在……

　　（本文写于1981年，原载于《傅任敢校长纪念文集》，重庆清华中学校友总会北京分会《花溪简讯》编辑部，1998年）

傅任敢著述年表

1.《人格教育与国民道德》，《清华周刊》第 24 卷第 7 号，10 月 23 日，署名苕年。

2.《敬告歧途之伴侣》，《清华周刊》第 24 卷第 10 号，11 月 13 日。

1926 年

3.《湘局之大混乱》，《清华周刊》第 25 卷第 7 号，4 月 9 日。

4.《岂独一丘之貉而已哉》，《清华周刊》第 25 卷第 10 号，4 月 30 日。

5.《教育界的恐慌》，《清华周刊》第 25 卷第 12 号，5 月 14 日。

6.《中国日报概评》，《清华周刊》第 25 卷第 14 号，5 月 28 日。

7.《从心坎深处涌出来的欢送声》，《清华周刊》第 25 卷第 16 号，6 月 11 日。

8.《万县惨案问题》，《弘毅》第 1 卷第 3 期。

1927 年

9.《苏维埃领袖之内阁》(译)，《弘毅》第 2 卷第 3 期。

10.《The Editors Eaes China》，《清华消夏周刊》第 1 期。

11.《最大的关键》，《清华消夏周刊》第 2 期。

12.《编者的安乐椅》，《清华消夏周刊》第 3 期。

13.《回到党里去》，《清华消夏周刊》第 4 期。

1928 年

14.《介绍心理论著提要》，《清华周刊》第 29 卷第 1 号，2 月 10 日。

15.《免除靡费与发展大学》，《清华周刊》第 29 卷第 2 号，2 月 17 日。

16.《赫德主编之心理学撰著提要》，《教育杂志》第 20 卷第 3 号，3 月。

17.《后得性遗传问题之实验的研究》(译)，《民铎》第 9 卷第 4 号，4 月。

18.《释行为主义》(译)，《教育杂志》第 20 卷第 5 号，5 月。

19.《情感与理智》(译)，《教育杂志》第 20 卷第 8 号，8 月。

20.《南下代表报告书》(合作)，《清华周刊》第 30 卷第 2 号，11 月 17 日。

21.《苏俄的实验学校》(译)，《晨报副镌》第 79 期。

1929 年

22.《革命青年的失学问题》，《认识周报》第 1 卷第 1 期，1 月 5 日。

23.《中国新教育行政制度研究》，《认识周报》第 1 卷第 1 期，1 月 5 日。

24.《苏俄党争文件英译》，《认识周报》第 1 卷第 3 期，1 月 19 日。

25.《苏俄职业教育之近况》(译)，《教育杂志》第 21 卷第 1 号，1

月 19 日。

26.《本能与习惯——行为主义者的本能观》，《民铎》第 10 卷第 1 号，1 月。

27.《克伯屈：文化与教育》，《认识周报》第 1 卷第 7 期，3 月。

28.《蜗逊心理保育论》，《认识周报》第 1 卷第 11 期，3 月 10 日。

29.《罗素怀疑论丛》（译），《认识周报》第 1 卷第 9 期，3 月 16 日。

30.《罗素东西幸福观念论》（译），《学衡》第 68 期，3 月。

31.《罗素未来世界观》（译），《学衡》第 68 期，3 月。

32.《优生与教育》，《民铎》第 10 卷第 2 号，3 月。

33.《中国优生问题》，《认识周报》第 1 卷第 12 期，4 月 6 日。

34.《萧伯纳社会主义指南代评》，《认识周报》第 1 卷第 15 期，4 月 27 日。

35.《罗素论怀疑论之价值》（译），《民铎》第 10 卷第 3 号，5 月。

36.《罗素论机械与情绪》（译），《学衡》第 69 期，5 月。

1930 年

37.《桑戴克论教育的领域》（译），《安徽教育》第 1 卷第 8 期，3 月。

38.《文明变迁下的教育》（合译），《安徽教育》第 1 卷第 12 期，5 月。

39.《法国中等教育之演变》，《教育杂志》第 22 卷第 6 号，6 月。

40.《英国中等教育之鸟瞰》（译），《教育杂志》第 22 卷第 6 号，6 月。

41.《美国教师专业概观》（译），《教育杂志》第 22 卷第 6 号，6 月。

1933 年

42.《明德中学教务概要》,《明德旬刊》第 6 卷第 10 期。

43.《明德中学高中部教学规程》,《明德旬刊》第 6 卷第 10 期。

44.《不如归》,《华年》第 2 卷第 30 期,7 月 29 日。

45.《上谷山去》,《旅行》第 7 卷第 8 期,8 月。

46.《麓山羞耶?麓山醉了》,《国闻周报》第 11 卷第 18 期。

47.《湖南教育一瞥》,《独立评论》第 78 号,11 月 28 日。

48.《〈小妇人〉书评》,《华年》第 2 卷第 48 期,12 月 2 日。

49.《写文章的两个小节》,《华年》第 2 卷第 49 期,12 月 9 日。

1934 年

50.《各色的教员》,《华年》第 3 卷第 1 期,1 月 6 日。

51.《消遣的问题》,《华年》第 3 卷第 2 期,1 月 13 日。

52.《数千里内第一泉》,《旅行》第 8 卷第 4 期,4 月。

53.《同学会总会概况》,《清华周刊》第 41 期第 13、14 号,6 月。

1935 年

54.《贤优俪》(译),《教育杂志》第 25 卷第 1—4 号、6—11 号连载。

55.《辑印〈近代中国教育人物像传〉缘起》,《中华教育界》第 23 卷第 1 期,7 月。

56.《近代中国教育人物像传之——张百熙、李善兰》,《中华教育界》第 23 卷第 1 期,7 月。

57.《同文馆考》(译),《中华教育界》第 23 卷第 2 期,8 月。

58.《近代中国教育人物像传之——张之洞、容闳》,《中华教育界》第 23 卷第 2 期,8 月。

59.《近代中国教育人物像传之——左宗棠、严修》,《中华教育界》

第 23 卷第 3 期，9 月。

60.《近代中国教育人物像传之——刘光贲、杨鹤年》，《中华教育界》第 23 卷第 4 期，10 月。

61.《近代中国教育人物像传之——严复、陈宝箴》，《中华教育界》第 23 卷第 5 期，11 月。

62.《近代中国教育人物像传之——叶成忠、杨斯盛》，《中华教育界》第 23 卷第 6 期，12 月。

1936 年

63.（奥）Alfred Adler 著，傅任敢译：《生活的科学》，上海：商务印书馆。（被列为"汉译世界名著"之一，1936 年 9 月初版，1937 年 2 月再版）

64.《贤伉俪》（译），《教育杂志》第 26 卷第 1—2 号连载。

65.《近代中国教育人物像传之——康有为、盛宣怀、唐景松、唐景崇》，《中华教育界》第 23 卷第 7 期，1 月。

66.《近代中国教育人物像传之——曾国藩、李鸿章、徐继畲、孙诒让》，《中华教育界》第 23 卷第 8 期，2 月。

67.《近代中国教育人物像传之——张謇、张世英、王国维、于式枚》，《中华教育界》第 23 卷第 9 期，3 月。

68.《雍正年间意大利的中国学院》，《中华教育界》第 23 卷第 9 期，3 月。

69.《近代中国教育人物像传之——丘逢甲、范源濂、吴芳吉、梁鼎芬》，《中华教育界》第 23 卷第 10 期，4 月。

70.《近代中国教育人物像传之——梁启超、刘伯明、胡明复、陈衡恪》，《中华教育界》第 23 卷第 11 期，5 月。

71.《近代中国教育人物像传之——袁希涛、林长民》，《中华教育界》第 23 卷第 12 期，6 月。

72.《近代中国教育人物像传之——荣庆、杨铨》，《中华教育界》第 24 卷第 1 期，7 月。

73.《近代中国教育人物像传之——李提摩太、刘树杞》，《中华教育界》第 24 卷第 2 期，8 月。

74.《近代中国教育人物像传之——丁韪良》，《中华教育界》第 24 卷第 4 期，10 月。

75.《近代中国教育人物像传之——高仁山》，《中华教育界》第 24 卷第 6 期，12 月。

1937 年

76.（瑞士）裴斯泰洛齐著，傅任敢译：《贤伉俪》，上海：商务印书馆。（被列为"汉译世界名著"之一）

77.（英）约翰·洛克著，傅任敢译：《教育漫话》，上海：商务印书馆。（被列为"汉译世界名著"之一）

78. 傅任敢编：《清华同学录》（1909—1936），国立清华大学校长办公处印行，4 月。

79.《近代中国教育人物像传之——孙家鼐、劳乃宣》，《中华教育界》第 24 卷第 7 期，1 月。

80.《近代中国教育人物像传之——朱家纯、王谢长达》，《中华教育界》第 24 卷第 8 期，2 月。

81.《近代中国教育人物像传之——唐国安、丁文江》，《中华教育界》第 24 卷第 9 期，3 月。

82.《近代中国教育人物像传之——张焕纶、王朝俊》，《中华教育界》第 24 卷第 10 期，4 月。

83.《中国新学先驱徐雪邨先生》，《书人月刊》第 1 卷第 2 号，

2月。

84.《〈教育漫话〉译后小志》,《书人月刊》第1卷第3号,3月。

85.《同文馆记(上中下篇)》(辑译),《教育杂志》第27卷第4号,4月10日。

86.《近代中国教育人物像传之——吴汝纶、叶鸿英》,《中华教育界》第24卷第11期,5月。

87.《近代中国教育人物像传之——杨保恒、刘大白》,《中华教育界》第24卷第12期,6月。

88.《近代中国教育人物像传之——华蘅芳、华世芳、徐寿、徐建寅》,《中华教育界》第25卷第1期,7月。

89.《近代中国教育人物像传之——杨蕙、郭希仁》,《中华教育界》第25卷第2期,8月。

90.《八达岭上掘百合》,《旅行》第8卷第9期,9月1日。

91.《痛苦的经验》,《重庆扫荡报》12月31日。

1939 年

92.(捷)夸美纽斯著,傅任敢译:《大教授学》(后改名《大教学论》),上海:商务印书馆。(被列入"汉译世界名著"之一)

93.《看报和演说——重庆清华中学设计待验之一》,《教育通讯》第2卷第6期,2月4日。

94.《〈重庆清华中学校刊〉发刊词》,《重庆清华中学校刊》第1期,3月1日。

95.《重庆清华中学教职员待遇及服务简则》,《重庆清华中学校刊》第1期,3月1日。

96.《中学生的伙食问题——重庆清华中学设计待验之二》,《教育通讯》第2卷第20、21期,5月27日。

97.《八个月来校务概况》,《重庆清华中学校刊》第 2 期, 11 月 1 日。

98.《家信督导——重庆清华中学设计待验之三》,《教育通讯》第 2 卷第 46 期, 11 月 25 日。

1940 年

99.(法）卢梭、（德）福禄贝尔、（古希腊）色诺芬著, 傅任敢译:《莉娜及其他》, 上海: 商务印书馆。(被列为"汉译世界名著"之一）

100.《教育心影》, 出版信息不详。

101.《个别心理学》, 出版信息不详。

102. 傅任敢编:《新中学》(第 1 辑）, 重庆: 重庆清华中学。

103.《学校应当迎养伤兵》,《教育通讯》第 3 卷第 11 期, 3 月。

104.《幼稚恩师福禄贝尔自传》(译),《教育通讯》第 3 卷第 12 期, 3 月。

105.《吃饭难》, 收录于傅任敢编《新中学》(第 1 辑）, 重庆: 重庆清华中学。

106.《花钱与记账——重庆清华中学设计待验之四》,《教育通讯》第 3 卷第 15 期, 4 月。

107.《渝清杂记》, 收录于傅任敢编《新中学》(第 1 辑）, 重庆: 重庆清华中学。

108.《师范学院的中学关联》,《教育通讯》第 3 卷第 26 期, 6 月。

109.《彻底强迫的课外运动——重庆清华中学设计待验之五》,《教育通讯》第 3 卷第 31 期, 6 月。

1941 年

110. 傅任敢主编:《中学青年辅导丛书 2》, 重庆: 重庆清华中学。

111.《福禄贝尔自传》(译),《中等教育季刊》第 1 卷第 4 期。

112.《从管账到管钱——重庆清华中学设计待验之六》,《教育通讯》第 4 卷第 22 期。

1946 年

113.《渝长絮语》,《长沙清中》第 1 期。

1947 年

114.《〈重庆清华〉发刊词》,《重庆清华》第 1 期,1 月 1 日。

1948 年

115.《和重庆清华中学同学的谈话》,摘录自《重庆清华》第 21 期中刘中一的《渝清剪烛录》一文,11 月 1 日。

1949 年

116.《值得我们学习——为梅校长六十寿辰而作》,《重庆清华》第 22 期,1 月 1 日。

1951 年

117.《二二一制中学》,《光明日报》3 月 9 日。

118.《再谈二二一制中学》,《光明日报》4 月 4 日。

1953 年

119.《"计划教学"提法不妥》,《人民教育》1953 年第 7 期。

120.《改进作业检查方式,提高教学质量》,《人民教育》1953 年第 11 期。

1954 年

121.《教育心理学》,出版信息不详。

1957 年

122.《〈学记〉译述》,上海:新知识出版社。

123.《对学习苏联教育经验的体会》,《文汇报》2 月 28 日。

124.《夸美纽斯对几个重要教育问题的主张——纪念夸美纽斯诞生 365 周年》,《人民教育》第 5 期,4 月 1 日。

125.《怎样讲解 怎样问答——介绍二千年前〈学记〉作者的意见》,《北京师院》第 6 期,4 月 1 日。

126.《有关办好师范学院的四点意见》,《北京师范学院整风专刊》第 14 期,6 月 7 日。

127.《大学里的学习》,《北京师院》第 12 期,9 月 10 日。

1960 年

128. 傅任敢主编:《教育社论选辑》(选自中共中央党报,1939 年—1960 年),北京:北京师范学院教研室自刊。

129. 傅任敢主编:《高举党的教育方针的红旗,千方百计地提高教学质量》,北京:北京师范学院教研室自刊。

130. 傅任敢主编:《毛主席教育言论辑》,北京:北京师范学院教研室自刊。

1963 年

131.(德)奥斯瓦尔德·斯宾格勒著,傅任敢等合译:《西方的没落》,北京:商务印书馆。

1965 年

132.(美)桑代克著,傅任敢译:《教育心理学》(三卷),未出版,"文革"中被毁。

1966 年

133. 傅任敢著:《夸美纽斯传及其〈大教学论〉注释》,"文革"中被毁。

1979 年

134.《共产党和古巴革命形势》，翻译联合国教科文组织的资料。

135.《巴西共产党在为民主而战斗》，为联合国教科文组织翻译。

136.《共产国际七大前夕拉美各共产党的形势》，为联合国教科文组织翻译。

137.《争取智利人民阵线胜利的行动纲领》，为联合国教科文组织翻译。

138.《巴蒂斯塔，格拉和通向全国统一的道路》，为联合国教科文组织翻译。

1980 年

139. 傅任敢译：《世界通史资料选辑·现代史部分》第一分册，上海：商务印书馆。

140.《师范教育私议》，民进中央文教委会编：《对教育计划、教育体制献计献策的情况简报》第 8 期，5 月 29 日。

141.《关于办好高师院校的一些设想》，民进中央文教委会编：《对教育计划、教育体制献计献策的情况简报》第 85 期，8 月 31 日。

142.《孔子说的"有教无类"到底是什么意思》，《教育研究丛刊》第二辑总第 3 期，10 月。

1981 年

143.《教学是最渊博最复杂的艺术——谈谈教学有方》，《北京师院》1 月 20 日。

144.《尊师更应爱生》，《北京师院》。

145.《〈论语〉教育章句析解——孔子教育思想初探》，《教育研究》第 3 期，3 月。

146.《"夫子之门何其杂也?"(另二则)》,《教育研究》第 9 期。

147.《"民可使,由之;不可使,知之"》,《教育研究》第 9 期。

148.《"不愤不悱"怎么办?》,《教育研究》第 9 期。

149.《喜读〈龙胆紫〉》,出版信息不详。

1982 年

150. 傅任敢等译:《世界通史资料选辑·现代史部分》第二分册,北京:商务印书馆。

151.(意)贝奈戴托·克罗奇著,傅任敢译:《历史学的理论和实际》,北京:商务印书馆。(被列为"汉译世界学术名著丛书"之一)

152.《"刺激人们创造和应用——最有效的教学方法"——谈谈教学效果》,《北京师院》,2 月 24 日。

153.《沦陷时期的清华园》,《清华校友通讯》第 10 期(复 6 期)。

154.《清华改大时二三事》,《清华校友通讯》第 10 期(复 6 期)。

1983 年

155. 魏泽馨编:《傅任敢教育译著选集》,长沙:湖南教育出版社。

156.《试论"智育第一"(商榷初稿)》,收录于魏泽馨编:《傅任敢教育译著选集》,长沙:湖南教育出版社。

157.《教育中的几育应以哪一育居首?》,收录于魏泽馨编:《傅任敢教育译著选集》,长沙:湖南教育出版社。

158.《洛克和他的〈教育漫话〉》,收录于魏泽馨编:《傅任敢教育译著选集》,长沙:湖南教育出版社。

159.《谈谈高师教育》,《北京师范学院学报(社会科学版)》第 3 期。

160.《评孔小品三则》,《光明日报》5 月 6 日。

161.《叩鸣之争》,《光明日报》5 月 6 日。

1985 年

162.《教育漫话》(词条),收录于《中国大百科全书·教育卷》,北京:中国大百科全书出版社。

163.《洛克》(词条),收录于《中国大百科全书·教育卷》,北京:中国大百科全书出版社。

1990 年

164. 程禹文编:《傅任敢教育文选》,北京:教育科学出版社。

165.《古者胎教》,收录于程禹文编:《傅任敢教育文选》,北京:教育科学出版社。

166.《古代年龄分期》,收录于程禹文编:《傅任敢教育文选》,北京:教育科学出版社。

1998 年

167.《研究孔子的前提》,收录于《傅任敢校长纪念文集》,重庆清华中学校友总会北京分会《花溪简讯》编辑部。

2011 年

168. 傅任敢编:《近代中国教育人物像传》,北京:首都师范大学出版社。

169. 首都师范大学"傅任敢教育思想与实践之研究"课题组编:《傅任敢教育文集》,北京:教育科学出版社。

图书在版编目（CIP）数据

教学是最渊博最复杂的艺术：傅任敢教育文选/傅任敢著；
李燕选编. --北京：开明出版社，2023.1
（开明教育书系/蔡达峰主编）
ISBN 978-7-5131-7735-1

Ⅰ.①教… Ⅱ.①傅… ②李… Ⅲ.①教育学–文集
Ⅳ.①G40-53

中国版本图书馆 CIP 数据核字（2022）第 191317 号

出　版　人：陈滨滨
责任编辑：程　刚　刘赫臣

教学是最渊博最复杂的艺术：傅任敢教育文选
JIAOXUESHIZUIYUANBOZUIFUZADEYISHU：FURENGANJIAOYUWENXUAN

出　版：开明出版社
　　　　（北京海淀区西三环北路 25 号　邮编 100089）
印　刷：保定市中画美凯印刷有限公司
开　本：710×1000　1/16
印　张：21.5
字　数：277 千字
版　次：2023 年 1 月第 1 版
印　次：2023 年 1 月第 1 次印刷
定　价：65.00 元

印刷、装订质量问题，出版社负责调换。联系电话：（010）88817647